세계교육론 총서 제2권

교육의
위대한 원리

세계교육론 본론

세계교육론 총서 제2권

교육의 위대한 원리

세계교육론 본론

염기식 지음

한국학술정보

교육학은 전반적으로 가장 진리성에 근접한 학문이고, 인간성을 고무시킨 인간학이다. 진리와 인간과 神이 이 땅에서 함께할 수 있어야 함에, 교육이 그 길을 인도하고, 교육 원리가 그 실질적인 터전을 마련할 수 있다.

　　교육의 목적은 언젠가는 대우주의 목적과 神의 목적과 인간 삶의 목적과 합치되어야 하므로, 교육은 예나 지금이나 미래에도 인류의 성현과 철인과 지성들이 모두 관여한 공통의 관심사이고, 추구 영역이며, 구현하고자 한 이상적 목표이다.

　　그래서 지난 역사에서 위대한 성인과 사상가들은 대개 위대한 교사로서 추앙된 스승이었다.

머리말

인류 구원에 공헌할 교육의 보편적 목적

교육은 하늘의 준엄한 명령이다. 왜 명령인지 이유를 알아야 우리는 교육을 통해 인류를 구원할 위대한 사명을 일깨울 수 있다. 『중용』에서 말하길, "교육의 첫걸음은 天命, 즉 하늘의 명령이다(天命之謂性)"[1]라고 하였다. 우리는 어떤 교육에 관한 논의와 실천을 하기 이전에 하늘로부터 뜻을 구하고, 부여된 命을 알고, 받드는 것이 중요하다. 그렇지 못하면 인간을 가르치고자 한 모든 교육적 행위가 天命과 어긋나 인류의 영혼을 선도할 수 없다.[2]

본 교육론, 아니 현대 교육론은 지금까지 교육이 지닌 문제점으로부터 출발해야 하는 만큼, 그 요지는 과연 무엇인가? 오늘날 교육이 인간 죄악과 인간성의 황폐화를 저지하지 못하고 세계의 심판과 종말을 촉발한 것은 하늘의 뜻을 알지 못해서이다. 하나님이 인간을 어떻게 창조하고, 命한 것인지를 알아야 했다. 교육과 天命은 밀접하게 연관되어 있고, 주체는 天命에 있어, 天命을 받드는데 **"교육의 위대한 원리"**가 있다. 교육은 하나님의 대명령이나니, 고래로부터 교육에는 준엄한 天命이 숨어 있다. 이것을 동서양의 지성들

---

1) 『실패한 교육과 거짓말』, 노암 촘스키 저, 강주헌 역, 아침이슬, 2001, p.5.

2) 『중용』은 그러나 선천의 교육관인 만큼, 왜 교육이 하늘의 명령인지에 대해서는 밝히지 못했다. 명령의 주체와 목적을 알아야 함에, 절대적 이유는 오직 한 가지, 하나님이 천지를 창조해서이며, 그래서 교육의 궁극적 목적은 창조 목적(뜻=命)을 밝히고, 구현하는 데 초점을 두어야 한다. 그리해야 인간이 본연의 길을 갈 수 있고, 이루게 됨.

이 줄기차게 사상으로 피력하고 천명(闡明)하였다. 그 뜻이 무엇이든 뜻을 이루는 데 있어 이상적인 수단은 교육이었다. 먼저 하늘의 뜻을 어떻게 알 것인가에 학문하는 목적과 배움의 가치를 두었고, 뜻을 어떻게 전달하는가에 교육자적 사명과 원리의 적용이 있으며, 뜻을 어떻게 구현하는가에 구도자적 실천과 방법이 있었다. 돌이킬 수 없게 된 인간성과 문명 역사를 어떻게 회복할 것인가? 여기에 **"인류 구원에 공헌할 교육의 보편적 목적"**이 있다.

하나님은 종국에 교육을 통한 가르침과 일깨움 역사를 통해 만백성을 구원하고 그 나라를 건설하길 원하였다. 하나님은 일찍이 모세를 앞세워 이스라엘 백성을 바로의 압제로부터 구원하여 젖과 꿀이 흐르는 가나안 땅으로 인도하였듯, 오늘날은 피폐한 인류를 치유와 화평의 땅으로 인도하리라. 정비공은 고장 난 차를 수리하여 새 차처럼 만들 수도 있듯, 하나님은 능히 창조 권능을 교육력으로 승화시켜 인간성을 회복하리라. 알고 보면 교육은 인류를 구원할 수 있는 가장 객관적인 방법이고, 가장 확실한 결과를 기대할 수 있는 구원 수단이다. 나아가 현실적인 제도 안에서 인류를 빠짐없이 구원할 수 있는 사도(使徒=스승) 육성이 가능한 길이다. 위대한 메시지와 가르침과 인격 도야를 병행해야 하나니, 가르침과 깨달음으로 만 영혼 위에 미칠 교육의 보편적 구원 역사를 기대할 수 있다. 교육을 통한 가치 일굼과 목적 설정과 방법의 모색으로 인간성을 회복하는 것이 현실적으로 인류를 구원하는 길이다. 이전에는 교역자들이 하나님을 믿고 신앙하게 하는 것이 인류를 하나님에게로 인도하는 주된 방법이었지만, 그렇게 해서 거둔 성과로서는 인류 영혼을 1/3도 구원하지 못했다. 그래서 지금은 방법적인 면에서 만인을 빠짐없이 구원할 수 있는 새로운 길을 마련해야 했는데, 그것이 바로 인류사에서 보편적, 객관적, 합리적으로 확대된 교육이란 제도와 방법을 통해서이다. 교육은 실로 인류를 하나님에게로 인도하고, 하나님과 함께해서 교감할 수 있게 하는 최선의 방법이고, 이런 뜻과 목적을 자각해서 구체화하는 것이 **"교육의 위대한 원리"**이다. 교직은 천직임에, 하나님의 보편적인 구원 뜻을 자각한다면 교직은 그야말로 天命으로서, 하늘의 명령을 따르는 온전한 직업이라고 할 수 있다. 장차 만 인류를 구원하고, 이 땅에서 하나님과 함께하는 이상적인 나라를 건설하기 위해서는(지상 천국) 특정 종교들이 표방한 교리의 이념화 실현을 통해서가 아니다. 교육을 통해야 하고, 교역자가 아닌 교육자가 구원 역사의 전면에 나서 하늘의 명령을 충실히 수행하는 사역자 역할을 담당해야 한다.

하나님이 창조한 인간성의 성장과 변화와 개화 과정을 낱낱이 살피고 판단해서 올바른 방향으로 이끌 자란 이 대지 위에 부모도 그 무엇도 아닌, 가르침의 자격을 지닌 선생님밖에 없다. 이분들이 天命을 자각하고 교육적 사명을 수행하는 스승의 역할을 다할진대, 그 직분은 온전히 부름을 입은 "구원의 사도"로서 승화되리라.3) 지구상에는 곳곳에서 무지하고 차별받고 소외된 하나님의 백성이 있다. 이들이 한 영혼도 빠짐없이 구원되어야 하는 것은 하나님이 이들 백성을 사랑으로 창조했기 때문이고, 그들이 마저 구원되어야 그들과 함께하는 나라를 건설할 수 있다. 그러기 위해서는 먼저 인류가 하나님을 바르게 알고, 창조된 본의를 깨달아야 하며, 참된 가치관으로 삶을 헌신할 수 있도록 이끌어야 한다. 그리해야 하나님의 품 안에 안기는 위대한 가르침의 역사, 위대한 교육의 역사, 위대한 구원의 역사가 보편화할 수 있다. 인류가 일군 존재의 역사와 전통과 문화를 한결같이 길이길이 보전하고 계승해야 하는 창조 목적이고, 만개한 꽃으로서 가치 있는 결정체란 사실을 일깨워야 한다. 이 땅과 하늘과 山下와 인간성은 장차 하나님이 건설할 지상

---

3) 교육의 위대한 사명은 하늘의 명령, 곧 하나님이 인류를 구원하고자 한 보편적 목적을 수행하는 데 있고, 명령의 소리를 자각하고 직분을 수행하는 자가 교사이다. 그래서 교육은 하늘의 명령(天命)이고, 교직은 천직이며, 교사는 사도(使徒)를 넘어선 천도(天徒)임.

천국의 밑거름이다. 이런 의식의 자각과 지킴과 선도 역할을 무엇이 담당할 것인가? 교육이다. 죄악과 타락을 막고, 환경오염과 자연의 파괴를 막고, 멸망의 자초 요인을 제거하는 데 교육이 앞장 서야 한다. 구원의 진리적 불씨를 지피는데 **"교육의 위대한 원리"**가 있다.

그래서 이 연구는 과거에 시도한 구원적 방법을 일소하고, 밝힌 본의와 말씀의 역사를 통해 인류의 영혼을 깨우치리라. 교육을 통해 만백성을 하나님의 품 안으로 인도할 대구원 프로젝트를 마련하리라. 이를 위해 이 연구는 "세계교육론"을 공통된 주제로 하고, 제1권 제호를 『교육의 위대한 사명』-세계교육론 서론, 제2권을 『교육의 위대한 원리』-세계교육론 본론, 제3권을 『교육의 위대한 실행』-세계교육론 각론, 제4권을 『교육의 위대한 지침』-세계교육론 세부 각론, 제5, 6, 7, 8권을 『교육의 위대한 말씀』-세계교육론 결론(전편 1, 2)·(후편 1, 2), 제9권을 『길을 가며 가르치며 생각하며』-세계교육론 부록(교육수상집)으로 구성하였다.

일찍이 동서양의 선현들이 한결같이 이루고자 한 인류의 이상은 언제 어떻게 실현될 것인가? 지난날은 어떤 방법으로도 목적의 달성이 요원했다는 사실을 지적하면서, 기대하건대 교육이 바로 인류가 품은 그 이상적인 꿈을 종합적으로 이룰 실질적인 길이라는 것을 거듭 확인하고자 한다. 이 연구는 "세계교육론"을 통해 인류를 하나님에게로 인도할 수 있도록 최선을 다해 완성된 길을 펼치고자 한다. 이 교육적인 대사명을 과연 누가 부여하고, 누가 알리고, 누가 수행할 것인가? 하나님이 부여하고, 이 연구가 뜻을 받들며, 사명을 자각한 우리가 모두 수행해야 하리라.『중용』에서는 "대덕자 필수명",4) 곧 대덕(大德)을 구현하는 자는 반드시 命을 받는다고 하였다. 그 대덕이 지금은 모든 면에서 종말을 맞이한 인류를 구원할 보편적인 목적이 되어야 함에, 교육 위에 하나님이 命한 창조 목적과 합치된 인류를 빠짐없이 구원할 진리력이 내포되어 있다는 사실을 알고, 천직 사명을 중점적으로 수행하는 이 땅의 교직자들은 자나 깨나 하늘이 命한 명령의 소리를 귀담아듣고 새겨, 교육으로 이상 세계 건설과 인류 구원 역사에 동참해야 하리라. 지대한 교육적 명령을 행동으로 실천할 수 있길 바라면서…… 천직 수행, 그것이 곧 하나님의 명령 수행 과정이자, 자신과 만 인류를 구원하는 길이라는 사실을 확신하길 바라면서……

2023년 4월
경남 진주에서
염기식

---

4)『중용』, 17장.

차 례

제1편

원리 개설

교육 본연의 위대한 사명을 이루고 목표에 도달하기 위해서는 분열을 완료한 세계관에 근거한 정확한 교육 원리와 인간 형성 원리를 정립하고, 그렇게 한 원리성을 인간 교육에 적용해야 한다. 그리해야 제시한 목적과 도달 방법인 수단과의 거리 차를 좁힐 수 있다. 진정한 교육 원리에 의해 진정한 인간이 육성되고, 진정한 길로 인도된다.

제1장 개관

"원리(原理)는 사물이나 현상의 근본이 되는 이치이고, 기초가되는 보편적 진리이다. 그리고 교육 원리는 교육 방법, 교육 과정등을 이론적으로 해명하는데 근본이 되는 원리 또는 교육 실천의지표가 되는 원칙이다."[1] 그런데 그 원리가 왜 위대한 것인가 하면, 교육의 원리인 동시에 인간의 원리이며, 뭇 영혼을 궁극처로 인도해 구원할 원리이기 때문이다. 사물이나 현상의 근본이 되는 이치이고 객관화된 원칙이라면 파스칼의 원리, 경제 원리 등, 앞에 더이상의 수식어가 붙을 필요가 없다. 그런데 이 연구가 제호를 **"교육의 위대한 원리"**라고 한 것은, 교육 자체가 하늘로부터 만 인류를 보편적으로 구원할 사명을 부여받았기 때문에, 그런 위대한 교육 목적을 실현하기 위해서는 이것을 뒷받침할 교육 원리도 위대한진리로서 자리매김하지 않을 수 없다. 그래서 **교육학은 전반적으로가장 진리성에 근접한 학문이고, 인간성을 고무하는 인간학이다.**진리와 인간과 神이 이 땅에서 함께할 수 있어야 함에, 교육이 그길을 인도하고, 교육 원리가 실질적인 터전을 마련할 수 있다. 교육의 목적은 언젠가는 대우주의 목적과 神의 목적과 인간 삶의 목적과 합치되어야 하므로, 교육은 예나 지금이나 미래에도 인류의 성현과 철인과 지성들이 모두 관여한 공통의 관심사이고, 추구 영역

---

1) 다음 사전, 원리, 교육 원리.

이며, 구현해야 할 이상적 목표이다. 지난 역사에서 위대한 성인과 사상가들은 대개 위대한 교사로서 추앙한 스승이었다. 하지만 이분들이 위대한 교육 목적을 자각하고 몸소 실천은 하였지만, 목적을 이룰 실현 원리까지 밝혀 이론적으로 정립한 것은 아니다. 교육 철학을 일군 사상 속에 묻어 내고 의미 있는 가르침은 펼쳤지만, 교육 원리를 종합적으로 체계 짓지는 못했다. 대개 단편적인 인식에 머물렀다. 근대가 되어서는 전문적인 교육 사상가들이 등장하였고, 그들이 세운 원리와 이론으로 교육학이란 학문이 정립되기는 했지만, 그런데도 인류가 지향한 대우주적 목적과 합치한 완성된 교육론으로서 모습을 갖추지 못한 것은 교육론에는 선행된 제약 조건, 즉 인류를 교육 목적으로 이끌 추동 원리가 완전한 세계관에 근거하지 못해서이다. 교육 이념과 목적은 대개 그렇게 처한 세계관에 따라 결정되는데, 세계관이 부분적이고 유동적이었다는 데 있다. 교육은 인간을 대상으로 하는 만큼, 인간의 본질성 규정이 문제인데, 인간이 무엇인가 하는 것은 실로 세계의 창조적 본질이 드러나야 했다. 지난날은 교육론이 원리적으로 완전할 수 없는 심대한 제약이 있었다. 이런 세계관적 문제를 풀고 극복하는데, 교육의 사명 목적을 달성할 교육 원리의 완성 요건이 있다.

교육 본연의 위대한 사명을 이루고 목표에 도달하기 위해서는 분열을 완료한 세계관에 근거한 정확한 교육 원리와 인간 형성 원리를 정립하고, 그렇게 한 원리성을 인간 교육에 적용해야 한다. 그리해야 제시한 목적과 도달 방법인 수단과의 거리 차를 좁힐 수 있다. 진정한 교육 원리에 의해 진정한 인간이 육성되고, 진정한 길로 인도된다. 그런데도 지성들은 조건에 합당한 세계관에 근거하여 교육 원리를 인류 앞에 제시하였는가? 왕위를 계승할 자는 정당한 자격을 갖추어야 하듯, 인류를 구원할 교육 원리는 세계관적 한계성을 극복한 그 무엇이어야 한다. 그리해야 위대한 교육 원리를 창출한다. 이에 일반적인 교육 원리는 인류를 궁극으로 인도할 추진 원리가 부족하고, 종교 원리는 그런 궁극성은 제시하였지만 추진 원리가 객관적이지 못하다. 가장 현대적인 학문에 근거한 교육 사상가들조차도 오히려 지엽적인 현안에 사로잡혀 제한적이고 수단적인 원리성 추출에 그쳤다. 미확정적인 진화론과 유물론 등을 교육 목적을 달성할 원리로 도입하였다. 인간이 정말 동물로부터 진화한 것이라면, 동물 실험을 통해 추출한 자극과 반응 원리를 인간을 교육하는데도 유효하게 적용할 수 있으리라. 그러나 이런 인식과 접근은 오늘날의 인류를 고통 속으로 빠뜨리고, 인간성을 황폐화시킨 주된 원인으로 작용했다.[2] 가설적인 특정 원리를 인간 교육에 적용한 것도 문제이지만, 근원적인 세계관을 곡해한 것도 문제이다. "플라톤은 세계를 가시적이고 가변적인 외양의 세계와 불가시적이고 영원한 실재의 세계로 구분하였으니",[3] 그것이 우리가 발 디딘 현상의 세계와 이데아 세계이다. 그렇다면 두 세계의 관계와 연결 고리를 밝히는 것이 주된 진리적 과제인데, 이런 세계관적 문제를 풀어내지 못했다. 그러니까 현실을 보고 경험하며 감지할 수 있는 현상 세계를 기준으로 "이데아의 세계를 현상의 세계를 가능하게 한 形而上學적 실재로 간주하였다. 이데아는 현상의 세계가 의미 있기 위한 전제 조건으로서의 논리적 가정이다. 따라서 이데아는 우리가

---

2) 『학문과 교육(상)』, 장상호 저, 서울대학교 출판부, 2006, p.36.
3) 『교육의 목적과 난점』, 이홍우 저, 교육과학사, 1996, p.358.

실제로 파악하거나 도달할 수 있는 상태가 아니다. 단지 그렇게 파악하거나 도달하려고 노력해야 하는 표준이다."4) 그럴듯하게 설명하기는 했지만, 결국 이데아를 논리적 가정으로 전제한 것은 잘못이다. 이데아의 세계는 현실의 인류가 도달하기 위해 세운 가상스러운 목표가 아니다. 실질적인 목표이고, 언젠가는 거할 수 있는 이상적 세계로서 규정해야 한다. 그리해야 정말 그곳에 도달할 수 있고, 목적을 성취할 수 있는 원리성의 배를 띄울 수 있다. 가정(假定)하니까 구체적인 원리를 발견할 수 없다. 목적과 원리를 직접 연결할 수 없다. 앞에서 이 연구는 인류가 교육을 통해 달성할 원대한 목표를 내세웠는데, 그다음은? 그곳으로 인류를 실어 나를 원리의 배를 건조하는 데 필요한 이치적 세계관이 문제이다. 세계 구조가 그렇다면 인간의 본성 구조도 같은 것이므로, 이런 구조에 근거해 인간을 바람직하게 육성할 교육 원리를 추출해야 한다. 합당한 세계관을 규명하는 것이 원리성 추출의 선행 조건이다. 인간의 본성 구조는 세계 구조에 근거하고, 원리는 세계 구조의 지배를 받아 결정된다. 플라톤이 세계를 이원화한 것은 그만한 이유가 있어서인데, 그것은 다름 아닌 천지가 창조됨으로 인한 필연적 구조이다. 단원(單元)으로서는 어디에도 탈출구가 없다. 왜 부모가 있고 나 자신이 있게 되었는가? 부모가 나를 낳아주었기 때문이 아닌가? 이데아도 그런 관계이다. 이데아는 논리상 필요한 가상의 허수 자리가 아니다. 천지 만물을 있게 한 바탕 본체이다. 단지 현상적 세계와는 존재한 질서 차원이 다르고, 초월적인 탓에 파악하는 데 어려움이 있는 것뿐이다. 이런 존재 조건이 오히려 교육 원리를 특별

---

4) 위의 책, p.346.

하게 하고 위대하게 한다. 인간 본성을 존재한 차원의 강으로 인도해야 함에, 여기에는 "교육 인식론"과 "교육 방법론"과 "교육 과정 구성론", "교육 평가론" 등이 원리성 위에서 합작되어야 한다. 그리하면 선천 세계관의 장애물을 걷고 한계성을 극복할 수 있다.

자연 현상에도 이치에 합당한 원리가 있고 법칙이 있듯, 인간을 육성하는 교육 작용에도 적용 가능한 정당한 원리가 있고, 법칙이 있다. 인간에게 유용한 식물은 재배해서 키우고, 인간은 교육으로 육성한다.5) 그냥 자라고 그냥 육성되는 것이 아니다. 그런데 중요한 것은 참된 세계관에 근거한 참된 교육 원리에 의해 참된 인간이 육성된다는 사실이다. 그런 원리의 참 근거는 본체론→인간론→교육 원리론으로 이어진다. 참 교육 원리란 정말 무엇인가? 인간은 교육 원리에 맞게 교육하여야 함이 원칙인데, 그것은 오직 인생 삶의 원리에 근거한 것이고, 인간 본연의 원리에 어긋나지 않는 것이다. "만약 새를 자기 뜻대로 맞추어 기르려고 한다면 그것은 도리어 새의 생명을 해치게 되고, 어떤 통치자가 자기 마음을 기준으로 백성을 다스린다면 도리어 백성의 성정(性情)을 해치게 되듯",6) 인간은 인간대로의 본성 성향을 지니고 있다. 이것을 교육 원리로 추출해서 객관화, 법칙화해야 한다. 우리가 바른길을 걸으면 우리의 인생도 바르게 정립되는데, 여기에는 그렇게 정립한 합당한 원리성이 주효하다. 어떤 인간이 인격을 도야하여 바람직한 삶의 목적을 성취하였다면, 거기에는 반드시 그런 인격을 훌륭하게 형성한 인간 본성의 형성 원리가 작용하였고, 인간 삶을 이끈 지배 원리가 있다.

---

5) 『루소의 교육론 에밀』, 안인희 저, 서원, 1993, p.70.
6) 「노장의 자연철학에 관한 연구」, 노승만 저, 성균관대학교 유학대학원, 유교 경전, 석사, 2000, p.18.

사례를 통해 우리는 인간 본성을 육성한 원리 이상의 위대한 진리를 발견하게 된다. 이런 교육 원리를 밝히고자 하면 결국, 인간 본성의 전면과 맞닥뜨린다. 그 전면은 바로 인간 본성의 본질적 측면이다. 플라톤이 제시한 이데아의 세계와 일치하는 구조이다. 본성 속에 있는 이 같은 초월적 본성까지 볼 수 있어야 교육 원리가 인간 본성의 완성을 넘어 그 이상의 세계까지 나갈 수 있다. 본질적 본성에 근거함으로써 교육 원리가 제한된 차원의 강을 건널 수 있는 영혼을 육성해 만 인류를 빠짐없이 구원의 언덕에 도달할 수 있게 한다.

"『중용』에서 말한 첫 구절의 말씀이 맞는다면 교육의 첫걸음은 天命, 즉 하늘의 명령이다."[7] 교육은 하늘이 내린 명령이고, 명령을 따르고 수행하는데 **"교육의 위대한 원리"**가 있다. 하늘이 명령을 내렸으면 그것을 어떻게 이행할 것인가가 제일의 과제임에, 여기에 이 연구의 위대한 교육 원리가 부응하고자 한다. 하늘이 교육에 위대한 사명을 부여하였다면, 그것을 실행할 원리적 근거도 함께 부여하였을 것이므로, 그것을 이 연구가 저술 과정을 통해 구체화하리라.

---

7) 『실패한 교육과 거짓말』, 앞의 책, p.5.

제2장 원리 판단의 세계적 근거

1. 세계 구조의 이원성

교육하는데도 원리가 있고, 원리가 필요하고, 원리성을 적용해야 하느냐는 의문을 가질 수 있겠지만, 그런 생각 자체가 교육으로 이루어지는 제반 과정을 그릇되게 하는 원인이다. 적용해야 할 원리를 무시했다는 뜻이다. 주먹구구식 행동은 무엇이라도 실패하고야 말 온상이다. 세계적 문제의 해결과 규명 여부에 따라 접근할 교육 목적, 원리, 방법, 과정이 다르며, 세계의 이원적 구조를 잘못 해석하면 역사를 극한 대립 상황으로 몰아넣어 인류의 미래를 암울하게 할 공산이 크다. 과연 세계의 이원적 구조는 진리적으로 극복할 수 있는 문제인가? 아니면 필연적인 탓에 순응해야 할 문제인가? 양단 간을 판단하고 규정해야 위대한 교육 목적을 실현할 진리를 뒷받침하고, 바른 원리를 추출할 수 있는 판단 근거를 제시할 수 있다. 목적은 이상이고 원리는 현실임에, 세계에 가로 놓인 피할 수 없는 구조 상황 곧 진리적, 본질적, 현상적 상황을 직시하는 것이 교육 원리를 정립하는 지름길이다.

그 구조 모습 상황을 세계의 지성들은 이미 간파한 바이다. "플라톤의 이데아계와 현상계, 기독교의 이 세상(세속)과 저 세상(사원), 칸트의 예지계와 현상계",[1) 철학에서의 일원론과 이원론 등등.

이런 이원적 구조는 동서양의 철학사에서 오랜 전통에 속하는데, 이것은 다시 현상계 안에서의 상대적인 구조와 본체계 안에서의 이행적인 구조로 나눈다. 전자의 대표적 사례로서는 데카르트가 피력한 심신이원론(心身二元論)이 있고, 이것은 인간 존재의 필수 구성 요소인 정신과 신체(영혼과 육체)를 말한다. 그리고 세계도 정신과 물질이란 이원적 구조를 이루고 있다. 알고 보면 존재계 전체가 이런 구조 조건을 피할 수 없으므로, 중요한 것은 그 이유를 아는 것이다. 그리고 후자의 경우로서는 본체계와 현상계, 이기일원론(理氣一元論)과 이기이원론(理氣二元論) 등이 있다. 이렇게 하여 다시 양분한 이행적 이원 구조와 상대적 이행 구조를 구분할 수 있어야 세계의 이원적 구조 상황을 규명하는 데 있어 명확한 인식 기준을 세울 수 있다. 이 연구가 이 단계에서 단도직입적으로 말한다면, 양자의 차원을 달리한 이원적 구조는 모두 천지가 창조됨으로 인해 발생한 거부할 수 없는 필연적 구조란 사실을 밝히는 것이다. 그 이유를 먼저 본체계의 이행 구조부터 추적하면, 현상계의 상대 구조가 왜 필연적인지도 절로 알 수 있다.

우리는 이 땅에 발 디딘 존재자로서 온통 현상계의 분열적, 법칙적인 질서 안에 있으므로, 이 같은 질서 체계와는 차원이 다른 본체계는 인식할 루트가 차단되고 판단할 근거가 없어 지난날은 존재한 사실을 관념적으로 유추한 문제가 있었다. 그렇다고 차원 세계가 존재하지 않은 것은 아닌데, 현상계적 질서에만 의존해 본체계를 거부하고 현상적 질서만을 절대시한 것은 큰 문제이다. 선현들이 갈파한 예리한 통찰력에 대해 지금이라도 인식을 재고해야 그나

---

1) 『인간의 본질』, 신오현 저, 형설출판사, 1989, p.189.

마 파멸할 인류 역사를 교육으로 구제할 수 있다. 서양 철학이 궁구한 "形而上學(metaphysics)은 희랍어 meta(beyond : 초월해서)와 physics가 복합되어 이루어진 용어로서, 눈에 보이는 만물 현상을 초월한다는 뜻이다. 다시 말하면, 만물의 실재는 무엇인가를 다루는 철학 분야이다. 우리는 자신이 보고 듣고 만지는 것을 항상 믿지는 않는다. 이유는 어떤 물건의 겉모양만 보고 그것의 전체적인 모습을 알 수 없기 때문이다. 그래서 겉모양(appearance)과 실재(reality)를 구별하려고 한 노력이 고대의 희랍인들에게 있었다."2) 눈에 보이는 만물 현상을 초월한 形而上學의 세계, 그러니까 현실 세계와는 차원이 다른 본체 세계가 분명히 있었다고 본 것이다. 그들은 그것을 초월적인 그 무엇(形而上學)으로 표현하였다. 하지만 플라톤이 그야말로 현상적 질서 차원을 초월한 순수 본체계인 이데아의 세계를 지침하였는데도 한 세대도 지나지 않은 제자 아리스토텔레스가 초월적인 본질성을 존재계 안으로 끌어내려 형상과 질료 개념으로 이원화함으로써 서양 철학은 그들이 지닌 문명적 본질과 사유 구조의 특성상 절대적 이데아계와 단절시킨 사물의 본질을 궁구하는 쪽으로 기울어 버렸다.3) 사물을 이룬 순수 본체와 그렇게 해서 결정된 사물을 구성한 결과적 본체는 본질에서는 상통하면서도 차원적으로는 다르다. 이런 본질적 차이를 구분해야 하는데, 사물의 본질을 밝히는 데만 정열을 쏟다 보니 서양 철학은 끝내 초월적인 본체계로 나갈 수 있는 길을 트지 못했다. 더욱 선행된 순수

---

2) 『체육 철학』, 김대식 외 2인 공저, 나남출판, 1996, p.21.

3) 아리스토텔레스는 현상계와 이데아계를 철저히 분리한 플라톤과 달리 이데아(형상)는 현상(질료)과 분리하여 이해할 수 없고, 현상계를 통하여 이데아계에 접근해야 한다는 태도를 보여 현상 탐구와 이성적 탐구를 결합함.- 『최신 교육학 개론』, 성태제 외 12인 공저, 학지사, 2010, p.58.

이데아의 세계를 규명하려고 노력해야 하는데 포기해 버렸고, 그러니까 나아갈 발판을 잃어버린 서양의 形而上學적 추구는 사물의 본질 세계마저 접근할 수 있는 길을 막아버려 현상 일원론에 국한한 한계성에 직면하고, 세계관적 종말을 초래하였다. 神도 버리고, 진리도 버리고, 약속의 땅도 영혼의 고향도 잃어버려, 인류가 나아가야 할 미래 역사를 먹구름으로 뒤덮었다.

반면에 동양은 본체 문명이라고 일컬을 만큼, 서양이 놓친 순수 본체계의 차원적 특성을 세밀하게 파고들었다. 언급했듯, 플라톤은 "세계를 영원히 존재하고 생성하지 않는 이데아의 세계와 항상 생성하면서 절대 존재하지 않는(그림자, 가상) 현상의 세계로 구분하고, 인간이 감각 기관을 통해서 감지하는 현상 세계는 끊임없이 변화하는 생성의 세계라, 어둠과 그림자로 가득 차 있다고 하였다. 그런데도 현실의 인간은 눈에 보이는 그림자 모습을 마치 실재인 것처럼 착각했다(동굴의 비유).4) 그러나 그의 문제는 두 세계의 특성을 구분해서 설명하였지만, 연결하는 고리와 관계성, 그리고 정작 중요한 이데아가 지닌 본체로서의 역할에 대해서는 생각이 미치지 못했지만, 동양 본체론은 그렇지 않았다. 중국 불교 화엄종의 5조(五祖)인 규봉 종밀(780~841)은, "무명이 조건이 되어 생겨나는 현상 세계와, 현상 세계 이전의 본체 세계를 전간(全揀)과 전수(全收)라는 방법론적 개념으로 표현해서 분석하였다. 즉, 전간이라는 것은 글자 그대로 전부 가려서 버린다는 뜻으로, 다만 본체를 결정하여 영지(靈知)가 바로 마음의 自性이고, 그 이외는 모두가 허망한 것을 직접 가리킨 것이다. 절대적인 본체만을 긍정해 남겨 두고 모

---

4) 「라인 홀드 니버의 인간 이해」, 임동훈 저, 협성대학교 신학대학원, 신학, 석사, 2007, p.51.

든 것을 부정하는 방식은 플라톤이 현상계를 부정하고 이데아계를 긍정한 것과 같다. 이것은 본체계를 부각하는 방법이기는 하지만, 본체와 현상과의 긴밀한 관계는 알지 못한 판단이다. 그런데도 전간이 전수를 통해 전부를 받아들임으로써 마음이 일으킨 오염과 청정의 모든 法을 섭수할 수 있다고 해 회통(會通)적 사유를 보인 것은 전간의 본체적 역할을 시사한다.5)

  나아가 본체계 안에서의 이원화라는 이행 구조를 논리적으로 더욱더 세밀하게 파고든 것은 동양의 理氣론에 근거해서이다. 먼저 理와 氣가 도대체 무엇인가란 문제부터 견해가 분분한데, 한 가지 분명한 것은 理氣는 지극히 본질적이고 氣, 그것은 현상계 안에서 理와 함께 존재 구성의 필연적인 요소이기는 하지만, 물질 자체는 아니다. 그리고 理와 氣는 현상계 안에서 인식적으로 구분하지만, 상대적인 특성을 가지고 대립한 것이 아니다. 구분은 하지만 이행한 관계로 결국은 하나이다. 이런 理氣론은 宋代의 주자가 성리학으로 집대성하였다. 그는 "주돈이의 『太極圖說』에서 태극의 개념을, 장재의 氣 개념을 바탕으로 우주 만물의 궁극적인 원천과 생성 변화를 설명하는 形而上學으로 설명하였다. 이것은 공자와 맹자로 대표되는 전통적인 유교와 구별된다."6) 이런 理氣에 대해 주자가 설명하길, "천지에는 理도 있고 氣도 있다. 理는 形而上의 道요 만물을 생성해 내는 본체이며, 氣는 形而下의 氣요 만물이 생겨날 때 구비하고 있는 요소이다"7)라고 하였다. 그도 理氣에 대해 形而上과

---

5) 「종밀의 인간론 연구」, 김미라 저, 이화여자대학교 대학원, 철학, 석사, 1996, p. V장.
6) 「주자의 교육사상에 관한 고찰」, 최도형 저, 공주대학교 교육대학원, 중국어교육, 석사, 2014, p.29.
7) 『주자전서』, 권58, 답황도부.

形而下로 분명하게 구분하였고, 천지 만물을 있게 한 理氣의 역할까지 설명하였으므로, 氣에 대해 理는 태극과 절대 道처럼 본체에 속한 것이 맞다. 문제는 氣이고, 氣가 존재함에 따른 관계 설정인데, 이에 대해 주돈이는 理와 동류인 "태극을 실재로 규정하고, 태극은 끊임없이 생성 변화하는 천지 만물의 궁극적 원천이요 지향처로서 초월적인 성격을 지닌 것으로 파악하였다. 반면에 장재는 氣를 실재로 간주하고, 그 氣는 현상계를 초월해 있는 실체가 아니라, 언제나 취산(聚散)을 거듭하면서 세계 안에서 역동적으로 움직이는 모종의 기운으로 파악하였다. 이처럼 서로 다른 견해를 주자가 통합적으로 발전시켜서 理氣론을 완성한 것인데",[8] 그것은 이기불상잡(理氣不相雜)과 이기불상리(理氣不相離) 논거로 해명된다. 이기불상잡은 理와 氣는 서로 혼동하지 말아야 하는 것으로, 이들은 엄격히 구분해야 한다는 뜻인데, 그러면서도 동시에 이기불상리는 理와 氣가 서로 떨어질 수 없는 것으로 나누질 수 없다는 뜻이다. 도대체 이런 상반된 동시성은 현상계 안에서 성립되는 논거인가? 모순된 것인데도 모순된 그것이 진리성을 시사함에, 이것이 현상계의 이치를 초월한 본체 논리에 속한다. 현상계의 분열 질서 안에서는 논리의 동시 성립이 불가능하지만, 본체계 안에서는 곧바로 본체 질서가 지닌 특성이다. 즉, "모든 만물은 理와 氣가 만나서 이루어진다는 사실에서, 모든 만물은 理와 氣가 결합해야만 성립되므로 理氣는 서로 떨어져 있을 수 없다(이기불상리). 그러면서도 理와 氣는 근원적인 존재로서 서로 대등한 힘을 갖고 있고 특징 있는 역할을 담당하고 있어, 서로 떨어져 있다(이기불상잡). 다시 보아도 理

---

8) 위의 논문, p.29.

의 초월성과 내재성의 혼재로 말미암아 理氣론은 한없이 복잡한 주자학 최대의 역설이다."9) 이 문제를 어떻게 풀 것인가? 이것은 당대의 주자도, 후대의 퇴계와 율곡도, 해결하지 못한 창조 방정식인데, 오늘날 강림한 보혜사 하나님이 창조 본의로 매듭지었다. 논리적인 접근으로서는 해결할 수 없다. 본의로 밝힌 창조 원리에 근거해야 가능하다. 모든 초월적인 본체 논리에는 창조 원리가 작용하는 바, 理氣가 불상잡한 동시에 불상리한 것은 하나인 창조 본체로부터 천지가 창조되어서이다. 일원인 태극, 道, 理가 창조와 함께 氣化되었다. 理와 氣가 대등한 관계로 양분된 것이 아니고 이행되었다. 변화되었다. 그러면서도 원천에 해당한 바탕 理는 절대 理로서 고유함을 그대로 보전한다. 이것을 다시 순차적으로 정리하면, 절대 理(절대 본체)→창조 理(창조 본체)→존재 理(존재 본체)로의 이행이다. 여기서 창조 理와 존재 理 사이에 창조 역사가 있고, 창조 理 이전은 천지가 창조되기 이전의 본체가 되며, 이후는 천지가 창조되고 난 이후의 본체가 된다. 우리는 통상 창조 이후의 역사만 인식의 근거로 삼고 또 확인할 수 있지만, 사실상 천지 만물이 창조되기 이전에도 사전에 준비된 창조 역사 과정이 있었다는 것은 놀라운 일인데, 그 역사를 창조주 하나님이 주관하였다. 노자가 "道는 하나를 낳고, 하나는 둘을 낳고, 둘은 셋을 낳고, 셋은 만물을 낳는다"라고 한 것은, 기독교의 유일신 사상을 도식화한 사상이다. 천지 간의 사물, 현상, 존재의 근원은 하나인 一者로부터의 이행이고, 化이다. 유일한 道가 만물을 생성시켰고, 神이 천지를 창조하였다. 고로 道, 태극, 理, 神은 一者인 절대 본체이다. 이름마저도 그

---

9) 위의 논문, p.33, 29.

것은 음이 다를 뿐, 하나를 지칭한다. 주돈이가 초월적인 것으로 본 태극은 태극이려니와, 장재가 본 취산(聚散)을 거듭하면서 세계 안에서 역동적으로 움직이는 모종의 기운인 氣는 다름 아닌 창조 理가 창조 역사로 인해 이행된 존재 안에서의 化된 氣를 말한다. 창조 이전에는 理가 무극으로부터 극화(태극)되었음에도 순수 理 자체로 존재하였지만, 창조 후에는 존재 안에서 바탕이 된 본질과 함께하는데, 그것이 곧 理의 化된 氣이다. 理가 化로 이행하다 보니까 氣의 理, 즉 본질도 함께하였다. 이것을 주자는 다시 이일분수론(理一分殊論)으로 논거를 두기도 하였다. 아리스토텔레스가 플라톤의 이데아설을 부인하고 존재 안에 질료와 함께한 형상으로 끌어내린 것과 같다. 이런 이행 절차와 창조 역사 탓에 理氣가 존재 안에서는 이기불상리인 동시에, 理로부터 이행된 化인 탓에 理와 氣는 차원이 다른 본질체, 곧 이기불상잡이기도 하다. 결과적으로 그런 분리와 차이는 대수가 아니다. 결합해서 이루어진 것은 하나로부터 분리된 근거이다. 아무리 一者가 多者化되어도 그 多化는 一者의 化일 뿐, 천변만화해도 근본은 하나이다. 一卽多인 동시에 多卽一이다. 一은 本이고 多는 化이다. 대만물의 본질을 창조 본의에 근거해서 꿰뚫는 순간이다. 보이는 사물이 그림자이고, 제법무아(諸法無我)가 빈말이 아니다. "보이는 것은 나타난 것으로 말미암아 된 것이 아니다(히, 11: 3)."

그렇다면 理와 氣는 정녕 어떻게 다르면서 같을 수 있는가? 본체 안에서 이행된 관점에서는 理가 氣이고 氣가 理이다. 하지만 창조된 현상 안에서는 理는 理이고 氣는 氣이다. 이런 차이를 구분하기 위해서 주자는 말하길, "理는 氣를 떠난 적이 없다. 그러나 理는 形

而上者이며, 氣는 形而下者이다. 形而上下로 말하면 어찌 선후가 없겠는가?"10)라고 하여 氣와 理를 엄밀하게 나누었으며, 동시에 "천하에 理 없는 氣 없고, 氣 없는 理 역시 없다"11)라고 하여 理와 氣가 불상리한 동시에 불상잡하다고 강조하였다. 여기서 形而上과 形而下, 불상잡과 불상리를 가르는 기준이 바로 창조 역사이다. 氣는 理로부터 이행된 관계로 선후로 따진다면 理가 氣보다 선재했다.12) 하지만 그런 선후 관계는 理가 氣로 이행된 탓에 아무 의미가 없다. 理는 곧 氣이다. "理와 氣는 원래 서로 떠나지 않아서 마치 한 물건과 같다."13) 또한, 주자는 "태극을 理로, 음양을 氣로 파악하였으며",14) 이것 역시 창조 역사로 인해 구분된 理와 氣와의 차이이다. 氣가 본체 안에서는 理의 氣로 이행된 동질체이지만, 존재 안에서는 음양으로 양의(兩儀)되었다. 음양으로 이원화된 것은 창조 역사를 실현하기 위한 氣의 필연적인 구조화이다. 그래서 양의된 음양은 상대적인 성질을 가지고 극을 달리하지만, 이 역시 한 본질체로부터 양의된 탓에 한 극을 이루기 위해 극을 분열시키고, 그 분열이 정점에 이르면 陰이 陽이 되고, 陽이 陰이 된다. 하나님의 有한 창조 본체를 극을 분열시킨 생성 운동으로 뒷받침하여 결국은 有한 창조 본체를 영원히 지속할 수 있다. 이것이 완전한 지혜로 구안된 창조 역사 시스템이다. 존재 체제를 구축하고, 존재 조건을 충족시키기 위해 理가 氣化되었다. 율곡이 갈파했듯, 理는 통

---

10) 『주자어류』, 권1.

11) 위의 책, 권1.

12) "주자는 理가 氣보다 근원적이고 궁극적이라는 것을 밝히고자 노력하였다."-「퇴계의 교육사상 연구」, 최기창 저, 건국대학교 교육대학원, 교육학, 석사, p.19.

13) 「율곡학파의 리기론」, 리기용 저, 율곡학회 논문집, 율곡사상연구, 22집, p.7.

14) 「퇴계의 교육사상 연구」, 앞의 논문, p.19.

하고 氣는 국한(理通氣局)된 차이를 지님에, 그 이유는 하나인 본체로서 만상을 창조하기 위해서는 본질이 자유로워야(free) 하고, 창조 역사로 존재화된 氣는 천변만화(千變萬化)한 존재자로 구분되고 특징지어져야 하기에 본질이 결정되고 국한되었다. 하지만 하나로부터 나뉜 것은 理든 氣든 결론은 하나이다.

이처럼 동양의 선현들은 理氣의 관계성 논거 밝힘을 통해 하나님의 창조 본의에 근접했는데도 불구하고 이기일원론과 이기이원론이 쟁점화되고, 어느 한쪽도 결말을 이루지 못한 것은 창조 본의를 알지 못한 선천 우주론으로서의 한계이다. 언급했듯, "성리학(주자학)에서는 사람을 포함한 우주 만물의 존재와 운동을 理와 氣라는 서로 다른 2가지 근본 원리로 설명하는데, 이기이원론과 이기일원론은 이 점에서는 같다. 그러나 이기이원론이 理와 氣의 차별성을 강조하고, 理가 氣보다 먼저 존재하면서 氣를 낳는다거나, 理는 氣 바깥에 독립해서 존재하는 객관적 실재라고 주장하는 데 반해, 이기일원론은 이러한 견해를 거부한다. 이기일원론에서는 理와 氣의 상호의존적인 측면을 강조하며, 특히 理는 氣에 내재하는 원리나 법칙성을 가리키는 것으로 본다. 중국의 성리학자 가운데 이기일원론을 정립한 대표적인 학자는 명대의 나흠순이고, 조선의 성리학자 중에서는 율곡을 들 수 있다. 율곡의 이기일원론을 이황의 이기이원론과 비교하여 전자는 주기론, 후자는 주리론이라고 한다."[15] 왜 이처럼 관점의 차가 첨예한가 하면, 理氣가 지닌 본체로서 천지 만물을 있게 한 창조 작용으로서는 인정하면서도 서로가 결코 물러설 수 없을 만큼 차원이 다른 관점의 차이 탓이다. 즉, 이기이원론은

---

15) 다음 백과, 이기일원론.

창조 역사로 인해 구별된 창조 본체(창조 理, 태극 본체)와 존재 본체(존재 理=氣=양의된 음양)를 확실하게 구분함으로써 理의 존재를 창조한 피조체(존재체)에 대해 초월적으로 절대시한 관점(주리론)인데 반해(본체론적 입장), 이기일원론은 순수 현상계적 관점에서 존재체 안에서 理와 氣의 상호의존적인 측면을 강조해, 理는 氣에 내재하는 원리나 법칙성을 가리키는 것으로 보았다. 그래서 이기일원론의 진정한 의미는, 理氣란 두 요소가 존재 안에서 굳게 결합한 탓에 분리할 수 없다는 뜻이다. 다시 말해, 창조로 인해 결정된 결과체이다. 여기서 理는 그렇게 존재화를 뒷받침하면서도 존재 자체와 함께한 氣의 化된 본질(양의된 음양=존재 理=氣)이다. 앞서 말한 절대 理, 절대 道, 선의 이데아, 유일신으로서의 초월적 일원론과 구분된다.

　이런 판단 기준을 가지고 우리나라를 대표한 유학자로서 理氣론에 대해 율곡(1536~1584)의 이기일원론 관점을 기준으로 이황(1501~1570)의 이기이원론을 비교해 보면, 왜 대립할 수밖에 없었던 것인지 이유를 알 수 있다. "율곡의 사상은 '기발이승일도설(氣發理乘一途說)'로 대표된다. 그가 23세 때 지은 『천도책-天道策』에 이미 바탕이 드러나 있다. 즉, 율곡은 우주의 본체가 이기이원으로 구성되었다는 것은 인정하지만, 理와 氣는 공간적으로나 시간상으로 분리되거나 선후가 있는 것이 아니라고 보았다. 따라서 理와 氣는 최초부터 동시에 존재하며, 영원무궁하게 떨어질 수 없어서 理는 조리(條理), 즉 당연히 법칙으로 우주의 體요, 氣는 그 조리를 구체화하는 활동이므로 우주의 用이라고 하였다."16) 먼저 율곡이

---

16) 『체계교육사』, 이원호 저, 제일문화사, 1978, p.195.

理와 氣는 공간적으로나 시간상으로 분리해서 있거나 선후가 있는 것이 아니라고 한 것은, 바로 본체 理가 모든 창조 이행 작업을 완수한 존재 안에서 존재 구성 요소로서 결합한 일체론이다. 그리고 理와 氣는 최초부터 동시에 존재하며 영원무궁하게 떨어질 수 없다고 한 것은, 천지 만물의 첫 시원을, 현상계가 양의로 분열되기 시작한 생성의 출발점으로 삼은 탓이다. 하지만 이 연구는 우주의 생성 이전에 창조 역사를 발현할 사전 역사가 본체계 안에서 이루어졌다고 하지 않았는가? 이런 이유 탓에 인류의 지성사는 초월적인 본체 작용 역사를 보거나 보지 못해도 믿고 유추한 부류와 의도적으로 거부하고 현상 일원론으로 나간 부류로 나누었다. 인물로서는 이황 대 율곡, 플라톤 대 아리스토텔레스, 사상적으로는 실재론 대 유명론, 관념론 대 유물론, 문명적으로는 동양 문명 대 서양 문명으로 크게 나뉜다. 이것이 진실이라면, 인류 문명은 이렇게 제시된 관점에 의해 심판받아야 하고, 재정립해야 한다. 그렇게 해서 건설된 현대 문명이 가장 중심된 표적 대상이다. 성리학은 이 같은 우주론에 근거해 인성론으로까지 나아가 "인간의 도덕적 가치에서도 인간 본성의 근본이 理와 氣의 두 가지 근원에 있지 않고 일원적이라고 하여 퇴계의 사단칠정(四端七情)설을 배격하였다."[17] 설정한 세계관에 따라 교육 원리가 정립된다고 한 사례가 이런 경우이다. 그런데 그 세계관이 잘못된 관점에 의해 곡해했다면? 교육 원리 정립에 앞서 세계관을 정확하게 규정해야 하는 작업이 선행되어야 했다. 바로 잡는다면, 율곡이 대립각을 세운 현상계 안에서 결합한 일원론은 부차적이다. 그 이유는 현상적 존재만이 전부가 아닌 탓이다.

---

17) 위의 책, p.195.

그 이전에 선재한 본체 작용이 있었다. 절대적 일원론에 근거해야 천지 만물을 통합하는 본체 고유의 창조 권능인 것을 확인할 수 있다. 왜 천지 만물은 천지 만물로 만화되었는데도 만물이 일체되고, 근본은 결국 하나인가? 유일 절대적인 하나로부터 이행되고 化되어서이다. 그분이 바로 인격성을 더한 창조주 하나님이다. 그렇게 하나인 절대 理에 바탕을 두어 오직 만물을 창조할 목적으로 변신한 氣가 작용하였다. 하나님으로서 이 창조 이행 과정을 밝힌다면, 하나님은 태초 이전인 창조 목적을 가지고 뜻을 발하기 이전의 순수 하나님과 뜻을 품은 이후의 하나님, 그리고 창조 뜻을 발현한 하나님, 나아가서는 모든 창조 역사를 말씀으로 완수한 이후의 하나님으로 구분할 수 있다. 이런 창조 과정과 단계에 따라 존재한 본질체가 변화를 입었으니, 모든 근거는 하나님이 가진 것 말고는 다시 없다. 그래서 천지 만물을 창조한 최초 근원은 단원, 절대적 일원이다. 요약하면, 하나님의 본체 자체이다. 기독교의 중심 교리인 "無로부터의 창조"는 천지의 존재 원리에도 창조 법칙에도 어긋난다. 인류는 창조주 하나님이 사랑으로 품은 하나님의 몸된 본체에 근거해 지음 받은 순수 혈통을 이은 자식이다. 그래서 하나님은 만유의 어버이이다.

왜 "율곡이 이른 바 理와 氣를 이체일물(二體一物)로 규정한 퇴계의 이원론에 반대하여 이기일원론 태도를 보였는가 하는 이유는, 퇴계가 가진 본체적 기준 관점과는 차원이 다른 이기일원론의 현상적 본질을 간파하면 해명된다. "존재하는 모든 것은 氣일 수밖에 없으며, 理는 다만 氣를 주재하는 원리일 뿐이다"[18]라고 하였다.

---

18) 「율곡학파의 리기론」, 앞의 논문, p.7.

"대저 理란 것은 氣의 주재요, 氣란 理가 타는 바이니, 理가 아니면(氣는) 근거하는 바가 없고, 氣가 아니면(理는) 의지하는 바가 없다."[19]

　그래서 "율곡은 모든 사물, 물질 현상과 동적 현상의 총화를 氣로 본 동시에 氣 자체 안에 내재한 주재적인 기본 원리와 원인을 理라고 규정하였다. 이런 관점에서 理는 하나이면서도 이미 氣를 타면[乘] 그 분량이 무수하게 나뉘고, 각기 차이가 생겨 한결같지 않은 것은 氣의 작용 탓이다. 이러한 氣의 특성을 일컬어 율곡은 理는 통하고 氣는 국한한다(理通氣局)고 표현하였다."[20] 지금 율곡은 어떻게 一이 多가 되고 절대 理인 일원으로부터 천지 만물이 만화한 것인가를 理가 氣를 탄 氣의 주재적 작용으로 설명하였다. 理氣론은 우주론인 동시에 동양식 창조론 논거이다. 서양의 기독교가 펼친 창조론에서는 치열한 창조 논리가 전혀 없다. 그러니까 믿음 외에는 달리 하나님의 창조 역사를 증거할 방도가 없었다. 여기서 理는 하나이면서도 氣를 타면[乘] 분량이 무수하게 나뉘고, 각기 차이가 생겨 한결같지 않다고 한 것은, 하나인 창조 본체로부터 천지 만물이 만화한 원리적 근거를 말한 것이고, 이것은 천지 만물이 氣의 작용만으로 성사될 수 없는, 창조 본질의 필연적인 바탕 역할을 시사한다. 무수한 가닥으로 나뉜 무위적 창조, "無로부터의 창조", 절로 창조론을 일축하는 하나님의 창조 본체에 근거한 "본질로부터의 창조" 확인이다. 하나님에 근거한 천지 창조론을 시인한 것과 진배없다. 왜 理는 통하는데 氣는 국한된 특성이 있는가? 理는 창조 본체이고, 氣는 만물을 특징지은 창조의 결정 본질인 탓이다.

---

19) 『율곡전서』, 권1, 「答成浩原 壬申」.
20) 『동양 교육고전의 이해』, 김효선 외 2인 공저, 이화여자대학교 출판부, 1988, p.235.

그래서 유교의 理氣론은 "우주 만물의 실재에 관한 形而上學적 설명으로, 소위 존재론적 철학에 관한 논의인"21) 동시에 치열한 창조 원리에 관한 논거이다. 이것은 하나님이 이룬 천지 창조 역사와 무관하지 않다. 태초의 창조 역사를 주관한 하나님이 이후부터는 진리의 성령으로서 세대와 문명을 초월하여 역사하고 본의를 계시하여 밝힌 탓이다. **하나님은 무소부재함에 주재하지 않은 시공간이 없고, 함께하지 않은 문명 역사가 없다.** 이런 사실을 확인할 수 있는 근거는 불교에도 있다. 儒·佛·道는 선각들이 일갈했듯, 한 솥을 떠받친 세 개의 받침 다리와도 같아 진리로서 지향한 방향이 상통한다고 하였다. 불교의 각승들이 펼친 제 법설도 알고 보면 유교적 논거와 동류인 形而上學적 본체론에 대한 통찰이다. 세상 질서를 통해 확인할 수 있는 결정적인 법칙이나 원리가 아니다. 앞서 소개한 종밀 역시 세계를 이원적으로 구조화해 본각 진심과 현상 세계로 나누었다. 그가 현상 세계와 대립시킨 본각 진심은 마음 작용을 통해 진입할 수 있는 본체 세계를 일컬은 것이다. 다시 말하면, 마음은 본체를 인격화한 접근 관점이다. 지적했듯, 절대 理나 절대 道는 神과 같은 개념인데도 이 神적인 개념을 기독교인들이 인격화해 "하나님 아버지"라고 부른 것처럼, 종밀은 절대 본체를 마음의 작용을 통해 뭇 현상 세계를 현현해 낸다고 하였다. 그래서 마음은 당연히 만법의 근원이다. 이런 마음의 작용이 본체 바탕 자격으로서 제 현상을 표출해 낸 원리가 바로 성기(性起)이다. 이것은 화엄 사상의 기본 교의로서 연기(緣起)와 함께 본체와 현상을 설명하는 중요한 원리 판단 기준이다. 이런 본체로서의 마음과 현상과

---

21) 「주자의 교육사상에 관한 고찰」, 앞의 논문, p.28.

의 관계에 대해 종밀은 말하길, "하나의 법계 마음이 모든 존재를 이룬다는 것은 두 가지 도리가 있다. 첫째는 성기의 도리이고, 둘째는 연기의 도리이다"[22]라고 하였다. 여기서 "성기는 존재 세계를 진여의 입장에서 파악한 것이고, 연기는 세계를 생멸의 현상적 입장에서 파악한 것이다."[23] 이것을 理氣론의 대립한 입장에서 비교하면 성기, 즉 진여 입장은 본체론적 관점이고, 연기는 현상론적 관점이라 별반이다. 다시 부언하면, "성기란 性은 참된 경계[眞界]이고, 起란 모든 존재[萬法]이다. 법계의 性이 온전하게 스스로 일어나 일체의 존재를 이룬다. 이미 세간·출세간의 모든 존재가 성기이다. 바로 본성 이외에 다른 존재는 없다."[24] 세계가 어떻게 생기고(창조) 이루어진 것인가(존재) 하는 것은 동서양을 불문하고 참으로 궁금한 문제이다. 이런 과제를 해결하고 설명한 자가 인류 역사상 있는가? 전혀 없다면 앞으로의 해결 가능성은? 인간은 피조자인 탓에 아무리 노력하고 정열을 바쳐도 결국은 알 수 없는 한계가 있다. 유교의 선각들도 불교의 각승들도 마찬가지이다. 종밀 역시 진심인 본체 세계에 대해 거의 중심 지점으로까지 접근했지만, 성기를 통해 창조 원리까지는 추출하지 못했다. 인식적 접근이 어려워 법계의 性이 온전하게 스스로 일어나 일체의 존재를 이룬다고 얼버무렸다. 이것이 오늘날 불교가 깨달음으로 본체계를 직시했지만, 法을 통해 세계관을 완성하지 못하고 현상 세계의 창조 근원을 밝히지 못한 이유이다. 이런 한계는 무상정등각을 이룬 부처도 예외일 수 없다. 부처가 깨달았다는 정등각의 핵심은 연기의 법칙인데

---

22) 『화엄경행원품소초』, 「속장경」, 7, 399a, p.789.

23) 「종밀의 인간론 연구」, 앞의 논문, p.34.

24) 위의 책, 위의 페이지.

연기는 밝혔듯, 원인과 결과가 명확하게 연관되어 결과를 이루고, 서로 간에 꼬리를 물어서 연결되었지만 결국은 하나인 본체라고 결론 내린, 생성으로 분열하지만 생성으로 한 본질체로 연결된 현상 계적 실상을 꿰뚫은 法이 아닌가? 이것은 생멸 현상을 초월한 본체 계의 법칙이 아니다. 부처는 이런 각성을 발판으로 연기의 뿌리에 해당하는 진정한 空의 세계, 절대 초월의 창조 본체 세계를 후세인 들을 향해 지침한 것이라고 할 수 있다. 부처는 다만 길을 가리키 는 분이다. 法을 완성한 성현이 아니다. 法의 완성 기준은 법계(본 체계)와 현상계를 창조 원리로써 연결하고 통합함으로써 달성된다. 그냥 色卽是空 空卽是色이라고 일갈하는 것만으로는 안 된다. 존엄 한 창조 방정식을 지혜를 다해 풀어야 함에, 해결할 수 있는 조건 이 선천 하늘에서는 주어지지 못했다. 이 모든 해결 과제는 오직 창조 역사를 주관한 하나님이 강림해야 해결할 수 있는 문제인데, 이를 위해 보혜사 하나님이 진리의 성령으로서 이 땅에 강림하였 다.

통상 유교의 전통을 계승한 宋代의 신유학(성리학, 이학, 정주학, 주자학)과 달리 공자, 맹자, 순자로 맥을 이은 선진(先秦) 유교는 그 사상이 현실적이라면, 노자의 도가 사상은 초현실적으로 구분한 다. 왜냐하면, 공자는 현 사회를 仁·義·禮·智 같은 훌륭한 德과 올바른 예의 제도로써 다스려 보고자 애를 쓴 데 반해, 노자는 현 실적인 차원을 넘어선 道라는 절대적인 원리를 추구하면서, 현실 사회가 어지러운 것은 사람들이 불완전한 자기의 인위적 의지를 더 한 탓이라고 하였다.25) 여기서도 세계관이 이원적으로 구분되는데,

---

25) 「노자 교육사상의 현대적 가치」, 배형근 저, 광주경상대학 논문집, 6집, p.39.

공자의 사상은 인간 사회에 깊숙이 스며든 반면, 노자의 사상은 아직도 그가 말한 道의 본체를 시원하게 밝히지 못하고 있다. 그런데 창조 본의에 근거해 보면, 노자가 말한 현실적 차원을 넘어선 절대적 원리로서의 道는 다름 아닌 천지 만물을 말미암게 한 창조 본체이고, 천지 만상을 생성시킨 근원 본체가 아닌가? 그런데도 인류 문명은 결론적으로 근원 된 본체 뿌리를 애써 부인하고 과감하게 잘라버렸다. 이런 역사적 사실이 인류의 미래에 어떤 결과를 가져 오리라는 것은 예측할 수 있다. 현대의 물질 문명, 과학 문명, 주지 주의 문명은 이 같은 현실의 차원을 넘어선 절대적 초월 차원인 道와 理와 神과 같은 본체 세계를 거부하고 일어선 종말 문명이다. 절대 진리는 천지 만물이 상대, 결정, 이원적으로 생성하기 이전에만 성립할 수 있는 본질체인데, 끝없이 분열하는 현상계 안에서 절대 진리로서 성립시킨 것이 대립 요소를 유발해 세계를 분란케 한 원인이다. 진화론 대 창조론, 유물론 대 유심론, 무신론 대 유신론 등등. 본체계적으로 보나 현상계적으로 보나 창조 역사의 필연적 결과물인 세계 구조의 이원성은 당연한데, 애써 한쪽을 허물어서 뭉개버리고 그 위에 일인지하의 절대 권력을 구사하려고 한데, 세계관적 곡해와 전횡으로 인한 정신적 고뇌가 끊이지 않았다. 이런 문제를 방치하고 **"교육의 위대한 사명"**은 수행될 수 없고, 만 인류를 하나님이 거한 차원 세계, 초월적인 본체 세계로 인도할 **"교육의 위대한 원리"**를 정립할 수 없다. 그래서 노자는 수천 년 전에 위대한 진리로서 그 세계를 지침하였나니, "이름 지을 수 없는 것은 천지의 시원이고, 이름 지을 수 있는 것은 만물의 모태이다."26)

---

26) "無名天地之始 有名萬物之母."-『노자 도덕경』, 1장.

왜 이름 지을 수 없는 것이 만물의 시원인가? 창조 역사 이전이라, 이름 지을 근거가 없는 선재 본체인 탓이고, 창조 역사로 인해 비로소 이름 지을 수 있는 근거를 생성시킨 탓에 뭇 존재의 어머니이다. **태초 이래로 창조 원리가 개입되지 않으면 어떤 존재 원리도 현상 원리도 본체 원리도 지혜를 구할 수 있는 창조 방정식을 성립시킬 수 없고 진리 세계, 가치 세계, 우주 세계를 완성할 수 없으며, 약속된 하나님의 나라 도래도 기약할 수 없다.** 모든 문제를 종합적으로 해결하기 위하여 보혜사 하나님이 이 땅에 강림하였나니, 이 연구가 인류 앞에 가로 놓인 세계관적 문제를 해결하는 것은 천지를 창조한 하나님이 오늘날 이룬 지상 강림 역사를 증거하고 확인하는 선지자적 사명 일환이다. 이 연구가 지금까지 이룬 역사나 앞으로 이룰 역사에 있어서 이 사명의 범주를 벗어나는 일은 없으리라. 선천 하늘을 지배한 여호와 하나님(성부), 예수그리스도의 하나님(성자)이 아니다. 전혀 새로운 모습으로 강림한 보혜사 하나님(진리의 성령)을 증거하리라.

2. 변화 대 불변

하나님이 강림하기 이전의 선천 역사는 대립과 분열의 역사라고 해도 과언이 아니다. 진리, 종교, 철학, 사상, 역사, 문명 등등. 도대체 무슨 이유로 어떤 문제가 있어 이 같은 양상을 벗어나지 못했는가? 단도직입적으로 말해, 인류 문명의 시종에 대한 뿌리를 보지 못하고, 창조된 본의를 알지 못해서이다. 그것은 무조건 믿는다고 해서 해결되는 것이 아니다. 진리적, 원리적, 논리적으로 밝혀야 하는데 얼마나 진척이 있었는가? 이런 문제에서는 오히려 역사가 뒷걸음질 쳤다. 이전에는 믿음이라도 있었지만, 이제는 무시하여 인류가 해결해야 할 중요한 진리 과제 목록에서 빼버렸다. 그러니까 대립이 격화되어 인류 역사가 총체적인 종말 국면을 맞이하였다. 그런데도 실상을 바르게 알지 못하고 있는 것이 문제이다. 종말은 갑자기 다가오는 것이라고 했는데, 그 이유는 반드시 주어질 사전 징조를 알아채지 못해서이다. 자연의 징조, 인간의 징조, 역사의 징조, 진리의 징조…… 그중 해결될 것 같지 않은 진리 세계의 대립 논란은 종말 도래의 중추 요인이다. 원인을 파악해서 문제를 풀어야 교육도 여기에 근거해서 인류 영혼을 구원하는 데 동참할 수 있다. 그렇지 못하면 함께 휘둘려 파멸의 나락으로 동반 추락하고 만다. 다행히도 진리 영역에서의 대립성 주제의 양상은 달라도 대립하고 분열하는 원인은 같은 탓에 숙원의 정신적 고뇌를 풀 수 있는 일루의 희망이 보이기도 한다. 대표적인 사례로서는 관념론 대 유물론 간의 대립이 있는데, 유구한 역사를 통해 서로가 가진 입장 차란 첨예하기만 하다. "관념론은 본질적인 것, 즉 물질에 우선하는 것으로서의 정신을 강조하여 정신은 실재이며, 물질은 정신의 부산물이라고 주장한다. 이것은 물질이 실재이고 정신은 부수적이라고 주장한 유물론과 상반된다."[27] 그들의 주장 요소는 지극히 상대적인데, 양자를 판정한다면, 관념과 물질은 서로가 존재하는 데 영향을 끼칠 만큼 본질적, 창조적이지 않다. 근원 된 뿌리가 아니며, 그로부터 나뉜 가지에 불과하다는 뜻이다. 그렇다면 서로가 서로에

---

27) 『교육 철학』, George R. Knight 저, 김병길 역, 교육과학사, 1993, p.56.

대해 우선되고 더욱더 근원적이라고 따지는 것은 별다른 의미가 없다. 그런데도 정작 문제는 정신과 물질을 파생시킨 창조 뿌리가 현상 세계로 드러나지 못하니까 싸움이 끝날 수 없었다. 앞에서도 지적했듯, 정신 혹은 물질만의 절대 일원론(현상 일원론)이 문제이다.28) 이런 대립 양상은 인간을 대상으로 한 교육론에도 영향을 끼쳐 "관념론적 인간론에서 인간은 근본적으로 정신이며, 인간의 물질적 육체란 근본적 본성과는 전혀 관계가 없는 생소한 부분이라고 하였고, 유물론적 인간론에서 인간은 오직 물질적 요소로 구성되어 있으며, 그 외의 정신적, 감정적, 영적 삶이란 인간의 물질적 구성의 부산물이라고 하였다."29) 교육의 전인성 육성이 이처럼 갈라진 관점 탓에 요원한 이상으로 남아 있다. 이런 문제는 본질성 대 현상성, 중세 철학 전체를 일관한 실재론 대 유명론(보편 논쟁), 결정성 대 변화성, 영원성 대 생멸성, 실제성 대 허구성, 초월성 대 내재성,30) 일원론 대 다원론 등에서도 비슷한 대립 양상을 보였다. 왜 그러한가? 관점이 다른 차원 선상에 있어 팽팽하다는 뜻이다. 이런 문제를 또 하나의 대립 과제인 가변 대 불변, 즉 세계는 끊임없이 변화하는가? 불변한 그 무엇이 있는가에 대해 추적함으로써 일괄 해소해 보고자 한다.

다른 대립 관점도 비슷하지만, 특히 가변(변화) 대 불변(영원)은 지난 역사에서 세계관 형성에 큰 영향을 끼쳤다. 이런 문제를 풀 실마리를 창조된 본의에 근거해서 밝힌다면 가변은 현상계, 불변은

---

28) "유물론은 순수한 정신만이 존재할 수 있는 세계를 인정하지 않음. 아울러 죽은 후에 사람이 가게 된다는 순수 영혼의 세계도 받아들이지 않음."- 『인간의 본질』, 앞의 책, pp. 264~265.
29) 「초대 교부들의 인간 이해」, 김병로 저, 웨스트민스터 신학대학원 대학교, 신학, 석사, 2003, p.1.
30) 초월적인 동시에 내재적인 존재(神, 태극, 理, 道 등등).

본체계로서 차원이 다른 문제인데, 인간이 확보한 차원인 현상계 안에서 실마리를 찾고자 하니까 대립을 벗어나지 못했다. 변화설이든 불변설이든 확보한 관점에 따라 그렇게 보고 판단하여 주장할 수는 있다. 그러나 문제는 차원이 다르다는 사실을 인지하지 못하고, 대립설을 부정하면서 자신이 확보한 관점이 절대적이라고 내세운 데 있다. 이것은 세계의 본질이 분열을 완료하지 못한 선천에서는 해결할 수 없다. 더욱 상위의 변화를 생성시킨 뿌리 차원, 곧 창조 본질이 드러나야 했다. 결론은 창조 역사 문제가 해답이다. 왜 변하고 불변한지 이유를 알고 연관성을 밝혀야 했고, 그러기 위해서는 거대한 창조 메커니즘을 드러내어야 했다. 본체계든 현상계든 변화 없는 창조 역사와 생성 역사와 존재 역사는 있을 수 없다. 그런데도 본체계의 변화와 현상계의 변화는 본질에서 차원이 다르다. 현상계가 지닌 특성에 분열 작용과 축적 작용이 있다면 본체계 역시 그러한, 오직 역사의 주재 면에서 차원적인 차이를 지닌다. 본체계는 절대 본질이 창조를 통해 제 현상이 분열함을 통해 만상화할 수 있도록 요인화되었고, 현상은 그렇게 결정된 본질에 따라 만상으로 모습을 드러낸 것이다. 그리고 그렇게 해서 드러난 변화의 본질 면에서도 차이를 지니는데, 현상계의 생성 변화와 존재계의 생멸 변화는 창조 역사의 본질이 化한 탓에 분열과 축적에 끝이 있고, 그러면서도 창조의 有함 바탕을 유지하기 위해 시스템적으로 생성성을 지속한다. 반면에 본체계는 창조 목적을 위해 차원적인 변화인 이행 탓에 생멸 현상을 일으킨 창조 요인으로서 현상계의 분열 현상을 초월해 있다. 이런 특성을 다시 정리하면, 만발한 꽃은 무수히 피고 지지만 뿌리는 남아 있는 것처럼, 제 현상은 생멸하지만, 생멸 현상을 있게 한 본질은 생멸 현상을 초월하여 불변하다. 그래서 생멸 변화 현상은 스스로 변화할 창조 요인을 갖추지 못한 탓에 가변에 해당하고,[31] 절대 본체의 창조 목적 실현을 위한 이행적 변화는 이행인 탓에 아무리 변화해도 본질은 그대로이다. 전혀 새로운 창조는 없다. 그야말로 본질적인 변화로서 그것이 그것이다. 동질성이 영원히 유지된다. 자동차는 제작된 탓에 자체 에너지를 공급할 수 있는 창조 요인을 갖추지 못했다. 일정한 거리를 주행하면 다시 기름을 넣어야 한다. 온갖 식물, 동물, 천지 만물, 거대한 우주의 생성 운행도 마찬가지이다. 生한 자, 반드시 滅하기 때문에 꽃이 열매를 맺고 열매가 다시 꽃을 피우는 지속 시스템을 구축하였으니, 이것이 바로 하나님이 지혜를 다한 천지 창조 역사이다. 그래서 불변(영원), 그것은 창조를 일으킨 본체(원인) 요인이며 가변, 그것은 창조된 현상(결과) 요인이다. 가변과 불변의 차원을 달리한 변화 본질을 간파하면 선천에서 해결하지 못한 대립성 문제의 실마리를 풀 수 있다.

지성사에서 가변과 불변의 문제가 크게 드러난 것은 고대 그리스 철인들의 주장들로부터 본격화되었다. "철학은 2500년 이상의 옛날부터 그리스에서 탄생하였다. 당시 철학은 지식이나 지혜를 사랑한다는 뜻으로 사용하였다. 그들이 사용한 주요 연구 방법은 사색(speculation)이다. 경험이나 관찰을 통해 얻은 실제적 지식은 사색을 통해 얻은 지식과 구별된다. 어떤 종류의 논리적 세계관을 구하

---

31) "불교에서는 인간 자아를 오온으로 설명하며, 오온의 자아란 다른 것들의 인연 화합의 결과로 나타난 가상일 뿐, 실재하는 것이 아니다(『불교의 무아론』, 한자경 저, 이화여자대학교 출판부, 2006, p.20)"라고 하였다. 이것은 인연과 화합을 통해 변화를 입은 인간 자아의 결과가 끝내는 滅한 모습을 말한 것임.

였는데",32) 대표적인 대립 사례가 불변설을 주장한 파르메니데스(B.C 515~B.C 445)와 변화설을 주장한 헤라클레이토스(B.C. 535~B.C. 475)이다. "당시 파르메니데스는 엄격한 논증을 통해 실재는 하나이며 변화하지 않는다는 주장으로 우주론을 체계화하려고 노력하였다. 하지만 이것은 만물은 끊임없이 유전하고 변화한다는 헤라클레이토스의 주장에 반한 것이다."33) 무엇이 문제인가? 양 주장은 어느 한 편으로 일관할 수 없는 관점의 차로서 동시 차원이 아니다. 양립할 수 없고 차원이 다른 탓에 대립할 것도 없고, 모순도 아니다. 그래서 결론은 유전(변화)도 있고, 불변도 있다. 그런데도 한 관점으로 일관하니까 대립의 실마리를 풀지 못했다. 문제 보따리가 후세에도 전해져 같은 양상이 반복되어 세계관을 양분했다. 다양한 양상을 나타내었지만, 특히 미국에서는 "진리의 절대성과 불변성을 믿는 항존주의(Perennialism)와 계속적인 변화를 강조한 진보주의(Progressivism)와의 대립이 좋은 예이다."34) 물론 동서양의 지성들이 변화성과 불변성의 문제를 풀려고 노력하지 않은 것은 아니다. 하지만 결국 차원적인 창조 관점을 확보하지 못한 상태에서는 조화시키고자 하면 이원화되고, 극복하고자 하면 절대 일원화되었다.

먼저, 편향된 불변설을 믿은 지성의 역사를 살펴보면, 서양의 그리스 철학은 파르메니데스와 플라톤의 영향으로 불변하는 영원한 것(이데아)이 진정으로 존재하는 것이라는 생각이 지배적이었다. "플라톤(B.C. 427~B.C. 347)에 따르면, 세계는 감각 경험과 변화

---

32) 『체육 철학』, 오진구 저, 보경문화사, 1991, p.65.
33) 『서양 교육 사상사』, 주영흠 저, 양서원, 2001, p.28.
34) 『교사의 철학』, 한기언 저, 양서언, 1994, pp. 26~27.

때문에 지배되는 현상계와 사유나 영원한 이데아에 의해 지배되는 이상계로 구분하였다. 이것은 현상계에는 여러 가지 변화가 존재한다는 헤라클레이토스의 주장과 실재는 오로지 하나이며 변화하지 않는다는 파르메니데스의 주장을 종합한 것이다. 곧, 이원론적인 세계관인데, 실재에 관여한 지식을 현상에 관여하는 단순한 의견과는 다른 차원으로 인식한 탓이다."[35] 이처럼 "헤라클레이토스 이래로 변화와 생성과 과정 사상은 파르메니데스와 그의 존재론을 계승한 플라톤, 그리고 후계자들에 의해 사장되었고, 서양 철학은 플라톤의 각주란 화이트헤드의 말대로 불변과 존재라는 개념이 서양 철학사 전체를 점령하기에 이르렀다."[36] 그래서 존재론의 중심 주제도 변화하는 생성과 과정이 아니라 불변하는 존재 자체였다. 근대 철학에서는 데카르트의 실체(substance)와 근대 철학의 정점에 있는 칸트 철학의 물 자체(Ding an sich)가 중심 화두였다."[37] 그런데도 불변한 실체에 관한 주장과 신념이 오늘날에 이르러 무산된 것은 바탕이 된 창조 본체로서의 실체성을 증거로 제시하지 못해서이다. 창조 본질과 창조 원리를 뒷받침하지 못한 불변한 실체 개념은 무의미하다. 결국, 기독교의 영원한 실존자인 여호와 하나님도 이런 원칙 조건에서 벗어날 수 없다.

불변한 실체성이 진리로서 증거되지 못하고, 영원한 하나님마저 믿음 외에 존재 사실을 확인하기 어려운 상황에서 변화설은 근대 들어 서서히 기지개를 켜기 시작했다. 그 이유는, 세상은 온통 변화

---

35) 『서양 교육 사상사』, 앞의 책, p.28.

36) "플라톤은 변화하는 것들은 학문의 대상이 될 수 없다고 생각함."-『지식의 통섭(학문의 경계를 넘다)』, 최재천·주일우 엮음, 이음, 2008, p.16.

37) 「화이트헤드의 교육 철학에 관한 연구」, 김성호 저, 한신대학교 교육대학원, 기독교 교육, 석사, 2009, p.11.

투성이고 감각적으로 확인할 수 있어서 현실적 인식과 격이 맞아떨어졌다. "세상은 변화하고 살아서 움직인다. 살아 있는 것은 변화를 거듭하고 운동한다. 변화하지 않는 것과 운동하지 않는 것은 죽은 것이라고 할 수 있다."38) 헤라클레이토스가 모든 것은 변화하는 것이라고 굳게 믿은 것은 변화, 그것이 바로 모든 것이 무언가가 되기 위한 과정이라고 여긴 때문이듯, 사실적으로 세계는 무수한 변화의 과정을 이어가면서 존재하고 있어 변화하지 않는 것은 세상에 존재할 수 없다.39) 필 존재=필 변화이다. 변화설은 엄연한 사실성을 확인할 수 있으므로 "상당한 시간이 지난 후에 영국의 C. 다윈(1809~1882)과 H. 스펜서(1829~1903)에 의해 모든 사물을 진화라고 하는 개념으로 설명하기에 이르렀고, 그 영향으로 미국의 W. 제임스(1842~1910)는 프래그머티즘(Pragmatism)의 기초를 굳건히 하였다. 동양에서도 『주역』에서는 변역과 불역 사상이 있고, "氣에는 生死가 있지만, 理에는 生死가 없다"40)라든지, "기(器)는 변하고 道는 변하지 않는다고 한 변기사상(變器思想)을 제시하였다."41) 어디서든 변화성이 있다는 사실을 인정하였는데 단지, 특징은 불변성과 병행했고, 어느 한 편을 일원화하지 않았다는 데 있다.

하지만 서양 지성사에서의 변화설은 더 도전적이고 일방적이라 기어이 전통적인 불변설을 깔아뭉개고, 그 위에 사상의 정복자로 군림하였다. 여기서 우려되는 바는 그릇된 변화설에 근거한 그릇된 교육 원리 양산이다. 그렇게 되면 인간 교육이 바르게 이루어질 리

---

38) 위의 논문, p.16.
39) 위의 책, p.11.
40) 「퇴계의 교육사상 연구」, 앞의 논문, p.24.
41) 『중국 전통 교육사상의 이해』, 구자억·박인숙 저, 문음사, 1999, p.194.

만무하다. 교육 원리를 정립하기 위해서는 변화설에 무슨 잘못이 있는 것인지를 지적하고 넘어가야 한다. 도올 선생은, "절대적이고 불변하는 영원한 진리는 인간과 우주 어느 곳에도 부재하다. 존재의 세계에서는 진리는 없다. 오직 생성의 세계만 진리가 존재한다. 그래서 교육은 모험이니, 모험은 절대 불변의 세계에는 있을 수 없다"[42]라고 하였다. 진리를 추구하는 자가 진리의 기본 속성인 영원성을 거부했다면, 그런 관점에 근거한 만 설은 인간의 영혼을 궁극적인 본향으로 인도하기 어렵다. 세상에서 확인되는 변화를 세계를 지배하는 절대적인 진리로 오판한 것은 다름 아닌 가변(可變), 즉 사물의 현상이나 성질이 바뀌거나 달라질 수 있음에 방점을 두고, 사물의 어디서든 존재의 불변성 요소를 제거한 데 있다. 양 요소를 병행해서 인정한 사고방식이 아니다. 변화설의 시조에 해당한 헤라클레이토스는 "만물은 유전한다. 우리는 같은 강물에 두 번 발을 담글 수 없다"라는 잠언을 남겼다. 이런 유전설이 변질되어 종의 불변설을 뒤엎은 진화론을 태동시켰다. 무엇이 문제인가 하면, 창조설을 부인한 마당에서 불변한 창조 요인까지 제거한 것이다. 그리고 종의 기원을 설명할 메커니즘을 종 자체의 변화에 맡겼다. 진화와 돌연변이, 무수한 확률과 우연의 일치 때문에 허용된 수많은 세월 동안 종이 변하고 변하여 가지를 늘어뜨렸다는 것이다. 이런 진화가 부인할 수 없는 기정사실이라는 것을 믿게 한 기본적인 인식이 바로 전통적인 변화설에 기인했다. 진화론의 대를 이은 리처드 도킨스 같은 생물학자는, "진화론이 어느 날 갑자기 무너지는 것을 상상할 수 있는가? 최소한 기본적인 특질만큼은 반박할 수 없

---

[42] 『도올의 교육입국론』, 김용옥 저, 통나무, 2018, p.33.

다. 다윈의 시대에는 일정한 지향점 없이 진화한다는 생각은 무척 대담하고 위험한 이론이었다. 그러나 오늘날에는 다음과 같은 견해가 주류를 이루고 있다. 곧 진화는 사실이다."43) 급기야 모든 세계적 현상까지도 진화란 관점에서 설명하기 시작했다. 『인식의 모험』을 쓴 저자도 진화론적인 생명의 기원을 통해 지식의 출발점을 찾았다. 즉, "40억 년 전 지구상에 생명이 처음 출현한 뒤로 모든 생물체는 주위의 환경 조건에 맞게 자신을 변화시켜 나갔다. 지구의 중력과 햇빛과 대기 조건을 인식해서 그에 적합한 몸과 신진대사를 창출해야 했다. 그 과정에서 외부 환경을 인식하는 기관들이 생겨났고, 이러한 인식의 결과가 지식의 형태로 유기체의 몸속에 체화되었다. 이것이 의식 형태 이전의 선(先)지식이다. 몸속에 체화된 선지식과 함께 인식의 모험이 시작되었다"44)라고 이야기를 엮었다. 변증법적 유물론에서도 양적 변화에서 질적 변화로의 변형까지 이루어진다는 오판을 하였다. 조삼모사(朝三暮四)로 종행 무진한 종과 사물의 변화술 창조론이다. 물고기가 기어 나와 땅의 환경에 적응한 동물이 되고, 술이 여차해 포도주로 변하며, 원숭이가 발달하여 인간이 되었다는 것인데, 안타까운 것은 이런 불변설을 짓밟은 가변설 유의 가설, 허구성을 입증할 창조 원리를 밝히지 못하고 메커니즘을 세우지 못한 데 있다. 현상적 변화는 자체의 본질이 化이기 때문에 어떤 변화 메커니즘을 동원해도 그것의 종말은 滅이다. 창조 요인을 갖추지 못한 피조체인 탓에 변화의 본질은 존재의 유지 체제요 지속 체제이지, 새로운 무엇을 창조할 수 있는 창조 체

---

43) 『인식의 모험』, 위르겐 아우구스트 알트 저, 박종대 역, 이마고, 2003, p.283.
44) 위의 책, p.10.

제가 아니다. 하늘 아래 새로운 것은 하나도 없다고 하였듯 어떤 기관, 물질적 원소 하나라도 태초에 하나님이 창조하지 않은 것이 새롭게 생겨날 수는 없다. 새롭게 발견되는 것은 잠재된 것이 나타난 것뿐이다.

이런 창조 작용과 불변한 실체는 예나 지금이나 애써 주장한다고 해서 확증할 수는 없는 것이므로, 이 연구는 지난날의 저술 역정을 통하여 5권에 걸쳐 창조 과정을 소상하게 증거하였다.[45] 알다시피 플라톤은 모든 사람이 공감하는 보편적인 진리가 있을 것이라고 믿었고,[46] 중세의 토마스 아퀴나스(1224~1274)는 "변하지 않는 본질적인 것을 귀히 여기는 '영원 철학' 사상을 체계 지었다. 하지만 감나무, 배나무, 사과나무는 모두 다르며, 또 사시사철 모습을 달리한다. 그러나 감나무라는 개념, 즉 감나무의 다른 나무들에 비추어 본 특성은 변하지 않는다"[47]라는 설명으로서는 아무것도 입증할 수 없다. 차원이 다른 불변체를 현상의 사례로 추적할 수는 없다. 적어도 현상 이전의 근원체로 상정해야 하는데, 여기에는 노자의 인식 조건이 적합하다. 그는 道에 대해 말하길, "우주의 생성보다 앞선 묘체(妙體)로서 천하의 모체(母體)가 되는 절대적인 실체이다. 우주의 모든 존재가 이 道를 바탕으로 이루어졌고, 그로 말미암아 존재하고 있다. 하지만 道는 인간 지성의 한계를 초월한 것이어서 그 존재를 정확하게 파악하기 어렵다"[48]라고 하였다. 즉, 道가 불

---

45) 『본질로부터의 창조』(2017), 『창조성론』(2017), 『창조의 대원동력』(2018), 『창조증거론 1, 2』(2019).

46) 『교육 철학』, George R. Knight 저, 앞의 책, p.57.

47) 『교육 철학』, 김정환 저, 박영사, 1992, p.169.

48) 「노자 교육사상의 현대적 가치」, 앞의 논문, p.7.

변한 것은 현상적 질서를 초월한 차원적 실체라, 생멸적 변화를 겪지 않은 실체이고, 무엇보다도 道가 불변한 것은 만물을 생성시킨 창조의 바탕 본체로서 만 현상의 근원 된 본질체(本源 本體)인 탓에 만물과 함께하고 작용하지 않는 것이 없는 보편적 존재자로 일컬어진다. 여기서 다시 한번 확인한다면, 이런 창조 道의 불변성은 그러나 본체 세계 안에서도 변화 과정을 겪는다고 하였다(절대 본체 : 무극→창조 본체 : 태극, 理→존재 본체 : 氣). 이런 본체 차원의 변화는 이행된 탓에 모습이 변해도 근본은 변한 것이 없는 동질체이다. 창조 본체의 그 불변성을 정확하게 확인한 것이 "천지의 理는 하나이나 氣는 만 가지로 다르다"49)라고 한 주자학의 理氣론적 인식이다. 理로부터 이행된 氣가 음양으로 양의되어 천지 만물을 이루었지만, 시원을 추적하면 결국 하나인 理일 뿐이다. 창조 본체로서 理의 절대 본체성이 변화된 것은 없다. 이것이 理를 통해 理의 영원한 실체성, 곧 理가 불변한 실체란 사실을 합당한 논거로 입증한 것이다. 그렇다면 "인간도 理(無極之眞)와 氣(二五之情)의 묘합응결(妙合凝結)로 이루어짐에",50) 理와 氣로 구성된 불변성과 변화성을 함께 보고 본성을 변화시킬 교육적 노력과 원리를 정립해야 한다. 흔히 교육학자들이 "사람의 근육과 형체는 비록 불가변적이지만, 인간의 본성은 학습을 거쳐 변화시킬 수 있다"51)라고 별 대수롭지 않게 주장하고, 교육을 일컬어 인간의 행동을 바람직한 방향으로 변화시키는 것이라고 정의하지만, 이것은 오히려 본질을 곡해한 것이다. 본성에 접근할 보다 근원적인 교육 원리에 근거해

---

49) 「퇴계의 교육사상 연구」, 앞의 논문, p.25.

50) 위의 논문, p.49.

51) 『중국 전통 교육사상의 이해』, 앞의 책, p.181.

야 한다. 중국의 순자는 성악설을 내세운 자답게 "아마도 인간이 교육을 받아야 한다면, 목적은 오직 惡한 性을 고쳐서 僞로 바꾸는 데 있다고 하였다. 여기서 僞란 배우고 노력해서 나중에 지니게 되는 것이고, 性은 배우거나 노력하지 않아도 인간이 처음부터 지니고 있다."52) 바로 이런 인식과 사상과 원리성을 인간의 본성 교육에 적용한 것이 문제이다. 性을 고쳐서 僞로 바꿀 수 있다는 주장은 바로 가변설에 기반을 둔 진화론적 발상이다. 이런 유의 사고방식과 교육 원리의 적용이 현대 인류의 인간성을 황폐화시킨 원인이다. 창조와 함께 이미 부여된 천부의 본성은 변하는 것이 아니다 (불변성). 性을 바꾸려고 한 일체의 인위적 행위는 교육이 아니다. 본성을 처음부터 惡하다고 단정한 성악설은 오직 추정한 가설일 뿐이다. 하나님의 사전 창조 역사 비밀을 알 길 없는 고대 지식인의 한계성 인식이다. 영원한 실존자인 창조주 하나님이 존재하기 때문에 불변한 실체는 존재하며, 하나님이 창조한 세계 역시 무수한 생멸 현상에도 불구하고 영원하리라. 생멸 현상은 가변이다. 유한한 세계 안에서 영원한 세계로 승화하기 위한 창조 역사의 결정 시스템이다. **"위대한 교육 원리"**는 이런 불변한 본체성에 기초하여 일체의 가변적 요소를 통합할 수 있어야 만 영혼을 구원하여 차원이 다른 영원의 세계로 인도할 수 있으리라.

---

52) 『인간의 본성과 교육』, 김인 저, 성경재, 2003, p.7.

3. 선악의 본성 규정

인간의 본성이 善한가 惡한가? 아니면 또 다른 본성이 있는지는 동서양의 지성들이 궁금하게 여긴 문제이고, 구명하기 위해 노력한 진리적 과제이다. 그리고 무엇보다도 교육은 인간을 대상으로 한 학문인 만큼, 역점을 두어 해결하고 넘어가야 할 산이다. 그리해야 본성을 규정한 정확한 인간관에 따라 위대한 교육 원리를 정립하고, 인류를 빠짐없이 구원할 **"세계교육론"**의 저술 목적을 달성한다. 한쪽의 본성이 어떻게 교육의 성격과 방향에 결정적인 차이를 초래하는가 하면, 인간의 본성이 惡한 것이라면, 불신적 태도가 나타나고, 교육도 금욕적이고 강압적인 형태를 취하게 된다. 반면에 善한 것이라면, 인간에 대한 폭넓은 신뢰에 바탕을 둔 교육 이념이 나타날 것이다. 惡도 善도 아닌 백지설도 주장되었는데, 정말 인간 본성이 백지와 같은 상태에서 출발한 것이라면, 환경과 경험의 중요성이 강조되는 교육 원리가 세워질 것이다.53) 이처럼 역사상 애썼던 교육 이념과 교육 철학이 어떤 면에서는 인간 본성을 어떻게 본 것인가에 따라 차이가 생긴 것이라고 할 수 있다. 하지만 아직은 한쪽으로 귀착(歸着)을 보지 못한 상태이다.54) 그 이유는 오직 한 가지, 인간 본성의 善惡 여부를 결정할 보다 선행하는 과제가 있는데, 이런 단계적 과정에 대해 무지하고, 무시한 상태에서 과제를 해결하고자 하니까 추측, 설, 주관적인 주장이 난무하였다. 분명한 사실

---

53) "고자는 인성(본성)을 수성(水性)과 같은 것으로 물이 동으로, 혹은 서로 흐르는 것은 水性이 아니라 사람이 물길을 어느 쪽으로 트는가에 달렸듯이, 인성 또한 중성적인 것으로 교육 여하에 따라 善하게 되고 惡하게도 된다고 주장했다."-『유가 철학의 이해』, 이강대 엮음, 이문출판사, 1999, p.162.

54) 『원효의 교육 사상』, 양예승 저, 조선대학교 교육대학원, 역사교육, 석사, 1983, p.6.

하나는 이런 이유 탓에 善惡의 본성 규정문제는 수천 년이 지닌 지금도 미해결된 과제로 남아 있고, 이런 상태는 이 연구가 제시한 선행 과제를 해결하지 못하면 영원한 숙제로 남아 있을 것이다. 그것이 무엇인가?

인간의 본성이 善하다, 혹은 惡하다고 주장하기 이전에 인간의 본성은 무엇인가? 더욱 초점을 좁힌다면, 인간이 어떻게 창조되었는가이다. 물론 기독교에서는 인간이 하나님으로부터 창조되었다고 했다. 하지만 그것은 선언된 것일 뿐, 어떻게 해서 창조한 것인지에 대한 메커니즘이 빠졌다. 이것은 지난날 주장한 인간 본성에 관한 논의가 모두 같은 처지이다. 선천설의 공통적인 한계성이다. 고대 그리스인에게 있어서 인간의 본성은 불변하는 보편자에 대한 인식 능력인 이성(logos)과 정신(nous)을 가진 자로서, 그리고 중세 기독교 사상에서는 영원불멸한 神과 닮음을 통해서 인간의 본성을 규정하였다(김종욱). "중국 역시 인간의 본성은 철학과 학문의 핵심 된 주제였다. 그것은 중국 고대 철학의 처음과 끝을 관통하고, 중국 전통 철학과 특징을 충분히 표현하였다. 그래서 본성론(심성론)은 본체론이자 가치론인 동시에 많은 인식론과 심리학 문제를 포괄하고 있지만",55) 어떤 결과를 끌어냈는가? 깊이 있는 본성의 근원을 파고들었는가? 어떤 주장도 자체 설을 진리로써 확실하게 논거를 두지 못했다. 과학이 발달한 오늘날은 "생물학적 결정론에 따라 인간의 본성과 그에 따른 행동 양식을 생물학적 유전자의 특성을 통해 설명하기도 한다."56) 인간은 인간이기 이전에 생물이므로 그런 관

---

55) 『유가 철학의 이해』, 앞의 책, p.76.
56) 『내가 아는 것이 진리인가』, 김창호 엮음, 웅진출판, 2000, p.글맺음.

점에서 접근할 수도 있다. 그러나 인간 본성은 생명체 위에서 작동하는 보다 상위의 마음 작용과 가치 인식과 이들을 종합한 존재적 본질과도 깊이 연관되어 있어 한 측면으로 단정할 수 없다. 논란만 가중할 뿐이다. 해결이 안 되니까 혹자(도올)는, "인간의 교육이란 궁극적으로 善惡을 가르치는 것을 목적으로 하지 않는다. 무엇을 즐거워하고[進樂] 무엇을 싫어해야[惡疾] 할 것인지를 가르치는 것이다"[57]라고 하여, 교육이 당면한 필수 과제를 회피한 감마저 있다. 문제는 창조이다. 이 문제를 해결하지 못하면 선천의 어떤 진리관도 완성할 수 없다. 지난날은 본성에 대해 견해를 달리한 많은 주장과 분분한 논란 과정을 거친 만큼, 이제는 확실한 근거 규정, 곧 계시가 된 창조 본의에 따라 판단하고 규정해야 교육이 인류의 나아갈 방향을 바르게 지침할 수 있다. 예수께서 이르되, "가이사의 것은 가이사에게, 하나님의 것은 하나님께 바치라(막, 12: 17)"라고 하였듯, 인간이 하나님으로부터 났다면 하나님의 뜻에 따라 본성도 규정해야 하고, 그런 바탕 위에서 교육이 인류를 하나님에게로 안내할 수 있어야 한다. 창조는 善惡의 본성 규정은 물론이고, 천지를 창조하기 위해 구안한 진리의 미해결 과제까지 풀 수 있는 궁극적 세계관이다.

선천에서는 어쩔 수 없는 부족함이 있었다 하더라도 본의에 따른 결과론적 통찰로서 보면, 일찍이 유교에서 주류를 이룬 맹자의 성선설은 하나님이 태초에 인간을 지은 창조 원리에 부합했다고 본다. 본성을 창조적 인식으로 접근한 탓에 타당한 것으로 입증할 수 있다. 맹자가 인간 본성이 태어나면서부터 善하다고 본 것은 그의

---

57) 『도올의 교육입국론』, 앞의 책, p.42.

유명한 측은지심(惻隱之心) 논거에 근거한다.

"이제 사람들이 어린아이가 막 우물에 빠지는 것을 보면, 다 놀라고 불쌍한 마음을 가진다. 이는 그 어린아이의 부모와 사귀려함도 아니고, 마을 사람들과 벗들에게 칭찬을 받기 위하여 그러는 까닭도 아니며, 그 원성을 듣기 싫어서 그렇게 하는 것도 아니다."[58]

그래서 맹자는 "측은지심인지단야(惻隱之心仁之端也)라",[59] 다른 사람의 불행을 불쌍히 여기는 마음이 仁의 근본이라고 하였다. "성선설은 유교의 유구한 초석으로서 주자학도 성선설의 선험적 도덕성 위에 세운 장대한 건축물이다."[60] 물론 인간의 본성이 善하다고 한 주장이 확고한 창조 원리에 근거한 것은 아니다. 살아온 경험과 무한한 인간 신뢰에 바탕을 둔 맹자 자체의 유추적 가설이다. 그런데도 본성의 첫 출발이 善으로부터 시작되었다고 본 것은 하나님의 창조 역사 사실과 부합한다. 이런 이유로 인간의 추구 목적과 교육 목적 역시 善을 실현하는 것이 순방향이며, 그곳에 인간이 찾아갈 수 있는 행복이 있다.[61] 성선설에 기반을 둔 유교는 의도하지 않았지만, 기독교의 창조설에 동조한 양상이다. 인간의 본성은 하늘이 부여한 것이고, 性은 만물에 내재한 天理를 말하는 바, 하나님이 인간을 창조했다고 한 기독교 창조설과 진배없다. 오히려 전제한 사실을 논거를 둔 측면에서는 창조설보다 더 합리적이다. 만물은 性善으로서 善하지 않은 것이 없다고 봄으로써 주자학에서는 천지가

---

58) 『맹자』, 공손추 편.

59) 『맹자』, 공손추 편, 상,

60) 『조선 유학의 거장들』, 한형조 저, 문학동네, 2008, p.423.

61) 『서양 교육 사상사』, 앞의 책, p.76.

생명의 흐름을 쉬지 않고 만화(萬化)를 유행시킨 것은 단지 하나의 善일 뿐이라고 하였다. 다시 말해 만물이 善한 까닭은 천지 만물이 天道, 즉 태극으로부터 善性을 분여받았기 때문이고, 이런 善性이 끊임없이 이어져 나가는 역동적 흐름이 자체로서 善이다.62) 유교가 왜 이토록 지극한 성선설을 고수할 수 있었는가 하면, 숨겨진 비밀이 바로 태극으로부터 善性을 분여받은 것이 본성이란 굳은 믿음 탓이다. 이것은 기독교와도 다른 창조관이다. 기독교에서는 창조된 천지 만물과 하나님의 존재 본체 사이를 이격시켜 어떤 매개체도 없는 "無로부터의 창조"를 강조했는데, 유교는 태극, 즉 본체로부터의 직접적인 분여(分與)63) 창조를 내세웠다. 이것이 유교에서 자신 있게 말한 성선설의 지극한 근거이고, 하나님의 몸된 본체로부터 창조된 탓에 창조 역사의 완성된 결과체로서 하나님이 보기에 만족스러우리만큼 인간은 善 자체로 창조되었다. 하나님은 절대적인 至善이라, 만 말이 필요 없는 맹자가 믿은 성선설의 창조적 뒷받침이다. 하나님의 몸된 본체에 惡性이 도사렸을 리 만무한데, 至善의 본체에 바탕을 두어 天性을 이어받은 탓에 인간은 태어나면서부터 善한 본성을 본유했다. 유교가 性을 하늘에 연원을 두고, 인간을 포함한 만물의 본래 성품(자연성)이 하늘로부터 주어졌다고 한 사실은 부인할 수 없다. 그런 하늘은 지극한 正道이고, 正眞이며, 正善이다. 그런데도 하늘의 본체 바탕에 근거한 인간의 본성이 본래부터 善하다는 맹자의 성선설을 진리적으로 확증하지 못한 것은 하나님의 몸된 본체에 근거한 창조 역사의 메커니즘을 밝히지 못해서이다. 하

---

62) 『주자학 토미즘의 철학적 협연』, 소병선 저, 동과 서, 2006, 158.
63) 분여 : 몫으로 나누어 줌.

늘과 인간 사이에 가로 놓인 창조 고리를 연결하는데 선천 본질이 분열을 다해야 했다. 그리하여 바야흐로 밝힌 본의에 따르면, 맹자를 필두로 유교의 선현들이 인간 본성이 善하다고 믿고 추종한 것은 타고난 본성의 善함으로 하나님의 지고한 善性과 교감한 탓이다. 그 이름을 하늘이라고 한 것은 대수가 아니다. 어차피 선천에서는 하나님의 창조 본체가 완전하게 드러날 수 없고, 모습도 화신된 만큼, 어느 문화권에서도 하나님은 진리의 성령으로서 공평하게 본의를 밝히고 섭리하였다. 기독교의 인격적인 하나님만 유일한 모습이 아니라는 사실을 다시 한번 강조한다.

> 동곽자가 장자에게 물었다. "당신이 말한 그 위대한 道는 어디에 있습니까?" 장자가 대답했다. "어디에도 다 있습니다. 땅강아지나 기왓장에도 있습니다." 동곽자가 놀라 다시 물었다. "아니, 그런 하찮은 곳에도 있습니까?" "똥에도 道가 있습니다(『장자』)."

道는 하나님의 창조 본체에 대한 진리적 인식이다. 장자의 일갈은 천지 만물을 품은 하나님의 바탕이 된 창조 본체(道)가 세상 어디에서도 무소부재함을 역설한 것이다. 이처럼 천지 창조의 바탕인 하나님의 몸된 본체는 세상 어디에도 편재해 있어 각성 있는 자 누구라도 만 현상을 초월하여 잠재한 하나님의 창조 본체를 道로서 지각할 수 있다. 그래서 유교는 인간의 본성이 하늘로부터 연원된 사실을 논리적으로 유추한 부족함이 있었지만, 장자는 더욱 심원한 깨침 작용을 통해 인간 본성이 본래 초월적인 본질체로서 하나님의 창조 본체로부터 연원되었다는 사실을 확인시켰다. 중국에서 남종 禪을 창시한 육조 혜능(638~713)은 말하길, "모든 法이 모두 자신의 마음 가운데 있거늘, 어찌 자기의 마음을 따라서 진여(眞如)의 본성을 단박에 나타내지 못하는가?"64)라고 하였다. 여기서 모든 法이 자신의 마음 가운데 있다고 한 것은 유교에서 만물이 태극을 제각각 본유했다는 말과도 같다(각구일태극). 다시 말하면, 하나님의 신성한 본체를 본성 속에 간직했다는 뜻이다. 이런 연유 탓에 인간의 마음은 하나님이 이룬 모든 창조법을 간직하고 있다. 혜능은 왜 위대한 본성을 단박에 깨치지 못하느냐고 하였다. 여기서 진여의 본성은 하나님이 부여한 천성, 곧 창조적 본성이다. 그렇게 해서 단박에 깨친 인간의 본성, 그러니까 혜능적 표현인 "어찌 自性이 청정함을 알았으며, 어찌 自性이 생멸 없음을 알았으며, 어찌 自性이 본래 스스로 갖추어져 있음을 알았으며, 어찌 自性이 움직임이 없이 능히 만법을 냄을 알았으리오."65) 정말 어떻게 알아내었는가? 혜능이 自性의 본체적 특성을 알아내었다면 오늘날의 우리는 정말 하나님이 진리의 성령으로서 계시한 본의에 따라 창조적 본성을 단박에 깨쳐야 한다. 어찌 自性이 청정함을 알았으리오는, 그대로 유교의 성선설을 인준한 것이고, 하나님의 至善한 창조 바탕에 근거한 인간 창조를 시인한 것이다. 어찌 自性이 생멸 없음을 알았으리오는 인간 본성이 바로 현상계의 생멸 법칙을 초월한 보다 상위의 본체적 특성이 있다는 것을 시인한 것으로, 인간 본성이 하나님의 창조 본체에 근거한 사실을 확인시킨다. 인간 본성이 하늘로부터 부여되었고, 하나님으로부터 창조되었다는 말이다. 몸된 본체 제공 없이 말씀만으로 無로부터 창조하였다면 깨침 작용이 진리로서 성

---

64) 『돈황본 육조단경』, 성철 역, 장경각, 2008, p.21.
65) 위의 책, p.39.

립할 수 없다. 어찌 自性이 본래 스스로 갖추어져 있음을 알았으리오는 그렇게 自化로 인식할 만큼 완벽한 사전 창조 역사가 있었다는 말이고, 본성을 구축한 사전 바탕체가 선재했다는 말이다. 이것이 어떻게 가능한가? 하나님이 인간과 시간과 공간과 천지를 창조하기 이전부터 홀로 앞서 존재한 탓이다. 어찌 自性이 움직임 없이 능히 만법을 냄을 알았으리오. 이것은 현재 우리가 감지하고 있는 마음의 본성을 말하는 것이 아니다. 차원이 다른 본성의 궁극적 바탕, 말 그대로 어떤 움직임도 없이 만법을 낸 하나님의 궁극적 본체를 일컫는다. 누가 아무런 움직임도 없이, 그것도 절대적인 권능으로 만법을 낼 수 있는가? 하나님이 말씀으로 천지를 창조한 권능이 아니고 무엇인가? 그런 바탕 본체로부터 인간이 창조된 탓에 차원을 달리한 自性을 깨치고 보니 고스란히 초월적인 본체자로서의 모습이었다. "자기의 성품을 알면 한번 깨침에 곧 부처의 지위에 오르느니라."[66] 곧, "창조 본성을 알면 단박에 하나님의 본질과 소통하고 본질에서 함께할 수 있는 神人合一의 경지에 이른다. 구슬이 서 말이라도 꿰어야 보배이듯, 선현들은 지고한 경지 개척으로 인간의 본성을 간파하고 일갈하였는데, 단지 본의를 알지 못한 탓에 오랜 세월 동안 벽을 두고 돌아앉아 있었다. 그렇더라도 맹자와 혜능은 적어도 어떤 본성에 근거하여 인간을 선도해야 할 것인가에 대한 위대한 교육 원리만큼은 지침하였다. 인류가 자신이 처한 삶의 추구 노력을 통하여 하나님이 부여한 **인간 본연의 性善을 실현할 수 있도록 이끄는 것이 "교육의 위대한 원리"이다.** 또한, 교육으로 달성할 수 있는 가치 실현의 궁극적 목표이기도 하다.

---

66) 위의 책, p.50.

하지만 인간 본성의 창조적 특성 구명을 통해 성선설의 진리성을 확인했다고 해서 **"선악의 본성 규정"** 문제가 완전히 해결되는 것은 아니다. 끊임없이 성선설과 대치해 온 성악설 관점이 있기 때문이다. 공맹(孔孟) 사상을 가다듬고 체계화시킨 순자(B.C 300~B.C 230)는 그러나 본성에 관한 견해에서는 인간이 태어날 때부터 善하다고 한 맹자의 낙관적인 견해와 근본적으로 대조를 이루었다. 물론 두 사람 모두 인간이 잠재적으로 성인이 될 수 있는 능력을 갖추고 있다는 데는 의견이 일치한다. 하지만 그렇게 하기 위한 첫 출발은 판이하다. 그렇다면 교육적 가능성과 도달 목표는 같다 해도 적용된 교육 원리는 본래의 본성 작용과 어긋나게 된다. 순자의 가장 유명한 말은 "인간의 본성은 惡하다. 善한 것은 수양에 의한 것일 뿐이다."67) 인간이 성인이 될 바탕 본성을 수양으로 발현시키는 것과 본래 惡한 본성을 수양으로 바꿀 수 있다는 것은 교육 원리의 적용 면에서 큰 차이를 지니고, 결과 면에서도 참 본성을 이룰 수 없다. 창조론과 진화론이 대립하지만 삶을 영위하는 데는 별다른 영향이 없는 것 같아도, 삶 이후의 문제와 궁극적인 가치 실현에서는 극명한 결과를 초래한다. 진리를 구한 자와 망상을 쫓은 자의 결과처럼……

그런데도 순자의 성악설 논거에는 나름대로 이유가 있다. 공포와 투쟁의 청교도 혁명이 한창이던 1651년에 『리바이어던』을 출간한 영국의 정치철학자 토머스 홉스(1588~1679)도 성악설을 전제로 인간은 본질에서 이기적인 존재로 간주하였지만,68)69) 순자 역시 인

---

67) 다음 백과, 순자.
68) 다음 백과, 토머스 홉스.
69) "인간은 이기적, 합리적 존재이다. 각 개인은 자기의 생존을 위해 욕구와 이익을 추구하는 이

간 본성을 惡한 것으로 단정할 정도로 인간성이 타락한 당시의 혼란과 위기를 극복하기 위한 교육적 처방책으로서 성악설을 채택하였다.[70]

> "굽은 나무는 반드시 댈 나무를 대고 쪄서 바로 잡은 뒤에라야 곧아지며, 무딘 쇠는 반드시 숫돌에 간 뒤에라야 날카로워진다. 지금 사람의 본성은 惡하지만, 스승과 법도의 가르침이 있으면 올바르게 될 수 있고, 예의의 규제를 받으면 다스려질 수 있다. …… 오늘날에 사람들은 스승과 법도에 교화되고 학문을 쌓고 예의를 실천하는 사람들을 가리켜 君子라 하며, 본성과 감정을 멋대로 드러내면서 아무 데서나 성내고 예의를 어기는 사람들을 가리켜 소인이라고 부른다. 이것을 놓고 보면 사람의 본성은 분명히 惡한 것이라고 할 수 있고, 善한 것은 노력하여 인위적으로 얻어낸 것이라고 할 수 있다."[71]

그의 주장을 놓고 본다면 타당한 일면도 있다. 인간은 애써 스승과 법도의 가르침이 있어야 올바르게 될 수 있고, 예의와 규제를 받으면 다스려질 수 있는데, 이것은 모두 인위적인 노력의 일환이다. 가만히 놔두면 본성과 감정을 멋대로 드러내면서 아무 데서나 성내고 예의를 어기는 사람들이 태반이다. 이런 측면에서 본다면, 과연 인위적인 노력을 가해서 전자의 달라진 모습, 그것을 본성이라고 할 것인가? 그러기 이전의 천태 만상인 후자의 모습, 그것을 본성이라고 할 것인가? 당연히 후자이리라. 그러나 이것은 현상 일원론자가 그 이전인 본체 차원에서의 사전 창조 역사를 보지 못하

기적 존재이다."- 『인간의 이해』, 이석호 저, 철학과 현실사, 2001, p.59.
70) 『동양의 도덕 교육 사상』, 박제주 저, 청계, 2000, pp. 284~285.
71) 『순자』, 권학 편.

고, 우주의 시원과 종의 기원을 한 원소와 단 세포로부터 잡은 것과 같다. 그러니까 억지 진화 메커니즘과 우주론이 탄생하였다. 우주와 종은 처음부터 모든 것을 완벽하게 갖춘 통합 본체로부터 분열하였다. 상징적으로 一로부터의 진화가 아니라 十으로부터의 창조가 지금의 삼라만상을 있게 하였다. 순자도 마찬가지이다. 본성 통찰에 있어 인간 창조는 제1부에 해당한 사전 창조 역사와 제2부에 해당한 존재 생성 역사로 구분할 수 있는데, 순자는 제1부 역사를 제외한 채 제2부 역사만으로 판단한 것이다. 창조 본의에 무지한 고대 지식인의 한계성 인식이다. 이런 "측면에서 볼 때 性은 善하다고 하는 맹자의 주장은 도저히 이해할 수 없다. 아마도 다음과 같은 의문을 가졌으리라. 태어날 때 가지고 있는 性이 善하다면 일체의 교육과 제도는 무엇 때문에 필요한가? 또한, 타고난 性이 善하다면 왜 세상은 이렇게 惡하고 혼란스러운가?"[72] 의문에 대해 답할 자 누구인가? 그것은 至善에 대한 惡의 본질을 알지 못한 탓이다. 분명한 사실 하나는 인간의 본성을 곡해해서 초래될 그릇된 교육 신념과 원리 적용이 문제이다. "인간에게 주어진 본성은 기본적으로 인위에 의해 가꾸어져야 할 자연에 불과하고",[73] "사회의 규범과 제도, 학문을 배움으로써 性을 개조하여 僞로 변화시켜야 한다"[74]라고 하는 생각이 그것이다. 오늘날 행동주의 심리학자들이 자신감을 보인, 자신들이 개발한 교육적 수단을 적용하면 어떤 원하는 인간도 만들어낼 수 있으리라고 한 교육 만능설처럼, 인위적인 수단을 통해 본성을 개조할 수 있다고 여기는 것은 참으로 위험

---

72) 『인간의 본성과 교육』, 앞의 책, p.10.
73) 『중국철학 이야기』, 강신주 저, 이영규 그림, 책세상, 2006.
74) 『인간의 본성과 교육』, 앞의 책, p.10.

한 발상이다. 교육은 결단코 그런 방식으로 목적을 달성하는 원리 수단으로서 동원될 수 없다. 왜 그것이 正道가 아닌가 하는 것은 또 하나의 진리적 과제인 惡의 본질을 밝히면 해명된다.

고대인이나 중세인이나 현대인이나 인간이 지닌 善性과 惡性이 무엇인지에 대해 궁금하게 여긴 것은 달라진 것이 없다. 중세 가톨릭교회는 만연한 인간 타락이 인류의 시조인 아담과 이브로부터 비롯된 원죄설에 기인하였다고 보고, 육체적인 금욕을 통해 정신적인 구원을 얻고자 하였고, 지금도 사회 곳곳에서는 죄성(=惡性)이라고 할 만큼, 천륜을 버리고 인간된 도리를 망각하면서 욕심을 채우고자 하는 자들이 줄을 잇고 있다. 학교 현장에서만 보더라도 폭력, 왕따, 도벽, 절망을 헤어나지 못한 자살 행위 등등. 죄악의 씨앗이 끊임없이 움트고 있다. 이런 惡性이 세상 가운데서 엄연히 존재하고 자행되고 있다는 점에서 惡의 실체는 궁금하기만 하다. 본성이 자신도 모르게 사탄의 꾐에 빠져 저질러진 행위들인가? 더군다나 죄악성은 앞서 논거를 둔 性善과 대치되고 구분된다는 점에서 상대적인 惡性으로서 자리매김한 실정이다. 이렇게 되면 또 한 가지 문제가 생기는 것이, 존재한 惡은 그렇다면 어떻게 해서 생긴 것인가? 惡도 하나님이 창조한 것인가? 최고로 善한 하나님이 창조 역사를 완전하게 이루었는데, 그 목록 안에 죄와 惡이 포함되어 있을 리는 만무하다. 아우구스티누스는 이런 모순을 피하고자 "善은 惡의 결핍"이란 논거를 세웠다. 또 다른 시각으로서는 善의 부재(없음)가 惡이다.[75] 惡이 善과 대치된 실존체란 사실을 인정하길 꺼렸

---

75) 『아퀴나스의 신학대전』, 한국철학사상연구회 기획, 김상현 글, 박태성 그림, 삼성출판사, 2007, p.99.

다. 어차피 창조 이전의 본질체는 절대적으로 존립하지만, 양의된 현상계에서는 조건이 상대적이므로 일원성과 유일성은 성립할 수 없다. 창조 본질은 善 자체이지만, 존재로서의 본질은 결핍과 부재로 인한 허상이 존재하게 되었다. 맑은 날 자신을 따라다니는 그림자는 누가 만든 것인가? 하나님은 빛을 창조하였고, 그림자는 자신이 만들어 낸 것이다. 그런데 그 그림자는 나처럼 움직이고 모습도 변화해 살아 있는 것 같지만, 허상이고 실존재가 아닌, 말 그대로 그림자일 뿐이다. 이런 측면에서 실존한 것처럼 보이는 惡의 본질은 무엇인가? 정말 인간의 본성과 연관되어 있고, 본성으로부터 나온 것인가?

여기에 대해 覺者 혜능이 궁극적 自性을 관통한 지혜로서 답했다. "인간이 경계에 미혹하여 自性을 보지 못할 때는 지혜와 망념만을 실법(實法)으로 알고 있어, 지혜와 망념이 분명히 달라서 망념의 구름을 없애야 지혜의 해와 달이 나타난다고 여긴다. 그러나 깨닫고 보면 지혜의 해와 달도, 망념의 구름과 안개도, 모두 自性이라는 하늘 속의 소식일 뿐, 하나의 맑은 하늘만이 불생불멸의 진실한 法이고, 지혜니 망념이니 하는 것은 다만 그 속에서 생멸하는 가상(假像)일 뿐이다."76) 하나의 至善한 본성만 존재할 뿐, 善과 惡을 상대적으로 구분하고, 본성을 善惡으로 대치시킨 것은 온갖 경계에 미혹한 것이다. 惡의 실체는 욕망에 끌린 마음이 만들어 낸 그림자일 뿐이다. 그 이유는 무엇인가? "선지식아, 번뇌가 곧 지혜이니……" 우리가 착각에 빠져 집착하고 갈등, 대립, 망상을 피우는데, 그것은 그렇게 있다고 하는 생각에서 나오는 것이지 따로 어디

---

76) 「선종의 번뇌에 관한 고찰」, 월암 스님 저.

에 있어서 나오는 것이 아니다. 그 한 생각을 돌이키면 번뇌가 곧 지혜(보리)이다. 흙탕물을 정화하면 맑은 물이 되듯, 번뇌 자체가 깨달음으로 변한다. 본성은 오직 하나일 뿐이다. 혜능은 진망불이의 관점에서 "번뇌 즉 보리"란 사상을 주장하였다. 그 요지는 곧 제법의 성품은 空하여 두 가지 성품이 없음이 실다운 성품[實性]이다. 번뇌와 보리 또한 성품에 있어서 두 가지 성품이 아니라 하나라고 강조하였다."77) 인간 본성은 性善과 性惡으로 나눌 수 없고, 대치할 수도 없다. 본성의 근원은 오직 空할 뿐이다. 생성 이전의 태극 본체요, 통합 본체이며, 창조 본체일 따름이다. 다시 말해, "범부는 지혜[性善]와 번뇌

[性惡]를 둘로 보고, 지혜로서 번뇌를 소멸시킨다고 말하지만, 覺者는 둘이 아닌 성품(無二之性)을 요달하여 번뇌 망념을 여의며, 진여 본성에 돌아가는 것(捨妄歸眞)이 아니라, 망즉진(妄卽眞)이요 진즉망(眞卽妄)으로서 진망불이(眞妄不二)의 관점이 되어 번뇌를 끊지 않고 보리를 증득한다. 즉, 번뇌와 보리, 性善과 性惡은 자성일원(自性一元)이다."78) "본성(심성)은 본래 항상하는 眞如로서 불생불멸 하지만, 다만 일체법이 망념으로 차별이 있어 갖가지 경계의 상을 지어 분별하고 있다. 그러나 본래의 성품은 대지혜의 빛이며, 자성청정(自性淸淨)의 마음이다. 이것이 초기 중국의 선종에서 이해한 심성론이자, 선종 전체의 심성론을 관통하면서"79) 본성의 갈래지어진 성선설과 성악설에 종지부를 찍은 대결론이다. 善惡의 본성은 본래 항상하는 眞如로서 불생불멸인 空이고, 하나인 창조 본

---

77) 위의 논문.
78) 위의 논문.
79) 위의 논문.

체이다. 그런 自性 청정한 창조 본성을 볼 수 있도록 교육이 사명을 다해 길을 인도해야 한다. 인간이 살아가면서 일으키는 善惡의 갈림길에서 본래의 본성을 볼 수 있는 마음을 자각하는 것이 문제이므로, 여기에 소중한 교육적 함의와 가치와 교육을 통해 해결해야 할 위대한 사명이 있다. 인간의 본성은 善하디 善하나니, 이런 이유로 인류는 본성을 자각해야 하고, 이를 위해 인류는 위대한 교육 원리를 적용해야 하리라.80)

---

80) 『꼭 읽어야 할 인물 고전(동양 편)』, 안외순 외 2인 공저, 타임기획, 2006, p.53.

제3장 교육의 원리

1. 작위성 대 무위성

교육의 원리를 자연 현상의 법칙적인 원리와 같은 개념으로 이해하고 접근하면 자칫 잘못된 결과를 낳을 수 있다. 본인은 교사 시절 학급이 증설된 관계로 400m 트랙이 있는 운동장을 가로지른 곳에 두 학급만 독립되다시피 한 교실의 담임을 맡은 적이 있다. 공교롭게도 옆 반 담임은 거의 방임형이라 함께 지도해야 하는 경우가 있었다. 적어도 학년 초에는 그러하였다. 그런데 2학기가 되자 양상이 달라져 큰 자각을 얻은 경험이 있다. 처음에는 많이 떠들었지만, 시간이 지날수록 나름대로 질서가 잡히고 문제를 스스로 해결하는 자율적인 질서가 형성되었다. 그런데 나의 반은 담임의 관리에 익숙해져 부재 때에는 더 떠들고 혼란스러웠다. 교사가 학생들과 함께하면서 문제를 해결하는 것이 좋은 것 같지만, 너무 자세하면 학생들이 교실 안에서 일어나는 문제에 대해 자체적인 해결능력을 저해한다는 점에서는 완벽한 지도 원리라고 할 수 없다. 부모 교육도 마찬가지이다. 자식이 귀하고 사랑스럽다고 해서 마냥 얼러서 키우면 정작 커서는 사회생활을 하는 데 어려움이 있기 십상이듯, 교육 원리는 눈에 보이는 가치의 일면만 쫓으면 더 나은 가치성을 잃어버릴 수 있다. 그리스 시대의 스파르타식 군사 교육대 아테네의 자유 교양 교육, 중세 시대의 신권 질서 안에서의 억압적인 금욕주의적 교육 방식 대 르네상스 시대의 자유 인문주의 교육 방식 등등. 우리나라도 군사정권 시대의 엄격한 통제와 훈육 방식을 거쳐 자유로운 민주주의적 교육 방식이 적용되기에 이르렀는데, 물론 모든 시대에 있어서 개선된 방향으로 나아간 자유 교육 원리가 성장하는 학생들에게 잠재된 창의력을 일깨우고 개성을 발휘하는 교육 여건을 조성하겠지만, 그것이 절대적인 것은 아니란 뜻이다. 인간의 본성은 마냥 자유만 구가하게 해서는 자유를 통해 얻을 수 있는 가치를 극대화할 수 없다. 경우에 따라서는 통제와 훈육도 성장 원리에 따라 병행해야 한다는 점에서, 교육 원리는 가치적인 측면보다 더욱 선행한 본성 형성 측면에서 적용해야 교육 목적을 온전하게 달성하는 결과를 끌어낸다.

고대 중국에서는 공자 대 노자가 사상적인 측면에서도 대립하였지만, 인간을 교육하는 원리 적용 측면에서도 그러하였다. 노자는 공자가 이루고자 한 인위적인 가치 실현 노력을 비판하였는데, 그것이 곧 **"작위성 대 무위성"** 교육 원리이다. 노자는 만물을 생성시킨 道의 본체적인 특성에 근거하여 하염없이 의식이 없는 작용이 작위적인 작용보다 더 훌륭하게 모든 것을 이루어내고 영위해 간다고 믿었다. 공자가 제창한 유교식 교육은 주관적인 가치 실현 목적에 따라 교육하고자 한 것이지만, 道는 하염없이 의식 없는 작용이 오히려 훌륭하게 만물을 이루어낸다는 것이다. 노자가 근거한 道는 무위자연(無爲自然)으로서, 시간과 공간을 초월하여 끊임없이 만물을 생성하는 우주의 본체이다.[1] 루소는 인간이 인위적으로 구축한

---

1) 『동양 교육고전의 이해』, 앞의 책, p.81.

문명 세계가 인간성을 타락시킨 원인으로 보고 교육에서도 인간을 인위성으로부터 해방해 자연성을 회복할 것을 강조한 것처럼, 자연적인 질서를 더 근원적으로 본 것은 노자와 비슷하다. 대자연이 道에 근거했듯, "인간도 道를 떠나서는 온전하고 자유로운 삶을 누리기 어려우므로, 道로의 복귀는 건강한 인류 문명을 꿈꾸는 자들에게 필연적 과제였다."[2] 교육 원리는 근원 된 세계관에 근거해서 추출하는 것이 마땅하지만, 단지 문제는 그렇게 한 세계관이 창조 본질을 완전하게 분열시키지 못함에 따라 노자나 루소조차 완벽한 원리 적용이 어려웠다는 사실이다. 루소가 "자연으로 돌아가라"라고 외친 것은 자연의 완전한 질서성을 입증할 수 있어서가 아니었듯, 노자도 선천 지성인으로서의 한계성 탓에 자연 질서의 무위적 이상화에는 대역설이 있다. 그는 道에 대해 한 마디로 "無爲란 자연과 함께 道의 자기 전개요 실현 원리임을 밝힌 것이다."[3] 道 자체가 본체로서 지닌 영구성·초월성·무한성 등은 차치하고서라도 그런 특성에 기반을 두고 생성된 자연의 질서 전체가 無爲적이라는 것은 지극히 인과적인 현상적 질서와 비교되는 모순된 인식이다. 절로 운행하는 자연 질서의 완벽함을 찬양한 것이지만, 이것은 노력하지 않으면 아무것도 이룰 수 없는 삶의 현실과 대비된다. 그래서 이런 인식에는 대역설이 있다고 했다. 無爲自然의 완벽한 질서성은 그렇지 못한 현상적 질서에서 보면 모순된 것 같지만, 모순 자체가 세계 본질의 창조적 진실성을 나타낸다. 문이 닫혀 있으면 방안에 무엇이 들어 있는지 알 수 없는 것이 당연하듯, 현상적인 질서와는

---

2)「노자의 교육론과 그 사상자적 의미」, 황금중 저, 미래교육연구, 18권, 1호, 2005, p.50.

3) 위의 논문, p.50.

어긋남에도 무위적인 자연 질서가 완벽한 것은, 바로 하나님의 사전 창조 역사를 시사한다. 하나님이 사전에 천지를 완전한 시스템으로 창조한 탓에 세상 질서가 완벽하게 운행되고 있다. 하지만 그런 역사 사실을 알 길 없는 노자의 인식 세계에서는 마치 닫힌 방 안을 들여다볼 수 없는 것처럼, 사전 창조 역사로 구축된 완벽한 운행 질서를 셀프식 자화 실현 원리, 즉 無爲自然으로 이해했다. 드러난 것, 본 것만으로서는 無爲인 것이 맞지만, 사실은 현상적 질서에 어긋난 역설임에, 그것은 결코 모순이 아니다. 우주 현상의 근원된 본질성이다. 곧, 창조 원리이다. 교육 원리는 창조 원리에 근거해야 한다. 바르게 배우고 옳은 것을 가르치면 반드시 걸맞은 인생 열매가 송이송이 맺히나니, 원칙적인 법칙을 적용할 수 있도록 교육 원리는 당연성을 보장해야 한다. 그것이 교육 원리의 참된 적용 방향임에, **"작위성 대 무위성"** 교육 원리는 어느 한 편의 정당함을 따지기 이전에 상대적인 가치성과 세계관적 미비점을 인식한 바탕 위에서 인간 본성과 교육 목적과 교육 원리를 조화시켜야 한다.

2. 자율성 대 규율성

본인의 중·고등학교 앨범 사진을 보면 까까머리에 목은 훅을 잠근 교복 차림인데, 이후로 자율화 바람이 불어 큰 변화가 일어났다. 근대 역사에서 제도화된 자유와 평등은 민주주의의 두 기둥이다. 그것은 인류가 수많은 불평등과 억압 가운데서 쟁취한 빛나는 피압제자의 전리품이다. 그래서 획득한 자유와 평등이 참으로 고귀하다.

고대와 중세 시대에 귀족이 움켜쥔 신분 계급으로부터 근대에 이르러 만민이 평등성을 확보하기까지는 피눈물 난 투쟁이 있었다. 하지만 태어날 때부터 자유와 평등을 보장받고 있는 현세대는 이전만큼 소중함을 느끼지 못한다. 교복과 두발 문제도 마찬가지이다. 자유만 누린 세대는 상대적으로 절실한 소중함을 모른다. 요즘은 초등학교 6년 동안 교복과 두발의 자율이 보장된 환경 속에서 생활한다. 미성숙한 어린이인 만큼 자유롭게 성장할 수 있도록 하기 위해서이다. 하지만 중학생이 되면 어느 정도는 규제를 가해도 참을성이 있다. 이 시기까지 자율화에만 익숙해져 버리면 성인이 되었을 때 누려야 할 자유의 소중함이 경감된다. 그래서 중·고등학교 시절은 교육적으로 감당할 수 있는 규율이 적용되어야 할 시기이다. 인간은 아무리 노력해도 자유만 있는 곳에서는 진리가 함께할 수 없었다는 것이 역사가 주는 교훈이다. 방탕과 타락과 무절제가 있을 뿐…… 그래서 **동양에서는 수천 년 동안 수행이란 계율 문화가 인간의 순수 본질성을 지켜내었다.** 수행과 규율이 없으면 통제와 절제가 어렵다. 자신을 규율해야 진리와 함께할 수 있는데 하물며 인격적, 의지적으로 미성숙한 학생들이 규율 없는 자유에만 물들어 있다면 회복하기 어려운 의지박약자가 되고 만다. 철저한 교육 제도와 훈육, 그리고 엄정한 계율의 실천이 있었기 때문에 인류 역사를 주도한 인재들이 육성되었는데(치열한 자기 통제와 계율 수행 가운데서 진리 세계를 체현함), 오늘날처럼 마냥 풀어 헤친 풍조 속에서는 무엇도 기대할 것이 없다. 一陰 一陽은 유교인이 믿은 우주적 질서이다. 성장기에 규율이 몸에 배지 않으면 진정한 자율도 없다. **자율과 규율은 때를 따라 반드시 적용되어야 하는 교육의 철**

칙이다. 초등학교부터 대학교까지 자율 속에서만 교육받은 세대는 자신도 불행이거니와, 국가와 민족으로서도 불운이 예측된다. 교육이 무너진다는 넋두리가 어제오늘만의 목소리가 아닐진대, 교육 현장에서 자율만 적용한 세태가 그것을 대변한다. 일본이 국권을 삼키고 단발령을 내렸을 때, 지각 있는 선각들은 목숨을 걸고 목을 내놓을지언정 상투는 자르지 못한다고 버텼다. 그러나 지금 학생들이 긴 머리를 깎지 않으려고 하는 이유는 무엇인가? 무슨 대의명분이 있는가?

3. 본받음

교육의 이상적인 목적을 실현하기 위하여 적용해야 할 근원적이고도 본질적인 원리가 있다면 그것은 무엇일까? 하나님이 천지를 창조한 본의를 밝히지 않았다면 알 수 없고, 세계의 본질이 분열을 완료하지 않았다면 규정할 수 없는 궁극적 원리이다. 선천 세월을 다하여 성립된 하나님의 **천지 창조 원리=본성 형성 원리=인간 교육 원리**가 그것이다. 다시 말해, 하나님의 인류 창조 원리가 세상 가운데서 근본 바탕을 이룬 인간의 본성 형성 원리가 되었고, 본성 형성 원리는 삶을 추구하는 과정에서 고스란히 인간을 교육하는 근본 원리가 되었다. 그렇다면 하나님은 태초에 인간을 어떻게 창조하였는가? 성경에는 "하나님이 자기 형상, 곧 하나님의 형상대로 사람을 창조하시고……(창, 1: 26)" 재차 "하나님이 자기 형상대로 사람을 지으셨음이라(창, 9: 6)"라고 기록되었다. 순진하게 그것이 정말 하나님의 말씀이고, 하나님이 이룬 인간 창조 역사인가를 믿느냐고 되물을지 모르지만, 이 연구는 정말 그렇게 창조한 사실을 논거한 『창조증거론』을 펼친 바 있다. 그래서 기록된 인간 창조 사실을 교육 원리에 적용해서 요약하면, 인간 창조는 無로부터도 아니고 어떤 근거로부터도 아닌, 하나님 자체가 자기 형상대로 사람을 지었다고 명시되었다. 여기서 하나님 자체의 형상대로 인간을 창조하였다는 것은 창조 원리의 기본이 바로 자체 본뜸이고, **"본받음"**이란 뜻이다. 창조의 기본 원리는 정말 역설적이게도 전혀 새로운 창조가 아니다. 원 본체와 형상과 시스템의 완벽한 본뜸이며, 복제 체제이다. 어떻게 하나님과 같은, 하나님의 형상과 본성을 빼닮은 자식과도 같은 제2의 하나님 자신을 재현해 낼 것인지를 고심한 것이다. 이 말은 창조 원리는 반드시 하나님을 바탕으로 한 근거와 모델(本)이 있어서 사전 바탕성 틀을 본떠 창조 역사를 실현했다는 뜻이다. 창조와 존재 이전에 바탕이 된 근원과 틀이 없으면 삼라만상이 존재할 수 없으므로, 본뜸은 실질적으로 천지 만물을 있게 한 창조의 제일 원리이다. 이런 근본적인 원리성에 대한 조건 탓에 노자는 의미심장한 말을 했다. 선천에서는 이해할 길이 막연했지만, 지금은 해석할 수 있다. 노자는 말하길, "人法地, 地法天, 天法道, 道法自然(『노자 도덕경』, 25장)"이라고 하였다. 즉, 사람은 땅을 본받고, 땅은 하늘을 본받고, 하늘은 道를 본받고, 道는 스스로 그러함을 본받는다. 노자에게 있어서 道는 최고의 궁극적 본원인데, 그런 道마저 스스로 그러함을 본받는다고 한 것은,[4] 스스로 그러함 이전에 그 같은 특성이 있는, 절로 시스템을 결정한 사전 창조 역

---

4) 道 자체를 본뜸=하나님 자체의 몸된 본체로부터의 천지 창조.

사가 있었다는 것이다. 사전 本이 있어 그를 바탕으로 천지 만물이 생성되고, 발전하고, 완성되었다. 이런 인식은 기본적인 창조 인식인 동시에 근본적인 원리 인식이므로, 유교라고 해서 예외일 수 없다. "유교가 이루고자 한 **修己治人** 목적도 도덕적, 정치적 목적도 결국은 세상을 구성한 인간의 질서가 天을 모방하여 **天理**를 따라 **天性**을 실현하는 인문·문화일 수밖에 없는 창조의 제일 원리, 곧 **본받음 원리**를 따랐다."[5]

세계는 사전 本이 있고, 本을 본뜬 원리를 따라 만상이 형성된 탓에, 배움이든 가르침이든 교육 영역에서도 원리에 기반을 둔 본받음이 교육의 기본적인 원리가 된다. 원리는 기본을 바탕으로 다양하게 적용되어야 함에, 대상이 天이든 道이든 진리이든 인격체든 적용되는 원리는 같다. 인격 교육은 무엇보다도 本을 보이는 교육이 제일로서 셸러는 "교육이란 곧 더욱더 높은 가치를 담고 있는 자를 추종하면서 시작한다. 추종하는 인격은 가치 담지자의 모든 면을 그대로 보고 배우게 된다"[6]라고 말하였다. **正學**, **正行**을 가르치는 기준에서도 최고의 방법은 주어진 상황 안에서 스승이 제자에게 만 말에 앞서 本을 보이는 것이다. 本을 보면 길을 알게 되고, 本을 기준으로 삼아 스스로가 가고자 하는 길을 찾아갈 수 있다. "학생이 자신의 내면에 있는 가치 있는 가능성을 인식하고 그것을 실현할 수 있도록 도와주는 것이 교육일진대",[7] 목적 달성에 있어서 적용해야 할 제일 원리는 本을 보이는 것이다. 학생이 가진 잠

---

5) 『인간의 본질』, 앞의 책, p.36.

6) 「철학적 관점에서 본 인성교육의 의미」, 신황식 저, 대구가톨릭대학교 교육대학원, 철학, 석사, 2011, p.31.

7) 「라인 홀드 니버의 인간 이해」, 앞의 논문, p.23.

재적 본성과 가치를 일깨우는 것은 예나 지금이나 지고한 사명감을 지닌 스승이 할 수 있는 위대한 역할이다. 부처는 수많은 法을 설한 覺者이기 이전에 번뇌로 뒤덮인 중생들에게 생멸문(生滅門) 너머의 진여문(眞如門)으로 나아갈 수 있는 길을 가리켰다는 점에서, 깨달음은 부처가 스승으로서 本을 보인 제일의 교육 원리이다.

본보기를 통해 스스로 길을 찾게 하는 일깨움 과정이었다면, 그 다음은 진리, 道, 본체와 일체되어 본성을 완성하는데 **"본받음 원리"**의 종착이 있다. 장자는 말하길, "우주의 실재로서의 道를 스승[大宗師]으로 삼아서, 그것과 하나가 될 때 인간은 진정한 자유를 누리게 된다. 또한, 이런 경지에 이른 사람을 진인(眞人)이라고 불렀다."8) 인류는 예로부터 각자가 무리를 이루어 살았나니, 하나님의 천지 창조 뜻도 다양한 문화와 전통과 색깔 있는 삶을 구가할 수 있도록 한 데 있다. 하나님이 인류 역사를 섭리한 목적은 인류 사회의 획일적인 통일에 있는 것이 아니다. 하나님 자체와 일체됨에 근본적인 뜻이 있다. 본의를 알아야 **"본받음"**이 왜 교육의 위대한 목적을 달성할 원리 중의 원리이고, 근본적인 원리인가를 알 수 있다. 교육 원리를 추출해서 적용하는 것은 어렵지 않다. 앞서 깨닫고 도달해 인류를 위해 몸 바칠 수 있는지가 문제일 뿐······

4. 본성 형성

교육 원리는 인간 교육의 다양한 목적에 적용되므로 "인간의 본

---

8) 『장자』, 「내편」, 대종사 편.

성이 어떻게 형성되는 것인가"란 문제와 관련해서도 반드시 답할 수 있어야 한다. 다시 말하면, 교육은 인간의 **"본성 형성 원리"**에 맞게 적용해야 한다는 뜻이다. 그것은 인간의 생명 탄생도, 성장도, 삶의 과정도 아닌, 본성을 형성하는 문제이다. 본성을 형성하는 것이 왜 중요한가 하는 것은 지적했듯, 제2의 인간 창조인 동시에 자아 창조인 탓이다. 그런데 문제는 본성은 과연 무엇이고, 어떻게 보는가에 따라 형성하는 원리 적용이 다르고, 필연적으로 바람직한 인간성을 형성하든가 아니면 인간성을 황폐화시키든가 하는 결과를 낳는다. 그래서 이런 문제를 판단할 기준인 세계의 불변성과 가변성 문제를 다루었다. 인간 본성은 변할 수 있고 인위적으로 개조할 수 있다는 생각과, 어떤 교육적 노력과 환경 조건에도 불구하고 타고난 본성은 변하지 않는다는 생각은 큰 차이를 지닌다. 정말 본성은 天性인데 어떻게 변할 수 있고, 변한다면 어떤 요인에 의해서인가? 이런 의문은 역시 변화와 불변의 문제부터 가늠해야 한다. 세상에 존재하는 무엇도 변화 없이 존재할 수는 없다. 본성도 마찬가지이다. 하지만 뭇 존재를 존재이게 한 바탕이 된 뿌리마저 그러한 것은 아니란 점에서 본질은 불변성 조건을 충족한다. 인간 본성도 변화할 수 있음에, 변화는 개조가 아니라 형성이란 단어 사용이 적합하다. 개조적 접근은 인간성을 황폐화시키지만, 형성적 접근은 인간성을 고무하는 결과를 낳는다. 그 원리성은 인격을 형성하고 품성을 형성하고 가치성을 형성하는 무수한 교육적 노력을 통해 이루어진다. 본성 형성을 가능하게 하는 핵심 된 요인에 진리가 있다. 진리를 체득하면 본성도 합당한 가치를 수용해 그와 같은 방향으로 변화한다. 이런 천부 본성의 형성 원리를 일컬어 다윈은 진화라고 했고, 듀이는 경험의 재구성을 통한 성장이라고 했으며, 프뢰벨은 인간을 포함한 "모든 만물이 불완전에서 완전으로 부단하게 연속적으로 발전함으로써 자기의 본질을 실현한다"[9]라고 했지만, 그것은 본성의 변화 뿌리를 보지 못한 오판이다. 우리는 인간으로 태어난 바, 그렇게 부여된 인간다운 본성은 외부의 변화를 말하는 것이 아니다. 본성은 그야말로 천부적으로 주어진 것이다. 본성을 어떻게 인간답게 가다듬을 수 있는지는 무수한 깨달음과 가치성 자각으로 본성을 형성해야 가능하다. 인생의 궁극적 목적은 참다운 인간이 되는 데 있고, 존재는 존재함 자체로서 절대적인 가치를 지니며, 그 이유는 모두 진리로 창조되어서이다. 진리에 근거해야 참된 본성을 형성하고, 인간다운 가치를 실현한다. 루소가 "만물은 조물주의 손에서 났을 때는 善하였으나 인간의 손으로 넘어오면서 타락한다"라고 개탄한 이유도 여기에 있다. 여기서 루소가 말한 자연은 천부 본연의 性, 곧 조물주가 창조한 인간의 바탕 본성이다. 본연의 性으로 돌아가 본성을 회복해야 한다는 뜻이다. 회복하고 돌아가기 위해서는 어떻게 해야 하는가? 본성을 참 진리에 근거해 형성해야 한다. 외부의 작용 요인에 의해서가 아니다. "자체에 주어진 본성의 진리적 법칙에 따라 이루어져야 하고",[10] 그렇게 해서 완성된 이상적인 본성을 일컬어 루소는 "자연인"이라고 하였다.

본성은 천부적이고, 유교에서는 하늘이 命한 무엇이라고 했지만, 그러나 인간은 세상에 태어남과 함께 본성 그대로 인간성을 완성하고 부여된 창조 가치를 실현하는 것은 아니다. 부단한 노력과 수양

---

9) 『교육의 역사 및 철학적 기초』, 조영일 저, 형설출판사, 1993, p.214.
10) 『교육사 신강』, 송승수 저, 교육과학사, 1994, p.235.

과 자각 과정을 거쳐야 하며, 이런 본성의 형성에 제반 교육 작용이 영향을 끼친다. 교육 원리를 정확하게 적용해야 하며, 그리해야 하늘이 命한대로의 뜻에 도달한 본성 모습을 완성한다. 인간의 본성은 하늘로부터 주어진 것이고, 부여받은 본질로부터 본성을 깨닫고자 평생을 추구하고 정진한다. 주어진 天性을 어떻게 인지해서 인간다운 방향으로 나아갈 것인가 하는 것은, 인간이 삶을 통해 이루어야 할 평생의 과제이다. 인간은 세상에 태어나므로 많은 추구 대상과 믿음의 대상을 가지지만, 이루어야 할 참된 인생 추구의 목적은 하늘이 각자에게 부여한 천부 본성을 깨닫고 개발해서 완성하는 데 있다. 교육은 인간이 어떻게 성장하고 육성하는 것인가 하는 발달 과정도 알아야 하지만, 더 중요한 것은 본성을 어떻게 형성하는 것인가 하는 것이다. 그런 문제를 푸는 데 있어 학교에서의 교육 과정인 지식 교육이 본성을 형성한다고 생각하면 큰 오산이다. 문제가 있으니까 대책으로 인성교육 운운하지만, 이것도 본성을 형성하는 정확한 원리성에 근거하지 않으면 어려움이 있다. 바람직한 인간성 형성이 공부 열심히 하고 많이 배운다고 해서 이루어지는 것은 아니다. 그렇다면? 세계를 보고 자아를 탐색한 쉼 없는 노력과 추구 결과이다. 인생관, 가치관, 진리관, 세계관이 종합적으로 작용하여 자아를 형성하고 가치를 신념화했을 때 본성화된다.

이에 동양에서는 본성을 형성할 진리로서의 접근방식으로서 단연코 오늘날 행해지는 지식 학습인 위학(爲學)적 방식을 배제하고, 본체적 접근인 위도(爲道)적 방식을 채택하였다. 여기서 "위학은 날마다 증가해가는 방식이고, 위도는 날마다 덜어가는 방식이다."[11]

---

11) "爲學日益 爲道日損."-『노자 도덕경』, 48장.

위학은 지식을 쌓아가는 현상적 질서에 걸맞은 방식이고, 위도는 천성에 부합하지 않는 요소를 제거해서 본성으로 나아가는 본체적 특성에 부합한 방식이다. 들어내어야 본성이 제 모습을 갖추고 빛을 발하는데, 반대로 쌓아간다면 어떻게 되겠는가? 이런 측면에서 루소는 상실되어가는 인간성을 회복하는 방도로서 자연과 인공(人工)을 대비시키고 자연을 善, 인공을 惡으로 규정해 자연적인 본성으로의 복귀를 외쳤다.12) 자연이 본연이고 본질이 본성을 형성하는 주된 진리적 기준인데, 실존이 본질에 선행한다는 것이 웬 말인가? 실존적 조건이 인간 존재의 본성을 형성하고, 실존 상황을 이해할 수 있는 근본적인 조건을 제공한다는 것은 본말전도적 인식이다. **오직 정확한 세계관에 근거한 올바른 교육 원리 적용만이 올바른 본성 형성을 선도하고, 본성을 실현하는 고지로 만인을 인도한다.** 그리고 **"본성 형성 원리"**가 작동하는 정확한 근거는 언급한 대로 진리를 인식한 작용에 근거해서이다. 왜 인류는 그토록 진리를 추구하였고, 진리 얻기를 갈구하였는가? 이유는 인간은 진리를 인식함으로써 본성이 그렇게 인식한 진리 상태로 본질을 생성하여 진리의 본성화를 이루기 때문이다. 여기서 진리 인식은 잠재된 천부 본성을 발현하는 촉매 작용 역할이다. **인간 본성은 창조 본성의 바탕 위에서 건재하다.** 본성은 바탕이 된 본질과 깊게 연관되어 있으며, 진리는 본질성을 정신적인 자각으로 표출한 단면이다. 진리는 존재한 본질과 그 위에 바탕이 된 본성을 변화시키는 데 직접적인 영향을 끼친다. 이것이 교육의 주축 원리인 **"본성 형성 원리"**의 본체적 근거이다. 진리를 인식함으로써 본성이 진리로 인해 생성하고 변화

---

12) 「퇴계의 교육관 연구」, 임광규 저, 한양대학교 교육대학원, 석사, 1989, p.13.

를 입을 수 있는 원리적 근거이다. 진리는 논리의 일관성을 통해 판명되는 것이 아니다. 본질을 일굼으로 표출된다. 여기에 부처가 지침한 깨달음 원리의 진의가 있다. 진리의 본질 바탕인 道를 얻는다는 것은 우주의 확연한 이치를 인식한다는 것과 같은 의미로, 성인이 道를 얻으면 본질은 그렇게 각성한 진리대로 생성해서 일체, 합일, 승화된 본성 상태를 이룬다. 율곡은 성인이 되는 첫 관문에서 성인이 되고자 하는 뜻[立志]을 세우는 것이 중요하다고 했지만, 목적을 이루는 실질적인 교육 원리 작용은 배움을 통해 진리를 알고 진리와 함께하여 본성이 하늘의 본성과 교감해서 승화되는 것이다. 진리를 체득하면 본성이 그 진리 인식으로 인해 덕성화, 신념화, 인격화되나니, 진리는 본성을 선도하며, 내면화를 통해 지고한 가치를 실현한다. 인간의 **"본성 형성 원리"**는 기본적으로 인간이 어떻게 창조되었는가 하는 창조 원리로부터 추출되나니, 이 같은 원리에 근거한 **"교육의 위대한 원리"** 적용으로 만 인류를 창조주 하나님과 함께할 수 있는 본질성으로 승화시켜야 하리라.

5. 잠재 가능성

세상을 위해 큰 업적을 남긴 위인들을 보면 인간의 능력은 다양하면서도 무한하다는 것을 확인할 수 있다. 물론 사람마다 얼굴 모습이 다른 것처럼 능력, 재능, 소질, 개성 등이 같을 수 없고, 누구나 다 위인으로서 추앙되는 것은 아니므로, 위인은 정말 타고난 재능과 노력을 겸비한 인생의 결과적 모습이라고 할 수 있다. 그렇다면 재능을 발휘하는 사람은 만 명 중 한 사람이 될까 말까 한 특별한 사례에 속하는가? 그렇게 다재다능한 사람은 소수이지만, 적어도 누구나가 다 한 가지 정도는 재능을 가진다는 가능성의 끈은 남아 있다. 흔히 자라나는 학생들은 무한한 잠재력과 무궁한 가능성을 지녔다고 하는데, 그것은 그런 희망을 품고 삶을 살아야 한다는 가상스러운 수식어에 불과한가? 과연 인간의 재능과 **"잠재 가능성"**은 어떻게 해서 주어진 것이고, 어디에서 발원된 것이며, 잠재된 것을 현실화하기 위해서는 어떤 노력을 기울여야 하는가? 세상 가운데서, 혹은 배움의 현장에서, 주어진 가능성을 발견하고 소질을 발휘해 꿈을 성취하는 사람은 몇 명이나 될까? 도달 수치가 만족스럽지 않을진대, 주된 이유는 주어진 **"잠재 가능성 원리"**를 정상화하지 못한 탓이다. 이것은 교육 현실에 있어서 사실상의 큰 문제이다. 이것을 해결하지 못하면 교육을 통해 만 인류를 빠짐없이 구원하고자 한 보편적 사명 수행도 어려워진다. 풀기 위해서는 가능성이 무엇이고, 어떻게 해서 인간이 지닌 것인지, 그리고 그런 잠재력은 정말 누구나가 다 차별 없는 것인지를 근원을 추적해 밝혀야 한다.

만물은 일단 동물이든 식물이든 생명 없는 사물이든, 하나인 동일성 본질 바탕에서 창조되었다. 여기서 하나가 어떻게 다양화되었는가 하는 것은 하나님의 뜻에 의한 창조 메커니즘 탓이라고 할 수 있다. 뜻을 목적에 따라 뭇 존재를 특징화했다. 주관적인 말씀의 命을 따라 결정된 것이 세상 이치이고 법칙이며 진리로서 인식된 원리이다. 특성화된 본질성의 뒷받침으로 식물이 되고, 동물이 되고, 인간으로 창조되었다. 이런 잠재된 가능성이 무엇인지를 살피기 위해서는 바탕은 같지만 뜻에 따라 특별하게 된 인간과 다른 동물과의 교육을 통한 변화 가능성을 비교하면, 인간이 지닌 잠재 가능성이 무엇인지 가늠할 수 있다. 즉, 인간은 태어나면 '응애'하고 울음을 터트리는 것 이외에는 아무것도 할 수 있는 것이 없다. 하지만 병아리는 부화하자마자 발로 헤집어 먹이를 찾고, 부리로 쪼아 먹는다. 아기는 일 년을 성장해야 겨우 걸음마를 뗄 수 있지만, 송아지는 첫걸음은 뒤뚱거리지만, 곧바로 걸음을 뗀다. 이런 현실성의 차이는, 그러나 이것으로 끝이 아니다. 병아리는 타고난 본능대로 발로 헤집어 먹이를 찾을 수 있지만, 닭이 되어서도 그런 동작 이외에 다른 기능은 발휘하지 못한다. 송아지도 '음매'하는 것은 같지만, 더 이상의 변화 모습은 없다.13) 교육 활동은 기본적으로 인간의 무궁한 변화 가능성을 전제한 것이고, 동물에게는 그런 가능성이 부족한 탓에 인간에게 적용할 수 있는 것과 같은 고차원적 교육 활동이 거의 불가능하다. 한계성이 역력하다. 이처럼 인간은 다른 동물과 차이를 지닌 특별한 가능성을 지닌 탓에 교육은 **"잠재 가능성"**을 개발하기 위해 방법을 모색할 사명이 있다. 잠재된 가능성이 무엇이냐고 했을 때, 그것은 자신을 변화시키고 발전시키며 뜻을 향해 자아를 추진하는 본질적 힘이고 에너지이다. 정신적인 창의력이라고 해도 좋고, 의지적인 신념이라고 해도 좋으며, 신체적인 소질이라고 해도 좋다. 본성, 품성, 개성, 인성, 성격, 도덕성, 소질, 재능 등등. 인간이 지닌 것을 통틀어 인간을 인간답게 창조한 인간성, 혹은 인간의 본성이라고 할 때, 인간은 이미 특별하게 창조된 잠재 가능성의 덩어리 자체이다. 창조된 본성 특성을 일컬어 『중용』에서는 "天命之謂性", 인간의 본성은 하늘이 命한 것이라고 하였다. 곧, 말씀으로 창조한 것이

---

13) 『교육의 이해』, 이원호 외 5인 공저, 만수출판사, 2000, p.21.

라고 명시했다. 본성의 가능성이 잠재했다는 것, 전에는 없었던 것
이 주변 환경의 변화와 적응으로 생겨났다고 한 진화론적 메커니즘
으로서는 성립할 수 없는 능력이다. 태어나면서부터 본유한 잠재 가
능성은 태어나기 전부터 마련된 하나님의 창조 본체 바탕에 근거했
다. 가능한 본성의 힘은 하나님이 사전에 품은 뜻으로부터 발원되고,
이상적인 창조 목적 실현을 위한 추진 에너지로서 본유하였다. 그래
서 율곡은 교육이 가능한 근거로서 "인간은 원래 天理를 본성으로
하여 태어난 존재란 사실을 강조하였다."14)

　잠재한 가능성은 곧 창조력이다. 동서양을 불문하고 인간이 하늘
에 근거하여 창조되었다고 인식한 탓에, 할 수 있는 모든 가능성을
태어나면서부터 본유하였다고 여겼다. 인류는 겨우 근대가 되어서
야 자유와 평등을 외쳤고, 고귀한 인권을 선언하였지만, 성현들은
더욱 앞서 인권적 평등성을 넘어선 본질적 동일성을 내세웠다. 기
독교는 창조 역사 원리에 근거하여, "인간은 하나님의 형상으로 창
조된 탓에 사물에 대한 지식을 습득하는 힘을 태어남과 동시에 부
여받았다. 전지한 하나님을 닮은 인간에게는 본질에서 지식을 추구
하는 씨가 심어진 것이 자명하다"15)라고 믿었다. 사물에 대한 지식
을 추구하고 습득해서 이해하는데 있어서 그렇게 하지 못할 요소는
없다. 인간은 그렇게 할 수 있는 능력, 곧 정신적 기능을 존재하면
서부터 갖추었다. 그런 작용 가능성을 얼마만큼 활용할 수 있는가
가 문제일 뿐…… 정신 기능인 분석력과 통찰력과 종합력은 누구에
게는 있는데, 누구에게는 없어서 불평등이 생긴 것이 아니다. 하나

---

14) 「율곡 교육론의 이론적 기반」, 신창호 저, 교육문제연구, 16집, 2003, p.117.
15) 「코메니우스의 대교 수학」, 임용덕 저, 고려대학교 교육대학원, 교육사 철학, 석사, 2016, p.47.

님의 독생자인 예수그리스도는 어떻게 해서 탄생한 것인가? 主 예수는 하나님의 본체에서 났으므로 하나님과 같은 존재라고 하였다.16) 단지 예수 자신이 이런 하나님과의 동등함을 취하지 않고, 오히려 자신을 비어 종의 형체를 가져 사람과 같이 되었고, 죽기까지 복종하였다(빌, 2: 6~7). 그러므로 결론은 예수그리스도는 근본 하나님의 본체로서 하나님과 같은 분이다. 더 축약하면, 예수그리스도=하나님이다. 主 예수가 세상의 조건 안에서는 아버지와 구분된 독생자이지만, 그런 독생자가 어떻게 존재하게 되었는가? 하나님의 본체에 근거하여 본체로부터 난 관계로 세상의 조건 안에서 거하기 위해 화신한 하나님이다. 그런데 이런 창조 원리가 유독 예수그리스도에게만 적용된 특별한 원리일까? 만유인력 법칙이 사과에는 적용되고 감에는 적용되지 않는 것인가? 예외가 없는 탓에, 말 그대로 만유인력 법칙이다. 다시 말한다면 너와 나, 우리 모두에게 같이 적용되었다. 主 예수나 우리나 부여된 본질적 바탕은 같다. 차이가 있다면, 하나님이 예수를 "만유의 후사로 세우신(히, 1: 2)" 뜻의 내정과 결정에 있다. 主 예수가 하나님의 본체에서 났듯, 천지만물과 인류도 같은 바탕과 원리로서 창조되었다. 유교에서는 이런 문제를 본연지성(本然之性)과 기질지성(氣質之性)의 차이로 설명하였다. 만물을 생성시킨 근본[태극]은 유일하고 하나이지만, 기질의 차이 탓에 다양하게 되었다. 이 같은 인식 구조는 기독교에서만 확인되는 것이 아니다. 유교에서도 같은 인식 구조로 유래한 근본 본성의 동일성과 평등성, 그리고 본성의 무궁한 성취 가능성을 고취했다는 것은 놀라운 일이다.

---

16) 『기독교 신앙의 가르침』, 정일웅 편저, 풍만, 1987, p.70.

"맹자는 모든 사람은 누구나 나면서부터 善한 성품을 가지고 있으므로 노력만 하면 모두 성인이 될 수 있다고 하였다."17) 이에 대한 근거로서 양지양능(良知良能)설을 세웠는데, 그 뜻은 "교육이나 경험에 의하지 않고 선천적으로 사물을 알고 행할 수 있는 마음의 작용"을18) 의미한다. 나면서부터 善한 성품을 가졌고, 선천적으로 사물을 알고 행할 수 있는 양지양능이 있는 것은 창조된 탓이다. 창조 말고는 어디서도 그 같은 능력을 갖출 수 없다. 성품이 자체로 善해서 善한 것이 아니다. 창조 역사의 완벽한 결과 상태에 대한 충족성의 표현이다. 추호도 하나님이 뜻한 바에서 부족함도 어긋남도 없는 만족한 상태가 인간이 태어나면서 갖춘 본성이다. 곧, "인간은 누구에게나 태어날 때부터 신령하고 밝은 양지양능이 있으며, 이것을 통해 본연의 지식을 깨달을 수 있다."19) 인간은 본래의 타고난 가능성을 삶의 추구 과정에서 갈고 닦아 발현하고자 한 노력이 공부이고 배움이다. 본래의 천부 본성을 삶의 추구로 발현시킨 것이 인간이 가진 **"잠재 가능성"**의 근원이다. 우주론적 원리성에 근거한 탓에 유교적 세계관을 가진 선현들은 너나 할 것 없이 인격적으로 완성된 성인이 될 수 있다는 가능성을 인지하였고, 백성이 함께 그 길을 추구할 수 있길 권유하였다. "율곡은 처음 배우는 사람은 먼저 뜻을 확립하여 목적을 세워야 하며, 배움의 첫 목적은 다름 아닌 성인이 되고자 하는 입지(立志) 절차였다. 율곡이 뜻을 세우는 것이 중요하다고 여긴 근거는 사람의 본성이 같으므로 노력하면 누구나 성인이 될 수 있다고 여긴 데 있다."20) 성인이 될

---

17) 『생활지도와 상담』, 공석영 저, 동문사, 2001, p.237.
18) 다음 사전, 양지양능.
19) 『박은식의 민족 교육 사상』, 노승윤 저, 양서원, 1999, p.156.

수 있는 바탕 면에서의 잠재 가능성에는 차이가 없다. 그 이유가 무엇이라고 하였는가? 한 근원으로부터 존재하게 되어서이다. 맹자는 "만물의 이치는 다 나에게 갖추어져 있다. 자신을 반성하여 성실히 해 나가면 즐거움이 이보다 더 클 수 없고, 자신의 마음을 미루어 보고 남을 헤아려 나가면 仁을 구하는 것이 이보다 더 가까운 길이 없다"[21]라고 하였다. 인간은 하나님이 태초에 천지를 지은 창조 역사의 원리성과 법칙성과 진리성을 갖춘 결과물이다. 창조로 본성의 타고난 가능성을 밝히지 못할 장애는 없다. 유교에서는 누구나 다 성실하게 노력하면 요순과 같은 성인이 될 수 있다고 믿은바, 교육의 가능성 성립 근거는 고스란히 仁의 선천성과 내재성으로 집약된다. 仁은 본성 속에 보편적으로 갖추어져 있어 실천하려는 마음만 먹으면 누구나 仁을 실천할 수 있다. 교육의 목적은 인간성의 실현일진데,[22] 본성의 궁극적 가치인 善한 仁을 실현할 수 있다면, 이것이 바로 교육의 **"잠재 가능성 원리"**이다.

불교는 알다시피 부처를 본보기로 성취한 위대한 깨달음의 길을 따라 성불(成佛)을 목표로 한 종교이다. 부처는 자신이 개척한 길을 만 중생에게 개방하고자 하였는데, 그것이 『열반경』에 있는 "일체중생실유불성(一切衆生悉有佛性)"이다. 모든 중생에게는 불성(佛性)이 있다는 뜻이다. 부처가 가르쳐 준 인간의 무한한 가능성에 대한 선언이다. 왜 중생은 모두 성불할 가능성을 지녔는가? 어떤 과정을 거쳐 이미 佛性을 지닌 상태로 태어났고, 그것도 빠짐없이 지녔다

---

20) 「코메니우스와 율곡의 교육론에 관한 비교 연구」, 윤기종 저, 강남대학교 대학원, 신학, 박사, 2007, p.98.

21) 『맹자』, 진심 상.

22) 「공자의 교육사상 연구」, 조영갑 저, 공주대학교 교육대학원 국민윤리교육, 석사, 2004, p.14.

는 것인가? 인간 자체가 원래 부처(하나님)가 아니고서는 불가능한 논거이다. 단지 불교는 선천 종교답게 이유를 창조 본의에 근거해서 메커니즘을 뒷받침하지 못한 한계성을 지녔지만, 성불의 가능성을 밝힌 인식 구조는 기독교가 예수가 하나님의 독생자인 동시에 본체라고 한 것, 유교가 사람은 배움을 통해 성인이 될 수 있다고 한 주장과 같다. 인간이 무상정등각(無上正等覺)을 얻을 가능성은 중생이 하나님의 본체에 근거해 창조된 탓이다. 단지 가능성을 현실화하기 위해서는 깨달음 여부가 관건이다. 성불의 가능성 바탕은 이미 지니고 부여받았다. 원리적 근거와 길은 시대와 문화를 초월한 선현들에 의해 각인되고 선지되었다. 이런 인식의 더욱 발전된 진리 각성 상태인 본각사상(本覺思想)은 바로 "모든 인간은 절대 평등한 佛性을 갖고 있다"23)라는 뜻이다. 여래장 사상에서도 뜻이 심화하여 있는데, 중생의 마음속에는 여래장(如來藏), 혹은 佛性이라고 불리는 깨달음의 가능태가 내재하여 있어, 그것이 온전히 드러날 때 중생은 곧바로 법신(法身)이 된다. 하나님의 본체에 근거하여 창조된 인간이 그렇게 해서 내재한 창조 본성[佛性]을 충분히 발현하면, 하나님의 본질과 같은 질적 차원으로 승화된다(성불로서 법신화 됨). 여기서 여래장은 현상의 배후에 놓여 있는 불변의 실체로24) 간주한 바, 그 실체가 곧 창조 본체로서 하나님 자체이다. 法身은 보편적 진리로서의 성질인 창조 본질(=창조성)을 지닌 탓에, 인간 본성도 항상 法身적 요소를 갖추었다.25)

---

23) 『동양 교육사 신강』, 차석기 저, 박영사, 1987, p.373.
24) 「대승기신론에서의 여래장 개념 연구」, 고승학 저, 서울대학교 인문대학, 철학, 석사, 2002, p.1.
25) 「대승 불교의 불신관에 관한 연구」, 김경수 저, 원광대학교 동양학 대학원, 불교학, 석사, 2012, p.53.

이처럼 인간은 본성을 갖추었는데도 왜 잠재된 가능성 형태로 출발한 것인가? 여기에 천지가 창조됨으로 인한 생성의 비밀이 있다. 인간이 佛性을 가졌다는 말은 모든 존재가 창조 본질을 갖추었다는 말의 불교식 표현으로서, 창조 본질은 본래 제 현상의 생성적 질서를 초월한 본체이다. 본체 자체로서는 생성 과정 없이 절대적으로 존재할 수 있지만, 창조된 현상계에서는 하나인 본체성이 양의되었다. 즉, 본체계에서는 因이 果이고 果가 因으로서 일체이지만, 분열하는 현상계에서는 因과 果로 나뉘었고, 그것이 창조로 인해 성립된 존재 조건이자 방식이다. 이미 지닌 佛性은 그러나 씨앗 상태로부터 시작하여 열매를 맺기까지는 가능성의 상태로 존재할 수밖에 없다. 이것이 인간 본성이 가진 잠재 가능성의 발현 원리이고, 뭇 존재의 생성 원리이며, 본성적 가능성을 열매 맺게 할 교육 원리이다. 절대 불변한 본체가 분열하는 현상계 안에서는 因과 果로 나뉘어 존재하게 되었지만, 因과 果는 결국 하나이다. 가능성은 그대로 현실성이다. 그런데도 가능성을 100% 현실화하지 못하는데 교육에서의 잠재 가능성 원리 적용이 긴요하다. **어떻게 성인이 되고 부처가 되고 창조 본성을 회복할 것인가에 교육이 담당한 위대한 역할이 있다.** 모든 가능성은 본성 속에 잠재해 있나니, 그것을 발견해서 발현시키고 이룰 수 있게 하는 것이 교육이 감당해야 할 몫이다.

　그렇다면 우리에게 잠재한 가능성은 구체적으로 어떻게 해야 善性이든, 영성이든, 타고난 재능을 현실화할 수 있는가? 여기에 대해 율곡은 『격몽요결』 입지장에서 방안을 제시하였다.

　"처음 배우는 사람은 모름지기 뜻[志]을 세워 반드시 성인이 될 것을 기약하고, 터럭만큼도 자신을 작게 여겨 물러가려는 생각이 있어서는 안 될 것이다. 대개 중인(衆人)이나 성인이나 본성은 마찬가지이다. 비록 기질은 淸·濁·粹·駁(청·탁·수·박)의 다름이 없지 않으나, 참답게 알고 실천을 통해서 젖어온 구습을 버리고 그 본성을 되찾는다면, 털끝만큼도 보탬이 없이 만선(萬善)이 충분히 갖춰질 수 있을 것이다. …… 인성은 본래 착하여 古今智愚(고금지우)의 구별이 없거늘, 성인은 왜 홀로 성인이 되며, 나는 왜 홀로 중인이 되는가? 그것은 진실로 뜻이 서지 않고, 아는 것이 분명치 않을 뿐 아니라, 행실 또한 돈독하지 않은 탓이다. 바르게 하는 것은 모두 나에게 있다. 어찌 다른 데서 구하랴"라고 해야 할 것이다.

본성의 타고난 善性과 동일성을 강조하였고, 그런데도 삶의 과정에서 드러난 인성의 차이는 기질의 청·탁·수·박에서 근거를 찾았다. 나아가 이것은 주어진 善性을 회복할 수 있는 원인 진단이기도 하다. 구습을 버린다면 능히 100% 萬善을 갖출 수 있다고 장담하였다. 가능성을 현실화할 진리적 바탕과 원리적인 길이 있는데도 성인이 홀로 성인이 되고 중인이 홀로 중인이 되는 데 대해 율곡은 입지란 교육의 원리적 역할을 강조해 뜻을 세워 분명히 하며, 행실을 바르게 하지 못한 자신의 탓으로 돌렸다. 이런 논지는 그보다 앞선 맹자의 성선설과도 같다. 즉, "맹자는 사람은 착하게 태어나며, 착한 본성을 지키고 가다듬는 것이 도덕적 책무라고 하였다. 그에 의하면, 인간 본래의 善은 내적 자기 수양과 교육을 통하여 발전시킬 수 있다. 특히 인간의 신체가 같은 것처럼 본성도 같은 법이라고 하였다."26)

---

26) 「율곡의 인간 교육론」, 이주영 저, 경희대학교 교육대학원, 역사교육, 석사, 1999, p.6.

"신발 만드는 사람이 발의 치수를 모르고 신을 삼아도 삼태기같이 크게 삼지는 않는다(『맹자』, 告子 상편)."

잠재한 가능성과 부여한 창조적 가치의 실현 여부는 마음먹기와 노력과 깨달음에 달렸다. 입지 원리 적용으로 선천적으로 부여받은 善한 본래성은 다시 회복할 수 있고(復其性), 기질의 변화를 도모하여 탁·박한 중인을 청·수한 성인으로 승화시킬 수 있다(矯氣質).[27] 그러므로 우리가 알아야 할 것은, 이것이 인간이 가진 **"잠재 가능성"**을 모두가 다 발현하지 못하는 이유이다. 누구는 가졌는데 누구는 가지지 못한 차이 탓이 아니고, 원리성을 발견하지 못해서도 아니다. 오직 배움과 깨침을 통해 자신이 지닌 본래성을 볼 수 있는 안목을 가지는 것이 중요하나니, 그런 無明적 실존 상황을 벗어나게 하는데 교육의 역할이 있다. 가능성을 볼 수 있는 원인 진단이 요건이므로, 박은식은 양명학의 良知에 근거해서 말하길, "양지의 본능은 영명(靈明)이요, 영명의 본바탕은 정결(淨潔)이다. 모든 사람에게 다 양지가 있으나 오직 욕심에 가리고 물건에 가려져 본래의 밝음을 잃게 되는 것이므로, 항상 털고 훔치며(拂拭) 씻어내는 공으로써 정결한 것을 보존해야 광명이 자재할 수 있다"[28]라고 하였다. 마음의 욕심과 물건이 영명하고 정결한 본래의 밝은 본성을 볼 수 없도록 눈이 가려진 것이므로, 이것을 항상 털고 훔치며 씻어내는 노력을 통해 광명을 자재케 할 수 있다. 어리석은 無明의 늪을 벗어나는데 유교적 본성과 불교적 본성이 구분될 수 없다. 인간이 처한 무명적 상황과 이를 벗어날 원리적 처방 방법은 같다. "비록 중생이 본

---

27) 위의 논문, p.11.
28) 『박은식의 민족 교육 사상』, 앞의 책, p.155.

래 청정한 自性을 가졌지만, 여러 가지 번뇌들이 장애가 되어 악업을 짓고, 악업으로 말미암아 다시 번뇌를 일으키는 악순환에 빠지게된다."[29] 이처럼 다양한 원인 진단을 통한 접근 방법으로 마음과 행습과 온갖 의업(意業=생각에서 비롯되는 業)의 장애물을 제거하면, 하나님이 본래 부여한 창조 본성을 볼 수 있는 눈을 가지고, 그렇게되면 본성 속에 잠재한 가능한 능력을 발현할 수 있다. "예수께서이르되, 할 수 있거든이 무슨 말이냐? 믿는 자에게는 능치 못할 일이 없느니라(If you can? said Jesus. Everything is possible for him who believes)"[30]라고 하였다. 믿음을 가지고 실천하는 것이 본성속에 잠재한 가능성을 실현하는 원리이다. 인간의 본성은 하나님(하늘)으로부터 부여된 것이지만, 삶의 과정을 남긴 인간에게 있어서는결코 완성된 본성일 수 없다. 인간은 언제나 잠재된 가능체라, 쉼없이 추구하고 정진할 때, 하나님이 지은 바 대로의 뜻을 이루는 위대한 창조 목적의 성취자가 되리라.

6. 생득성 발현

생득(生得)성은 태어날 때부터 가지고 있는 성질이다. 그 성질은앞에서 언급한 잠재 가능성, 소질, 재능, 특기, 적성, 본성, 품성 이외에도 지능, 학습능력, 성격 등 다양하다. 이런 성질이 과연 어떻게 주어진 것인지, 그리고 발현되거나 변화한다면 어떤 요인 탓인지를 밝히는 것은 교육 원리론의 중요한 해결 주제이다. 이것을 명

---

29)「불교의 교육 사상 연구」, 최응호 저, 동국대학교 교육대학원, 철학교육, 석사, 1988, p.15.
30) 마가복음, 9장 23절.

제화한다면, 생득설 대 후천설에 대한 논거와 규정 노력이다. 각자의 주장이 분분할 뿐 아니라, 특별히 어느 설이 진리에 더 가까운 것으로 확증된 사실은 없다. 이유는 갈라진 가지 만으로는 양 설의 근원 된 뿌리를 파고들 수 없기 때문이다. 그러니까 첨예한 대립 양상이 계속 이어졌다. "인간의 본성은 선천적으로 주어진 것인가? 후천적으로 습득한 것인가?"[31] "인간의 행동 또는 심리 발달이 선천적 소질의 영향인가? 후천적 환경에 의한 것인가에 대해 교육학자와 심리학자들이 논란을 벌였다."[32] 실험한 수치로 비교하고 확인할 수 있을 것 같은 지능 문제만 해도, "지능이 유전 때문에 더 많이 결정되는 것인지, 환경이나 교육으로 더욱더 많이 변화하고 길러지는 것인지에 대한 논쟁이 끝나지 않고 있다."[33] 교육 이론에서도 마음은 타고난 것인가? 획득되는 것인가의 주장 중 어느 한쪽 입장을 표방해, 양립할 수 없는 것처럼 여겨졌다.[34] 절충도 조화도 아닌 한쪽을 반드시 딛고 올라서야 한다는 생각이 대립의 골을 깊게 만들었다. 학습은 지식을 통한 마음의 획득인가, 마음의 계발인가란 문제는 교육에 관한 오래된 딜레마이다.[35] 어느 설이든 타당한 진리성에 근거한 주장인 것은 맞지만, 문제는 양립을 허용하지 않는 일방적 접근 태도이다. 볼 것을 다 보지 못한 한계 인식에 기인한 것이라, 다분히 오판의 여지를 남긴다.

먼저 생득설 입장을 취한 선두 지성인으로서는 맹자를 들 수 있

---

31) 『유가 철학의 이해』, 앞의 책, p.126.
32) 『중국 전통 교육사상의 이해』, 앞의 책, p.13.
33) 『지능 교육』, A. 휨베이 · L. S. 휨베이 공저, 김재은 역, 1990, p.241.
34) 『인간의 본성과 교육』, 앞의 책, p.3.
35) 위의 책, pp. 3~4.

다. 언급한 대로, "맹자는 인간은 배우지 않아도 알 수 있는 바(良知)가 있고, 배우지 않아도 할 수 있는 바(良能)가 있음을 강조하였다."[36]

"사람이 배우지 않고도 할 수 있는 것을 양능이라 하며, 생각하지 않아도 알 수 있는 것을 양지라고 한다."[37]
"仁·義·禮·智는 밖으로부터 들어온 것이 아니라 내가 본래부터 지니고 있는 것이다."[38]

서양의 루소는 전통적인 종교교육 사상의 기본 전제인 원죄설에 대립하는 성선설적 견해를 밝힌 프랑스의 사상가이고 교육학자이다. 그는 "아동의 본성이 본래 善이고, 이미 모든 진리의 싹을 지니고 있다고 상정한다면, 교육의 임무는 아동의 생득적 본성을 잘 보호하기 위해 타락한 사회악으로부터 격리하여 아동 스스로 판단력을 형성하게 해야 한다"[39]라고 하였다. 고대 로마 제정 초기의 웅변가이자 수사학자인 퀸틸리안(35?~95?)에 따르면, "인간은 누구나 스스로 학습할 수 있는 능력을 선천적으로 지니고 있다. 새는 날 수 있고 말은 달릴 수 있게 태어나는 것처럼, 인간은 이해할 수 있는 능력을 지니고 태어난다. 이런 관점에서 어린이의 선천적 능력을 계발하는 일을 교육의 궁극적 목적으로 삼았고, 웅변가 양성을 교육의 구체적 목적으로 간주하였다."[40] 이 생득설 입장은 그러

---

36) 『동양 교육고전의 이해』, 앞의 책, p.39.
37) 『맹자』, 진심 상.
38) 『맹자』, 고자 상.
39) 『교육의 철학적 이해』, 박준영 저, 경성대학교 출판부, 1998, p.157.
40) 『서양 교육 사상사』, 앞의 책, p.80.

나 확실한 논거를 세우지 못한 주관적 관점일 수도 있는데, 과학이 발달한 지금은 주변에서 관찰한 사실적인 근거를 통해 생득적 현상을 확인할 수 있다. "인간이나 다른 포유류의 내이(內耳)에는 림프액 속에 가라앉아 있는 작은 석회석(평형석)이 있다. 몸이 한쪽으로 기울면 평형석도 중력에 따라 같이 기울면서 감각세포의 섬모를 자극하여 몸의 자세를 파악한다. 몸의 균형을 잡을 수 있는 것은 모두 평형감각 탓이다. 몸이 중력에 맞게 설계된 것처럼 보이는 것은 타고난 지식이 있다는 것을 보여주는 좋은 사례이다."41) 이런 사실은 생물학자들이 생명체의 비밀을 파고들면 들수록 경이감을 더한다. 감각이나 이성이나 어떤 고도의 정신 작용 수단을 통해서도 지각하지 못한 사실인데, 몸은 우주 가운데 팽배한 만유인력의 법칙을 이미 알고 있었다는 뜻이다. 이것을 진화론자들은 수억 년의 세월이 흐르는 동안 몸이 중력적 환경에 적응한 탓이라고 하지만, 확인할 수 없는 가설일 뿐이다. 선천의 지성들은 누구도 타고난 지식에 관해 설명할 수 있는 안목을 확보하지 못한 상태인데, 그것이 바로 우리가 간직하고 있는 창조의 대비밀이다. 사전에 준비된 창조 역사를 증거하는 것인데도 합당한 메커니즘을 밝히지 못한 상태에서는 어떤 논거로도 생득성의 진리성을 확증할 수 없다. 생득성을 거부한 후천설을 잠재울 수 없다.

오죽하면 진화론이 득세하게 되었을까만, "환경은 인간 행동을 지배하는 힘을 지녔다. 그러기에 아이들을 길러내는 가정 환경이나 학교 환경, 그리고 사회 환경이 청소년의 성장과 인격 형성에 미치는 영향에 대한 많은 이론과 실험 결과가 있다. 부모를 닮지 않은

---

41) 『인식의 모험』, 앞의 책, p.29.

자식이 없다는 속말이 있는 데도 노력과 수양에 따라 새로운 성격과 인성으로 개조된다면, 이것은 확실히 경험이나 학습과 같은 행동의 힘이라고 할 수 있다.”[42] 이런 사실적인 요인들이 확인되는 탓에 후천설, 혹은 환경설은 많은 지성에 의해 끊임없이 주장됐다. 여기에는 인간의 본성을 어떻게 보았는가 하는 출발점에 따라 논거 양상과 결론을 끌어내는 데 차이가 있기도 하고, 생득성을 인정한 바탕 위에서 교육의 환경적 영향을 중요하게 여긴 견해 및 생득성을 전면 부인하고 환경적 영향에 주력한 관점 등이 있다. 먼저 공자는 “사람이 타고난 천성은 비슷하나 성장함에 따라 획득하게 되는 습관에 따라 많은 차이가 생긴다”[43]라는 성습론을 내놓았다. 이것은 “사람이 생득적으로 가지고 태어난 천부적 기질은 비슷하지만, 사람의 성취와 습성은 다르다는 것을 나타낸 것이다. 공자는 인간 본성의 형성, 즉 자연 본성을 인정하면서도(生知論) 습관이라는 후천적 습성과 사회 본성(學知論)을 더욱 중시하였다.”[44] 맹모삼천지교(孟母三遷之敎)의 사례처럼, 맹자는 어렸을 때 묘지가 있는 마을에서 살고 있었는데, 상여꾼의 놀이에 물들어 어머니는 시장이 있는 마을로 이사를 했다. 그러니까 맹자는 장사꾼의 놀이에 물들어 다시 서당이 있는 마을로 이사를 했다. 이후 맹자는 글 읽기에 몰두해 마침내 성현의 반열에 올랐다.

서양의 경우, 창조사관이 지배한 중세 시대에는 환경적 이론이 자리 잡을 여지가 없었다. 서양에서 환경의 문제, 곧 후천설의 문제가 제기된 것은 근대 이후 계몽 시대의 몽테스키외(1686~1755)와

---

42) 『성격과 행동의 지도』, 이상노 저, 중앙적성연구소, 1979, pp. 15~16.

43) “性相近也, 習相遠也.”- 『논어』, 양화 편.

44) 『중국 전통 교육사상의 이해』, 앞의 책, p.14.

볼테르(1694~1778) 등에서 비롯되었다. 이때 그들은 개개 민족의 문화적 차이를 자연적·지리적 환경의 차이로 본 견해를 가졌다.45) 영국의 존 로크는 1690년, 『인간오성론』을 통해 철학적 관점에서 후천설을 주장하였다. 인간에게는 천부적인 善과 惡과 같은 관념이 따로 존재하는 것이 아니다. 모든 관념은 후천적인 경험을 통해 이루어진다(백지설)고 하였다. "그의 철학은 인식론을 중심으로 대륙 철학이 사고의 법칙과 도덕률 등을 본래 가지고 있다고 한 관념설에 반대하여 일체의 천부적 관념의 존재를 부정하고 모든 지식은 경험으로 획득된다고 보았다. 따라서 인간의 마음은 최초의 백지처럼 하등의 관념도 없는 것인데, 감각이라고 하는 외적 경험과 성찰(Reflection)이라고 하는 내적 경험으로 지식이 생겨난다."46) 이것은 로크 자신을 기점으로 동서양의 주류 생득설을 부정하고 후천설을 뒷받침한 새로운 학설을 세운 것이다. 이런 인식 이론은 후대의 학자들에게 큰 영향을 끼쳤다. 동양의 한비자는 인간의 본성에 대해 나름으로 전제를 가지고 후천설을 지지한 것인데,47) 1900년도 미국 초기 행동주의의 창시자인 John B. Watson(왓슨)은, "나에게 12명의 건강한 유아와 그들을 기르기 위한 특별한 세계를 제공해 주면 그들의 재능, 기호, 성향, 능력, 적성, 인종과 관계없이 그들 중의 어느 한 아이라도 훈련해 선택한 전문가인 의사, 법률가, 예술가, 상인, 심지어 거지나 도둑까지도 만들 수 있다"48)라고 보증함

---

45) 『기로에 선 인류사의 철학적 성찰』, 유성동 저, 문예운동사, 2009, pp. 102~103.

46) 『체계교육사』, 앞의 책, p.223.

47) "한비자는 교육받기 이전의 인간은 오로지 어린아이와 같은 어리석음과 욕망의 상태에 빠져 있을 따름이다. 인간의 외적 행위로 눈을 돌려서 올바른 행위의 습득이 가지는 교육적 힘을 밝혀내고자 함."-『한비자의 도덕 교육론』, 지정민 저, 성경재, 2003, p.185.

48) 『인간 발달과 교육』, Niel J. Salkind 저, 김남순 역, 창지사, 1992, p.161.

으로써 생득적인 요인을 완전히 제거하였다. 이런 주장은 교육 원리에도 적용되어 듀이는, "인간은 후천적인 것, 즉 학습으로 변할 수 있다는 것을 더욱 강조하였다. 인간의 인간적인 것은 날 때부터 타고나는 것이 아니라 습득되는 것으로, 자연적 소질을 매개로 삼고 사회적 목적에 순응하고자 형성된 것이다"[49]라고 하였다. 이런 관점에서 듀이는 교육을 전혀 다른 방식으로 규정하기에 이르렀는데 그에 따르면, "교육은 경험의 끊임없는 재조직, 혹은 재구성이다. 여기서 말하는 경험은 살아 있는 유기체와 환경 간의 적극적인 상호작용을 통하여 발생한다."[50] 즉, 인간 교육 원리를 유기체인 인간과 환경과의 상호작용 메커니즘을 통해 추출하였다.

이처럼 살펴본 생득설 주장과 후천설 주장은 서로가 극단적인 태도를 보인 관계로 대립이 불가피했다. 물론 양 설을 조화시키기 위한 노력이 없었던 것은 아니지만, 그러기 위해서는 또 다른 진리적 과제인 생득적 요인과 후천적 요인이 어떻게 연관된 것인지를 밝혀야 했는데, 이것은 우주의 창조 본질이 분열을 다 해야 하는 시기 상조적인 문제가 있었다. 대 세계관적인 문제라고나 할까? 선천의 지성들이 처한 한계적 인식 상황이다. 그러니까 맹자의 경우, "이미 본성의 선천적 요소와 더불어 후천적인 요소도 인정했지만, 생득적 요인과 후천적 요인을 결합하여 자세히 검토하지는 못했다."[51] 후대의 성리학자들도 "사람이란 태어날 때부터 이미 타고난 性, 즉 순수하고 善한 성품을 가지고 출생하였는데, 이와 같은 性이 환경의 사물 사건에 접할 때 가려져 精으로 나타난다고 생각했다."[52]

---

49) 『비교 사상론 개관』, 김태창 저, 충북대학교 출판부, 1987, p.324.

50) 『학문과 교육(중 1)』, 앞의 책, p.334.

51) 『중국 전통 교육사상의 이해』, 앞의 책, p.20.

자칫 性과 환경과의 관계성을 인정한 것 같지만, 오히려 환경적 요인을 부정적으로 본 것이다. 양 설의 뿌리를 밝힌 본질성에 근거한 관계 설정 논거는 없었다. 오랜 정신적 고뇌에 해당한 인류 숙원의 실마리를 가닥 잡기 위해서는 바로 인간에게 부여된 **"생득성의 창조적 본성"**을 밝혀야 하는 것이 선행 과제이다. 그리하면 생득설과 후천설 간의 대립 요소가 일시에 사라지고, 제 설을 한 안목으로 관통하며, 관계를 긴밀하게 연결해 원원함으로써만 영혼을 선도할 수 있는 교육 원리로 승화된다. 창조 본성에 근거한 **"생득성 발현 원리"**가 그것이다. 발현 원리는 공부, 배움, 추구, 수행, 도야, 경험 등등. 일련의 노력을 통하여 인간에게 부여된 천부의 잠재 가능성, 곧 통합적 본성을 어떻게 끌어내(발현시킴) 인간성을 완성하고, 정신의 차원 경지에 도달하며, 본체와의 합일, 그리고 궁극적 자아 가치를 실현할 수 있는가이다. 여기서 **"생득성 발현 원리"**가 진리화할 수 있는 근거는 인간 본성이 바로 통합적 본체에 근거하여 생성한다는 통찰에 있다. 통합적 본체란, 존재 이전에 이미 모든 것을 완벽하게 갖춘 하나님의 창조 본체로부터 인간이 지어졌다는 창조 원리에 기인한 인식이다. 선천에서는 이런 관점이 개안될 수 없었지만, 보혜사 하나님의 지상 강림 역사로 밝힌 본의를 통해 생득설이 시사하는 바란 모든 존재 근거의 구조가 無로부터가 아닌 有로부터의 창조를 말한 것이고, 그 有는 바로 하나님이다. 처음 출발이 이미 존재하고 갖추어진 통합 본체로부터의 시작이다. 그런데도 선천 지성들은 이런 사실을 간과하였고, 알 수 없으니까 완벽하게 갖추어진 본체 상태로부터의 출발인 생득설을 주장했지만, 메커니즘

---

52) 『성격과 행동의 지도』, 앞의 책, p.79.

으로 구체화하지 못했다. 사전 창조 역사가 있었다는 사실을 알지 못했다. 이런 사정 탓에 선천의 내로라한 지성들조차 함구로 일관해 창조 진리를 밝힐 책임 있는 주체자가 되지 못했고, 강 건너에서 직시만 하였다. 사람의 능력이나 자질이 선천적으로 타고나느냐 후천적으로 형성되느냐 하는 교육의 가능성과 한계성 문제는 한쪽으로 편 가름할 것이 아니다. 인간의 궁극적인 창조 본성을 밝히면 한꺼번에 해결된다.

인간 본성을 창조적 본성 관점에서 본다면 같은 문제에서도 해석이 새롭게 된다. 앞에서 말한 孟母三遷之敎의 경우, 어머니가 지극한 관심과 정성으로 교육적인 환경을 조성한 탓에 맹자가 공자에 다음가는 아성(亞聖)이 되었다는 것은, 어머니가 노력하여 조성한 교육적 환경 탓과 함께, 환경 조성이 본래 맹자가 가지고 태어난 성인이 될 가능한 잠재 본성을 십분 발현하게 한 것이기도 하다. 여기서 생득성과 후천성이 대립할 근거는 어디에도 없다. 씨가 중요한가 밭이 중요한가가 아니다. 굳이 따진다면, 어느 한쪽만 중요할 수 없다. 모두 중요한 탓에 잘되어도 못되어도 책임은 씨와 밭이 같이 떠맡는다. 굳이 밭(환경)의 중요성을 따진다면, "인간의 무한한 잠재력을 기본 전제로 한 것이며, 교육은 바로 끊임없이 인간의 본성 생성에 영향을 주는 일체의 작용이라고 할 수 있다."53) 후천적 교육 요인은 부여된 생득성을 생성시켜 활성화하는 데 영향을 끼친다. 생득성을 어떻게 원활하게 발현시키는가에 후천적 조건이 요구될 뿐이다. 먹기 위해서 사는가? 살기 위해서 먹는가? 이것은 단순한 말장난이 아니다. 삶의 가치를 추구하는 실존적 조건에 있

---

53) 『중국 전통 교육사상의 이해』, 앞의 책, p.18.

어서 수단과 목적을 전도시키는 문제이다. 분명히 구분한다면, 후천적으로 제공되는 교육적 요소는 천부 본성을 발현하기 위해 모색하고 적용해야 할 수단일 뿐이다. 그런데도 선천적인 발현 요소와 목적과 긴밀한 관계성을 거부한 제 설은 근본과 어긋나 있어 얼마나 오랜 세월 동안 본성을 황폐화시킨 것인가? 제반 환경 요인은 생득성의 발현 요인인 동시에 최종적인 달성 요인이란 사실을 다시 한번 확인하고자 한다. 생성하는 세계에서 절로 이루어지는 것은 하나도 없다. 여기서 절로란 노자의 **無爲自然**처럼, 처음 창조의 결정 시스템과 법칙적 원리에 국한한다. 역사든, 섭리든, 본성이든, 창조 목적이든, 무엇이든, 그것은 처음의 창조 본성이 생성으로 완성을 지향하는 것이므로, 여기에 인간 본성을 창조 뜻에 부합하게 발현시키는 위대한 사명이 있다.

순자는 맹자가 사람이 배울 수 있는 것은 본성이 착하기 때문이라고 한 성선설에 반대하고 본성에 대해 새로운 해석을 가했다. "본성이란 하늘이 부여한 것이고, 선천적으로 갖추어져 있어 배울 수 있는 것도 아니고, 인위적으로 해서 되는 것도 아니다. 하지만 예의란 성인이 만들어낸 것으로 사람들이 배워서 할 수 있고, 노력해서 이룰 수 있는 것으로, 인간에게 있는 이것을 인위(人僞)라고 하여 구분하였다."54) 앞의 창조로 인한 결정 법칙과 생성 법칙을 혼동한 오판이다. 천부 본성은 생성으로 일구어져 완성으로 나아간다. 현상계 안에서는 분열함을 통해 본질이 드러날 수밖에 없는 제한성이 있지만, 모든 발현 요소는 선재하고 있다. 생성 이전의 통합 본체 형태로서…… 사전에 결정되었으면서도 생성하는 과정에서는

---

54) 『유학의 변신은 무죄』, 강신주 저, 김영사, 2014, p.90.

발현을 위한 요소로써 존재함에, 여기에 교육 환경이 지닌 절대적 가치가 있다. 순자는 "배워야 능해지고 힘써야 이루어지는 것으로서, 사람에게 있는 것을 僞(거짓 위=作爲)라고 했다."[55] 하지만 그런 僞적 작위란 오직 본성 발현의 생성적 요소로서 작용한 효과일 뿐이다. 본성의 근본 뿌리를 보지 못한 탓에 惡性을 물리친 善性의 발현 요소를 惡性의 개조로 보았다. 순자가 전제한 것처럼, 본성은 하늘이 부여한 것이다. 인위적으로 할 수 있는 것이 아니라면, 그렇게 규정한 타고난 惡性도 본성에 속한 것인데, 어떻게 우리의 의지와 실천으로 변경된단 말인가? 타고난 나무바가지는 쇠 바가지가 될 수 없듯, 인간의 타고난 본성이 정말 惡性이라면 어떤 교육적 노력으로써도 善性화될 수 없다. 비록 잘못되어 惡性을 지닌 자라 할지라도 노력을 통해 착한 인간으로 변화된다면, 이런 결과가 곧 善性을 천부적으로 본유한 인간 본성의 생득성을 발현한 것이다.

따라서 환경적 요소는 천부 본성을 발현시키는 조건 이외의 아무것도 아니다. 교육이 어떤 원리에 근거해 인간성을 개화시키든, 그것은 本이 아니다. 공자가 말한 성습론과 학지론을 통해서도 알 수 있듯, 인간의 본성 발달은 인간이 어떻게 태어난 존재인가보다는 어떻게 형성되는가에 대한 인간 형성 과정에 의미를 부여한 것이지만, 이러한 과정에서 비록 교육, 즉 후천적으로 투여되는 환경(학습)이 결정적 역할[56]을 한 것처럼 보여도, 주체는 본성이 함축한 천부성에 있다. 이런 측면에서는 공자란 성인도 생득성의 창조적 본성을 보지 못한 선천 지성의 한계성을 벗어나지 못했다. 공자보

---

55) 『순자』, 비상 편.
56) 『중국 전통사상의 이해』, 앞의 책, p.16.

다 조금 늦게 태어난 것으로 추정되는 묵자(B.C. 468~B.C. 376)도 "백지상태의 인간이 어떠한 후천적 요인의 작용으로 다양한 특성이 있는 인간으로 성장하는가에 관심을 가졌다. 묵자는 로크의 백지설처럼 백포(白布)설을 세웠다. 그는 흰 비단에 물을 들이는 것과 같이 사람의 본성 발달도 환경과 교육으로 물들여져 형성된다고 주장하였다(『묵자』, 소염 편)."57) 백지설이든 백포설이든, 이것은 사전 창조 역사에 무지한 한계 인식의 소산이다. 그러니까 본성의 변화 사실은 환경적 요인에 집중할 수밖에 없었다. 그렇지만 창조적 본성을 각인하면 양상이 전혀 달라진다. 생득적 조건이 교육의 첫 출발점이 된다. 당연히 묵자나 로크는 첫 출발점을 잘못 잡은 탓에 엉뚱한 결론에 도달하고 말았다. 이런 판단이 사실이라면, 경험론자들이 제기한 교육의 **"경험 원리"**도 재고할 여지를 남긴다. 참된 교육은 경험을 통해서 가능하다고 본 듀이는, 경험의 개조란 사상을 통해 "사람은 경험을 통해 자아를 갱신한다. 경험이란 생활이다. 생활은 환경과의 접촉으로 성립된다. 사람은 하나의 새로운 경험을 가질 때, 그는 벌써 경험 이전의 그가 아니다. 그는 개조된 사람이다. 항상 개조되는 이런 과정을 듀이는 '성장'이라고 불렀다."58) 우리는 분명 배워서 알기도 하지만 경험을 통해서 알기도 하는데, 그렇다고 해서 경험, 그것이 교육의 전부라고 여긴다면 잘못이다. 새로운 경험을 함으로써 정말 새로운 인간으로 거듭나는 것은, 발현 요인이 경험에 있는 것이 아니고 본성 자체에 있다. 경험으로 일구어진 본성의 새로운 요소는 본유된 본성이 생성으로 드러난 것이지

---

57) 위의 책, p.17.
58) 『교육사 교육 철학 연구』, 손인수 저, 문음사, 1992, p.238.

전에 없었던 요인이 생겨난 것이 아니다. 즉, 경험은 잠재된 본성을 발현시킨 긍정적 요소로 작용하였다. 이렇게 귀결되면 경험적 교육 요소는 끝내 인간의 생득적 창조 본성의 존재 사실을 증거할 뿐이다. 듀이는 "경험(experience)을 인간의 몸과 마음이 하나가 되어 작용하는 과정이고, 감각적인 요소와 관념적인 요소가 함께 행위 속에서 통일되어 활동하고 있는 상태"59)라고 하였다. 그 말은 일체 경험적 행위가 인간의 통합적인 창조 본성과 연결되어 있어 감각과 관념적인 통찰 과정으로 생득적 본성을 통일적으로 발현시킨다는 뜻이다. "교육의 목적으로 성장이 계속하여 이루어지기 위해서는 경험을 재구성해야 한다"60)라고 한 듀이의 경험주의 교육 철학은, 경험을 통해 발현된 본성 요소를 항구적인 인간성 본질로 승화시켜야 한다는 뜻이다. 발현된 본성의 의식화 과정이 곧 이성을 통한 경험의 재구성 작업이다. 경험 원리를 비롯한 모든 교육적 작용 원리가 인간에게 부여된 천부의 생득적 본성을 발현시키는 요소로써 자리매김할 때, 교육이 인간의 창조 가치와 창조 목적을 달성하는 위대한 사명을 수행하리라.

---

59) 『현대 교육고전의 이해』, 안인희 외 편, 이화여자대학교 출판부, 1985, p.17.
60) 『체육 철학사상 연구』, 조쟁규 저, 문학창조 편집부, 2000, p.271.

제2편

교육 비판론

현재 세계가 우주론적으로 처한 제한과 한계성 이유를 밝히고, 현재의 인류가 굳게 믿고 있는 세계관에 무슨 잘못이 있는 것인지를 비판함으로써, 이런 점을 개선한 인류가 교육을 통해 더 나은 세계로 나아갈 수 있도록 해야 한다. 다시 말해, 선천 인류의 세계관적 무지를 일깨우기 위해 교육이 필요하고, 교육이 그렇게 하기 위해서는 선천 세계관이 무슨 이유로 한계에 처한 것인지를 밝혀야 한다.

제4장 개관

인류에게 있어 교육은 왜 필요한 것이고, 인간은 왜 교육을 받아야 하는가 하는 이유는 다양하고, 이 연구도 그 이유를 여러모로 제시하였지만, 인류의 무지를 일깨우는 데 있어서 교육이 이바지해야 할 필요성에 대해서는 강조하지 못했다. 인간은 良知良能을 지녔고, 사물을 판단하는 이성적 통찰력을 타고났다고 하는데, 교육을 받아야만 무지에서 탈피할 수 있는가? 그 앎이란 개개인에게 필요한 지식에 국한될 수도 있지만, 대다수는 자신이 무엇을 모르고 있는 것인지를 모른 탓에 무지를 일깨울 필요성, 곧 교육받아야 할 절실함을 모르는 경우가 허다하다. 이런 측면에는 소크라테스(B.C 469~B.C 399)가 말한 "너 자신을 알라"란 말과 왜 그리스 사회에서 현명한 소피스트들을 제치고 가장 지혜로운 자라고 신탁을 받았는지 이유를 알 수 있다. 하물며 선천 인류의 무지를 깨우치기 위해 교육이 사명을 수행해야 하는데, 과거와 현재 인류가 무엇을 모르고 있고, 그렇게 된 제약과 원인을 모른다면 어떻게 되겠는가? 그것도 인류 개개인의 노력 여하가 아닌 우주의 생성 본질 전체에 이유가 있어서라면? 이런 원인을 모른 채 교육이 인류의 무지를 일깨운다고 한다면 마치 장님이 장님의 손을 잡고 길을 안내하는 것과 같은 처지가 되리라. 더군다나 인간 교육에 있어 교육 원리를 적용하는 문제는 더욱더 그렇다. 그 목적이 인간을 바르게 육성하는 것이라고 하면서도 원리 적용을 잘못하면 전혀 예상치 못한 결과를 낳고 만다. 손으로 가리키는 방향과 발로서 걷고 있는 방향이 일치하지 못한데, 이것이 이 연구가 현대 교육의 실태를 비판하지 않을 수 없는 이유이다. 엇박자를 바로잡기 위해서는 당면한 우주론적 세계관의 한계성을 지적하고, 이런 사실을 모르고 잘못 적용한 제반 교육 철학과 원리를 비판해서, 그 같은 무지를 탈피해 본래 목적한 본향 세계로 향할 수 있도록 해야 한다. 대책 없이 비판만 하고, 교육은 이런 것이라고 주장만 해서는 안 된다. 세계가 우주론적으로 처한 제한과 한계성 이유를 밝히고, 현재 인류가 굳게 믿고 있는 세계관에 무슨 잘못이 있는지를 지적함으로써, 이것을 개선한 인류가 교육을 통해 더 나은 세계로 나아갈 수 있도록 해야 한다. 다시 말해, 선천 인류의 세계관적 무지를 일깨우기 위해 교육이 필요하고, 그렇게 하기 위해서는 선천 세계관이 무슨 이유로 한계에 처한 것인지를 밝혀야 한다.

제 교육 원리는 정형화된 本과 근거에 따라, 그리고 본유한 본성을 자각함으로써 위대한 행위적 가치, 인생적 가치, 도덕적 가치를 실천하고 구현해야 한다. 하지만 이런 本과 근원을 밝히지 못한 상태에서 단편적인 사실성에 근거하다 보니 지난날은 나아갈 방향에 대한 판단 기준을 세우지 못했다. 선각들이 애써 쌓은 진리의 城을 후인들이 애써 허물었다. "중국 宋·明代의 理學이나 조선조 초·중기의 성리학이 후대 사람에 의하여 '空理空論'으로 비난받았는데",[1] 이것은 큰 문제이다. 후대인의 지적 차원과 세계 인식의 폭이 선대보다 저급하고 퇴보하였다. 무엇을 잘못한 것인가? 선·후

---

[1] 『교육의 목적과 난점』, 앞의 책, p.56.

대의 진리성을 아우를 수 있는 통합 관점을 개안한 것이 아니고 한정하고 폐쇄한 것이다. 해결할 수 있어야 잘못을 비판하고, 그로부터 생성한 새로운 안목으로 창조 목적을 이루는 궤도로 진입할 수 있다. 그것은 진리 탓이 아니다. 생성하는 진리의 뿌리를 보지 못하고 전체를 보지 못해서이다. 언젠가는 생명력을 가진 진리로서 부활해야 하는데, 그러기 위해서는 선천 우주론의 한계를 직시해야 한다. 관념론이든 유물론이든 어떤 진리론이든 선천 우주론의 한계성에서는 자유로울 수 없다. 증명된 진리가 아닌 설일 뿐이다. 진리로서 확증하기 위해서는 천지가 창조된 사실을 증거해야 하는 때를 기다려야 했다. 이런 문제를 해결하지 못하면 인류의 정신적 고뇌가 가중되고 대립이 격화되어 보편적 구원 목적이 요원해진다. 그야말로 진리가 공리공론으로 치부된다. 주어진 한계성 이유를 밝힐 수 없다. 어긋난 궤도를 정상화하고, 보아도 볼 수 없었던 무지를 깨우쳐야 하는데, 그 한가운데 세계 자체와 그것을 바라보는 인식과의 차이를 알지 못한 무지를 확인하는 것이다. 중요한 가닥은 세계는 창조 전에 바탕이 마련되었고, 존재하기 이전부터 근원이 선재한 상태인데, 생성으로 발현되기 이전에는 그 같은 존재 상태를 알 수 없고, 생성으로 드러났더라도 세계가 분열하는 관계로 한꺼번에 전모를 파악할 수 없어 본질을 파악하는 데 한계가 있었다. 이것이 존재 자체와 우리가 지닌 인식과의 차이이다. 분열하는 세계의 제한성인 동시에 인식 자체의 한계이다. 이런 세계적인 특성을 간과하고, 인식한 그대로 구성한 것이 선천 세계관이 한계에 처한 이유이다. 그런데도 본질과 인식과의 거리를 좁히고자 하는 노력은 고사하고 폐기해 버린 것이 지적한 대로 공리공론으로 치부한 선현들의 제반 진리 영역이다. 그리고 이런 문제를 유발한 원인은 동양이 아닌 서양 사람들이 진리를 탐구한 사고방식에서 비롯되었다. 즉, "고대 그리스 사람들이 지혜를 사랑한다고 말했을 때 뜻하는 것은 세계에 대한 인식을 탐구한다는 것이다. 철학을 한다는 것은 세계에 대한 인식을 탐구한다는 뜻이다. 이후 지금에 이르기까지 철학 하면 세계에 대한 근본 인식과 근본 태도를 가리키는 말이 되었다. 이때의 세계는 '존재하는 모든 것'이고, 철학은 그렇게 존재하는 모든 것에 대한 근본 인식과 근본 태도이다. 이런 개념을 다른 말로 표현하여 '세계관'이라고 한다."2) 이것은 동양인이 道를 구하고자 한 노력과 현저한 차이가 있다. 道는 존재의 근원 본질 자체이지만, 철학은 본질과는 거리가 있는 인식 자체로 세계관을 덧씌웠다. 세계 자체보다는 인간이 세계를 어떻게 보는가? 어떻게 생각하는가에 관심을 집중했다. 진리 세계의 중요한 표현 수단에 속한 언어만 하더라도, "언어라는 사유 체계는 세계를 있는 그대로 반영하지 않는다. 언어는 온전한 현상계의 질서가 아니다. 현상계를 바라보는 인간 사유의 질서라고 할 수 있다."3) 존재 자체에 대한 인식 체계도 마찬가지이다. 본체와 달리 인식과는 거리가 있는데, 이것을 구분해서 알지 못하는 데 선천 세계관의 심대한 한계를 있게 하였다.

비트겐슈타인은 "말할 수 없는 것에 대해서는 침묵해야 한다"라고 하였다. 인식할 수 없는 세계의 영역에 대해서도 같은 원칙이 적용된다. 하지만 서양 철학자들은 조언을 무시하고 인식할 수 없

2) 『철학 에세이』, 조성오 저, 동녘, 2003, p.19.
3) 「노자의 도에 대한 본체론적 이해 비판」, 이갑성 저, 성균관대학교 대학원, 동양철학, 박사, 2009, p.61.

는 진리 영역을 제거하는 데 정열을 바쳤다. 하지만 동양의 노자는 달랐다. 노자는 인간이 세계를 바라보는 인식의 절대적 한계성을 통찰하고 진실을 말하였다. 인류의 지성사에 남긴 道에 관한 오천 언은 우리가 지닌 인식의 한계성 너머에 존재한 현상 이전의 본체 세계를 진솔한 언어로 표현하였다. 이런 신비스럽고도 불가사의한 우주의 본체를 군이 이름 붙인다면 道, 大, 一, 無, 玄 등으로 표현할 수 있다고 하였다. 왜냐하면, 존재하는데 인식할 수 없기 때문이다. 그래서 강조하길, 道는 보려야 볼 수도 없고, 들으려야 들을 수도 없고, 잡으려야 잡을 수도 없는 것으로서(『노자 도덕경』, 14장) 인간의 제한된 사고 능력으로서는 도저히 포착할 수 없다고 하였다. 서양의 칸트가 말한 "물 자체는 인식할 수 없다"라는 명제는 철학에서 끊임없이 회자하는 명제인데, 칸트보다 훨씬 선대인 동양의 노자가 한 말은 그렇지 않았다. 아무도 칸트와 노자가 말한 명제의 동일성을 연관 짓지 못했다. 절대 道, 초월적인 본체를 인식할 수 없다고 한 선언은 칸트가 처음 한 말이 아니다. 노자도 불가함을 명시하였다. 이유는 인간이 지닌 인식의 제한 탓이다. 칸트는 인식할 수 없는 물 자체의 문턱까지 근접했다가 진입하길 포기하고 돌아섰지만, 노자는 한 걸음 더 다가선 지혜를 발휘하여, 보이지 않지만 존재한 절대 道의 세계를 확신하고, 그로부터 만물의 생성 근원을 추적해 들어갔다. 과감하게 道는 一이고 無임에도 불구하고, 그 無에서 모든 有(=모든 현상물)가 나온다고 하였다. 이것은 현상적인 질서 조건으로서는 이해할 수 없다. 道는 창조 이전이고, 창조되었더라도 생성 이전이라 직시해야 했다. 인식의 분열 질서를 초월해야 한다는 말이다. 無에서 有가 나왔다면, 그렇게 해서 존재한

有가 다시 無로 되돌아가지 못하리라는 법도 없다. 노자가 말한 道는 다름 아닌 시간과 공간을 초월하여 끊임없이 만물을 있게 하고 생성한 우주적 본체였다. 이처럼 노자는 인류의 지성 중 손가락 안에 꼽을 정도로 만물을 있게 한 근원 세계에 근접하였지만, 단지 그렇게 질서 지어진 생성 세계를 일컬어 道는 만물의 근원으로서 다른 것의 지배를 받지 않기 때문에 스스로 그러한 바의 자연이라고 한 것이다. 창조주와 피조체의 구분처럼, 절대적인 초월 道와 지배를 받는 존재 세계를 구분하고자 한 노력은 엿보이지만, 결론으로서 스스로 그러한 바로서의 자연으로 이름 붙인 것은 창조의 본의를 알지 못한 선천 지성의 안타까움이다. 여지없이 피조 질서와 다른 것의 지배를 받지 않고 자체 원인으로 존재한, 스스로 그러함의 실체란 창조주 하나님인데, 실체성을 파악하는 데는 한계가 역력했다. 그런데도 논거를 통해 시사한 바는 창조주 하나님이 지혜로 완성한 창조 시스템을 역설적으로 표현했다. 즉, 無爲而無不爲라(『노자 도덕경』, 37장), 道는 아무것도 하는 바가 없는 것 같으면서도 하지 않는 바가 없다. 모순인 것 같지만, 진실을 말한 것이다. 곧, 완전하게 창조되어 무결하게 운행하는 창조 시스템의 결정성을 역설적으로 표현했다. 아무것도 하는 바가 없는 것 같지만 만물을 생성하고 모든 것을 이루어 놓음에, 이것은 세상의 질서 안에서는 성사될 수 없는 일이다.4) 그런데도 노자의 우주 본체론을 이해하지 못하는 것은, 오직 우리의 인식이 우리가 존재하기 이전에 역사된 생성 과정을 보지 못한 탓이다. 하지만 노자의 인식대로 그렇게 역설적으로 존재한 세상 전체는 그렇게 해서 존재한 창조된 역사 사

---

4) 『동양 교육고전의 이해』, 앞의 책, p.81.

실을 그대로 입증한다.

사실을 사실대로 이해하지 못한 인식이 문제이고, 인식과 사실과의 차이가 문제임에, 이것은 차원의 벽과도 같아 장애를 넘어서기 위해서는 세계의 본질이 분열을 완료해야 했고, 안목을 넓혀 만인이 무지를 깨우칠 때를 기다려야 했다. 이런 문제를 철학자 플라톤은 『국가론』에서 동굴의 비유로 지적하였다. 그의 적나라한 비유처럼, 현대 문명은 창조된 본질 세계와는 너무나 거리가 멀고 차이가 큰 인식만으로 구축한 가설적 세계관인데도, 인류가 확보한 진실 세계의 전부라고 여긴 것이므로, 이런 허구적 관점을 허물어뜨리는 데 이 연구의 **"교육 비판론"** 논거 목적이 있다. 세계관은 하루 이틀 안에 틀 잡힌 판단이 아닐진대, 언젠가는 인류 전체가 문명사적으로 일대 영적 깨달음의 순간을 맞이해야 하고, 교육이 앞장 서서 사명 역할을 해야 한다. 플라톤은 "동굴의 비유를 들어 현자·철인의 삶이 무엇인가를 논하였다. 철인 즉, 선현의 삶이란 동굴 밖의 참된 존재(이데아)를 보고 온 철인이 동굴 안의 모사(摹寫)를 참된 현실이라고 생각하는 갇힌 죄수들에게 가상의 세계와 비유의 세계에서 해방해 이데아의 세계를 전하고자 목숨을 걸고 외치지만, 듣는 자의 무지로 인하여 죽임을 당할 수 있다고 했다. 황당한 이야기인 것처럼 들리지만, 살펴보면 예수그리스도도 소크라테스도 수많은 현자·覺人들이 남보다 앞선 지혜적 통찰로 못 미친 무지에 대해 목숨을 걸고 깨우치고자 동굴 밖의 세계를 지침하였지만(이데아의 이데아인 절대 세계), 동글 안의 모사에 매여 사는 인간들의 무지로 핍박받고 희생당한 역사가 있었다."[5] 그렇다면 그렇게 앞선

---

5) 「예수의 교육사상과 서양 중세 교육사상의 관련성에 관한 연구」, 오설아 저, 숙명여자대학교 대

선현들이 희생하면서까지 깨우치고자 한 선천 인류의 무지란 무엇인가? 과학의 발달로 베일에 가린 생체의 비밀은 속속들이 밝히고 지구 밖으로 먼 우주여행까지 하는 인류가 알지 못하는 세계가 있다면 그것은 무엇인가? 인류 대다수가 차원 밖의 창조 세계와 본의를 몰랐고, 일부 覺者들의 선각이 있었지만, 이해하지 못했다. 창조와 하나님은 우리가 현재 바라보는 현상적 질서와는 차원이 다른 초월적인 본체 세계이다. 그렇다면 플라톤의 통찰처럼, 그렇게 해서 창조된 우리가 발 디딘 이 세계는 근원으로부터 말미암은 피조체이고, 化된 존재이며, 그림자인 것이 맞다. 그런데도 인류는 이런 사실을 알지 못하고, 바탕이 된 본체 세계가 참 세계이고, 모두가 돌아가야 할 본향처란 외침을 무시하고 거부한 대과(大過)를 저질렀다. 이 일을 어떻게 할 것인가? 바로 잡기 위해서는 참 세계를 알려야 하고, 알리기 위해서는 교육으로 지침해야 한다. 무엇이 잘못된 것인지를 통찰할 수 있어야 함에, 제 세계관적 영역부터 문제성과 인식의 한계를 지적해 나가야 하리라.

학원, 교육학, 석사, 1993, p.4.

제5장 선천 우주론 이해

1. 천(신)

본래 존재한 창조 본질에 대해 그것을 바라보는 관점의 제한 탓에 인간 인식의 총체적인 구성 체계인 세계관과는 차이가 있어 거리감을 어떻게 극복할 것인가가 진리적 과제이고, 이 연구의 주제라고 하였지만, 이런 실상을 알지 못한 자들 탓에 세계관이 크게 왜곡되었다. 그중 神을 이해한 관점에서는 전환 인식을 경쟁적으로 쏟아내었다. 동양의 천관과 기독교의 인격 신관 등은 그나마 세계의 神적 본질이 드러나지 못한 데 따른 한계 인식이라고 치더라도, 근대 들어 형태를 달리해 대두한 무신론적 사상 등은 지극한 곡해로 인한 인위적인 神 부정 사상이라는 데 우려가 있다. 고대로부터 神의 존재 사실을 부정한 유물론 부류의 사상이 태동하지 않은 것은 아니지만, 중세 천년의 신권 질서 안에서는 숨을 제대로 쉬지 못했는데, 과학의 발달로 문명이 개명하면서부터는 神의 도움 없이도 세상의 돌아가는 이치를 설명할 수 있게 되었다. 영국의 박물학자인 찰스 다윈이 1859년, 생물의 진화에 관한 저서(『종의 기원』)를 내놓게 되자 유물론 사상이 세계관으로서 날개를 달았고, 무신론자를 자처하는 자들이 본격적으로 등장하였다. 독일 태생의 철학자이자 실존철학의 선구자인 프리드리히 니체(1844~1900)가 『차라투스트라(Zarathustra)는 이렇게 말했다』에서 "神은 죽었다(Gott ist tott)"라고 한 역사적 선언을 필두로, 이에 버금가게 인용되는 카를 마르크스(1818~1883)의 "종교는 인민의 아편이다", 루트비히 포이어바흐(1804~1872)가 기독교 교리를 정면으로 반박한 神 부정 논거 등등.

> "神은 인간에 지나지 않는다. 말하자면 神은 인간의 내적 본성을 외부로 투사(projection)한 것이다. 神과 초월적인 존재는 인간의 자비심의 측면에 의존하며, 이 투사를 포이어바흐는 만들어진 환상이라고 표현하였다(『기독교의 본질-1841』)."[1]

특히 영국의 동물 행동학자이자 진화 생물학자인 리처드 도킨스(1941~)는 다윈을 맹신한 진화론자로써 최신 생물학 이론을 근거로 神이 존재하지 않는 사실을 과학적으로 증명하고자 한 투사를 자처하면서 대중 과학 저술에 몰두하고 있다. 2006년에 발표하여 세계에서 백만 권 이상 팔렸다고 하는 『만들어진 신-*The God Delusion*』에서 자신의 무신론 사상을 적나라하게 펼쳤다. "神은 요정, 도깨비, 유니콘, 포켓몬스터처럼 상상 속의 존재일 뿐인데, 많은 이들이 神은 마치 실재하는 양 착각하고 있다고 생각한다. 이것은 망상이라는 것이다. 이 망상이 일종의 '정신 바이러스'이다. 그리고 이 망상에서 빨리 깨어나야 종교 전쟁으로 인한 인류의 파멸을 막을 수 있다. 결론으로서 초자연적 창조자란 거의 확실히 존재하지 않으며, 종교적 신앙은 굳어진 착각에 불과하다"[2]라고 하였

---

1) 다음 백과사전, 루트비히 포이어바흐.

2) 위키 백과, 리처드 도킨스.

다. 물론 신념에 찬 사상이고 나름대로 진리성에 근거한 신관이겠지만, 그것 진실과 다르게 온전하지 못한, 기존 신관에 대한 극도의 회의와 불신감 탓에 굳혀진, 그야말로 꿈속의 꿈이요 착각 속의 착각이다. 진위를 판가름할 정형화된 本이 선천 하늘에서는 없었고, 지금도 그러하다는 점에서 근·현대 무신론자들의 거대한 세계관적 착각은 그 몽매를 깨우치기 어려울 듯하다. 오랫동안 동굴 속에 갇힌 죄수들의 왜곡된 진상 판단과 같다. 하지만 문제는 그런 착각이 개인적인 오판에서 끝나는 것이 아니라는 데 있다. 神이 존재하지 않는다는 사상과 신념과 관점의 확산이 인류 영혼을 두려운 神의 심판으로부터 해방시켜 어떤 죄악을 저지를지 알 수 없고, 해악의 자행 사실을 자각하지 못한다는 데 있다. 아돌프 히틀러(1889~1945)는 어떤 인물인가? 독일 나치스의 지도자이자 독일의 총통으로서 제2차 세계대전을 발발시킨 주역이 아닌가? 그런 인물답게 그가 가진 신관은 도전적인 발상 자체이다.

> "만약 유대인이 오랜 세월 동안 불안을 일으켜 온 암적인 존재가 아니라면 도대체 무엇이오? 여러분, 제발 내 말을 들어 보시오. 반드시 들어야만 하오. 역사상 이보다 더 잔인한 발명, 곧 전능하고, 전지하고, 보이지 않고, 감지할 수 없고, 불가해한 神(God)을 고안해서 인간 존재에 해를 끼친 것보다 더 악한 발명이 있었소?"[3]

누가 그의 신념에 대해 맞장구를 치고 지지하였는가? 그리고 그 종말적 결과는? 이런 무신론적 판단은 오판을 조장한 인식을 통한 정보의 제한과 세계관적 착각에서 비롯된 것이다. 神이 정말 존재

---

3) 『소명』, 오스 기니스 저, 홍병룡 역, 한국기독학생회 출판부, 2002, p.102.

한다면, 그 존재를 부정한다고 해서 존재하지 않는 것이 아니다. 혹자는 말하길, 까마귀가 검다는 것을 증명하기 위해 모든 까마귀를 일일이 확인해서 결론을 내릴 필요는 없다. 주장을 뒤엎기 위해서는 오직 한 마리의 흰 까마귀만 있으면 된다고 했다. 무신론도 그와 같다. 무신론적 주장에 대해 神을 믿는 자들이 일일이 반박할 필요는 없다. 그렇게 바치는 지적 정열은 지극히 소모적이다. 더 긍정적이고 생산적인 방향에서 神이 존재한 사실을 객관적, 원리적, 보편적으로 증명하면 된다. 주된 방법을 아는 자 해결책도 제시할 수 있어야 했나니 그것이 다름 아닌, 하나님의 제일 본성이자 권능인 태초의 천지 창조 역사를 증거하는 것이다. 이런 본성과 권능을 밝히지 못하고 간과한 탓에 선천 하늘에서 천관 또는 신관이 왜곡되었고, 왜곡할 만큼 기존 창조관이 하나님에 대해 정확한 정보를 제공하지 못했다. 그런데도 장애물을 넘어설 수 있는 믿음의 창구만큼은 활짝 열려 있은 탓에 이러나저러나 존재한 하나님에 대한 곡해와 몰이해의 책임은 전적으로 인간에게 있고, 그렇게 해서 주어진 폐해 역시 인간이 져야 했다.

그런데도 선천 인류가 神의 정확한 모습을 보지 못한 것은 전제 조건인 하나님의 창조 본성을 밝히지 못함에 따른 한계에 직면해서이다. 진리의 전모가 드러나지 못함에 따라 神의 모습도 완성될 수 없었다. 지난날은 神의 본체를 보지 못한 상태에서 지역과 문화적 차이에 따라 부르는 이름이 달랐고, 본성을 이해하는 데도 차이가 있었다. 神의 본성상 어떤 부분에서도 절대적이다 보니 성립할 수 없는 세계 안에서의 절대성을 믿음과 교리로 수호한 관계로 이 같은 절대적인 신관이 세계를 극도로 분열시킨 난국을 초래하였다.

누구도 神의 완전한 모습을 보고 설명하지 못했다. 그래도 그것은 진실이다. 당연한 진리적 여건이다. 하나님이 오늘날에 이르러서야 진리의 전모자로서 강림한 것인데 누가 본체 실상을 간파하였겠는가? 선천 신관의 한계였다. 지난날은 天의 모습이 불분명한 탓에 이르는 길도 불분명했고, 인식한 관점도 불명확했다. 누구도 확실하게 나아갈 길을 제시하지 못했고, 형상화하지 못했다. 어슴푸레하게 엿보고 추측하였을 뿐…… 지성이면 감천이다. 자신을 다하면 天을 안다(맹자) 등등. 그리고 이런 세계적인 한계 상황, 즉 神의 모습을 볼 수 없었다는 사실은 선천의 천관 또는 신관을 이해하는 데도 중요한 판단 기준이 된다.

역사상 마테오리치(1562~1633)가 동양 문명의 깊숙한 곳에 파고들어 자신이 믿은 기독교의 인격적 하나님을 중국인들에게 소개하고 이해시키고자 한 노력은 오랫동안 섭리를 달리해 역사한 진리의 성령이 그렇게 해서 일군 하나님의 창조 본체를 소통시키고자한 역사의 시발이다. 하지만 미처 때가 순숙되지 못한 탓에 신관과 천관과의 통일 작업은 실패하고 말았다. 그 원인을 직시한다면, 모두가 하나님이 이룬 역사이므로 본래 목적을 성취하지 못하리란 법도 없다. 마테오리치는 이탈리아의 예수회 소속으로서 중국에 최초로 천주교를 전파한 선교사이다. 그는 1603년에 북경에서 『천주실의(天主實義)』를 간행하였다. 이 책은 천주에 대한 참된 토론이라는 뜻이고, 천주교를 동양에 전파하기 위해 한자로 쓴 교리서이다.[4] 그는 밝히길, "천주는 창조주로서 유학 경서에서 말하는 상제와 같으며, 자연신이나 理와는 다르다"[5]라고 한 신관을 피력했다. 이 말

---

4) 다음 백과사전, 마테오리치, 천주실의.

은 선진(先秦) 유학에서 엿보이는 인격적 천관은 시인하면서도 이후로 전통은 계승했지만 인격성을 탈색시킨 주자학의 理적 천관은 배격한 것이다. "예수회 선교사들은 대체로 선진 유학의 주재적이고 인격적인 상제·천관에 관해서는 긍정적으로 인식하고 수용하였지만 자연주의적인 천지관 및 철학적 태극론에 관해서는 비판하고 거부하였다."6) 이것은 전적으로 그들이 믿은 창조주 하나님의 인격적 신관에 근거한 것으로, 지금까지도 극복하지 못한 기독교 신관의 한계성이다. 神의 존재를 구성하는 데 있어 반드시 요청된 理[태극]란 본체적 요소를 수용한 통합적 신관을 확보하지 못했다는 뜻이다. 하나님은 천지 만물을 지은 창조주인데, 세상 가운데 편만한 자연적인 진리 요소와 理적인 본질 요소를 포괄하지 못할 리 만무하다. 그런데도 부정한 것은 전적으로 기독교가 확보한 신관의 편협성 탓이다. 그 이유를 이 연구는 기독교가 창조 진리 문제를 해결하지 못한 데로 돌린다. 마테오리치의 신관 문제는 기독교의 교리 문제이고, 교리는 더 나아가 창조 진리를 인식하지 못한 세계관의 제한 문제이다. 인식과 이해 부족으로 창조 진리와 하나님 사이의 연결 고리를 찾지 못했다. 기독교는 유교의 태극론을 통해 하나님이 창조와 연결된 실마리를 찾지 못했고, 이것은 오늘날의 지성들에게도 대물림되어 존재한 본질과 자연 진리 간의 연결 실마리를 단절시킨 결과를 낳았다. 천관으로 동서 문명을 통합할 수 있는 길을 가로막았다. 가능성은커녕 악화 일로를 걷게 되었는데, 근본

---

5) 「유학의 신관에 대한 기독교적 이해」, 윤용주 저, 호남신학대학교 신학대학원, 신학, 석사, 1998, p.2.

6) 「유교와 서학의 사상적 갈등과 상화적 이해에 관한 연구」, 최기복 저, 성균관대학교 대학원, 박사, 1989, p.86.

적인 이유는 오직 창조 진리를 모른 神 인식 관념의 오판 탓이다. **神은 결코 의지의 표명자인 인격 신만으로 존재를 구성할 수 없다. 진리의 생성자인 본질과 함께해야 본체자로서 모습을 완성할 수 있다.** 하나님은 모든 진리의 수명자이다. 오늘날 강림한 통합적인 본체자로서의 이름도 **"보혜사 진리의 성령"**이다. 그러니까 "天은 곧 理"라고 한 성리학자들의 천관도 완성된 신관이 아니다. 하나님은 창조 역사를 통해 본체를 세상 가운데로 이행시키고 진리로 화현하였지만 객관적인 이치, 즉 理만으로 존재하는 것은 아니다. 인간을 구성한 존재 요소에는 물질적인 육체도 있고 정신적인 신념 요소도 있는 것처럼, 하나님 역시 그러하다. 그것이 창조된 세계 안에서 하나님이 거할 수 있는 실존 조건이다. 세상 밖에서는 초월적이지만 세상 안에서는 결정된 법칙의 지배를 받는다. 이런 神의 창조적 본체 특성을 깨우쳐야 신관 통합 문제를 해결할 수 있다.

문제는 역사상 신관 형성의 주축을 이루어 판단 기준이 되는 기독교 신관의 유일성에 근거한 인격 신관에 있다. 이런 신관 잣대가 하나님이 태초 이래 진리의 성령으로서 이룬 모든 창조 본질 개오 역사를 무산시키고 가치를 함몰하는 것이므로 크게 우려할 일이다. "기독교는 유신론의 종교이지만 불교는 오히려 무신론의 종교에 가깝다고 하는데",[7] 누가 그 같은 판단 근거를 제시하였는가? 기독교이다. 그런 기독교의 유신적 신관도 잘못되었고, 불교에서 말한 무신적인 불신관도 잘못되었다. 한계 인식으로 인한 오판이다. 기독교는 하나님을 신앙한 종교라 치더라도 불교는 부처의 가르침을 따

---

7) "석가가 가르친 원시불교는 분명히 투철한 자아의 종교요, 무신론의 종교요, 이성의 종교이다."-『젊은이여 희망의 등불을 켜라』, 안병욱 저, 자유문화사, 1996, p.241, 243.

른 종교이고, 覺者가 되는 길을 가르치는 종교인데, 부처가 가르친 법설과 覺者들이 깨달은 道 가운데는 위대한 하나님의 창조 진리가 내포되어 있다는 사실은 알지 못했다. 이런 진리성을 무시하고 어떻게 불신관을 확립할 수 있겠는가? 불교나 유교는 신앙 역사와 전통이 다른 문명적 차이라고 하더라도 기독교 문명권 안에서마저 불완전한 신관 기준으로 인해 진리를 하나님의 창조 역사와 이격시킨 사례가 속출하였는데, 그 이유는 기독교가 인격적인 유일 신관을 고수한 데 있다. 알다시피 영국의 수학자이자 물리학자인 아이작 뉴턴(1642~1727)은 갈릴레이 등과 함께 17세기 유럽의 과학 혁명을 이끈 주역이다. "세계사적으로 볼 때, 서양 문명은 중세까지는 오직 神에 의한 세계관만 존재해 왔다. 당시 神의 영역으로만 여긴 신비로운 우주의 질서를 간단한 수학 공식으로 풀어낸 뉴턴은 인간의 이성이 만든 법칙에 따라 神이 독점한 세계의 비밀을 풀 수 있다는 신념을 가졌다. 이것이 합리주의의 원천으로서 서구 근대성의 기초가 되었다."[8] 근대를 연 과도기에서 지동설을 지지한 갈릴레이를 종교재판에 부친 역사적 사실은 익히 아는 것처럼, 당시의 가톨릭교회는 발견한 놀라운 자연 과학적 진리를 수용할 만큼 신관과 창조 진리를 확보하지 못했다. 이것은 대다수 과학자가 무신론자로 돌아선 주된 이유이다. 뉴턴과 추종자들도 마찬가지이다. 神의 창조 권능을 무시하므로 신관에 있어서도 엄청난 오해를 안겼다. 밝힐 바 서양 문명의 총체적인 한계이기도 하다. 합리주의로 선회한 것은 진정한 神의 모습을 볼 수 없게 한 결별 선언이다. 그리고 이

---

8) 「주자의 교육사상에 관한 고찰」, 최도현 저, 공주대학교 교육대학원, 중국어 교육, 석사, 2014, p.2.

런 문명적 토양 위에서 세운 서양 신학은 신관 문제로 초래될 악순
환을 더욱 부추겼다. 사실상 神의 초월적인 본체성을 밝힐 수 있는
수단이 이성을 인식 수단으로 한 서양 문명 안에서는 없었다고 할
수 있다. 중세 후기 스콜라 철학자로서 자연신학의 으뜸가는 선구
자인 아퀴나스는, "하나님이 슬기로운 섭리로 물질과 정신을 창조
하고 지배하고 있기에, 이 우주는 합리적으로 존재한다"9)라고 주장
하였지만, 그가 슬기로운 섭리와 지배 운운한 것은 모두 유추에 불
과하다. 섭리와 창조와 지배가 정말 하나님이 천지 창조 역사를 주
관한 권능적인 神인 한, 원리적으로 밝히고 증거할 수 있어야지 얼
버무릴 문제가 아니다. 더군다나 우주를 세상의 이치와 질서 잣대
로 합리적으로 존재한다고 주장한 것은 본의와 어긋난다. 세상의
잣대 기준으로서는 존재와 자연 현상이 경이롭고 신비하게 보이는
것이 맞다. 하지만 神은 그런 합리적인 질서의 뒷받침만으로서는
모습이 투영될 수 없다. 그러니까 기독교 신관을 통해서는 어느 모
로 보아도 하나님의 모습을 완전하게 드러낼 수 없었고 역사, 섭리,
창조 목적, 인생 가치 영역에서도 같이 적용된 한계이다. 이런 문제
는 기독교가 서양 문명을 통해 전파된 탓에 초래된 결과이다. 달마
가 서쪽에서 온 까닭은? 기독교는 서쪽을 향했지만, 불교는 동쪽을
향했다. 만약에 기독교마저 동쪽으로 향했다면 오늘날의 기독교는
서양 신학이 당면한 한계성과 달리 하나님의 초월적 본체성을 온전
히 보위하였으리라. 동양의 본체 문명은 바로 초월성을 자인한 문
명체로서 능히 시공을 초월해 존재한 하나님의 본체를 증거하였으
리라. 아니 이미 증거하였다. 본체관을 인격화시킬 수만 있다

---

9)『교육 철학』, 김정환 저, 앞의 책, p.112.

면……

이처럼 하나님은 창조주인데도 손수 지은 자연 진리와 동떨어진 이유는 역시 더 선행된 창조관의 미비가 결정적인 이유로 작용했다. 예를 들어, "이슬람의 창조 사상은 기독교와 다르게 진화론을 수용할 수 있다고 하여, 마치 이슬람교가 기독교보다 더 우수한 종교인 것처럼 말한다. 이유로서는 알라가 천지를 창조했을 뿐 아니라 후에도 창조 행위를 끊임없이 계속하고 있다"[10]라고 여긴 탓이다. 무엇을 잘못 생각한 것인가? 창조 역사의 절대성과 존재 역사의 생성성을 분간하지 못했다. 이것은 태극 본체(理)와 존재 본체(氣)가 지닌 특성을 구분하지 못한 것과 같다. 창조관이 물에 물을 탄 듯 유동적이다. 하나님의 창조는 완전한 역사이고, 한꺼번의 창조 역사이며, 원인과 결과가 함께한 동시 역사이다. 그런데도 이런 역사를 곡해하여 오판할 빌미를 제공한 것은 바로 기독교의 창조론 교리이다. 기독교는 서양 중세 초기의 교부인 성 아우구스티누스가 세운 "無로부터의 창조"를 교리로 채택하면서부터 인격적 신관에 이어 기독교 신앙을 한계의 벽으로 내몰고 세계관적 종말을 초래케 한 제2의 원인이다. 이런 전통을 이은 "아퀴나스도 無로부터의 창조 교리에 동조하여, 無라는 것은 질료인을 부정하는 의미가 있다고 지적하고, 神은 어떠한 질료인 없이 피조물을 창조하였으며, 모든 것의 존재 원인인 神은 피조물과 함께 더불어 존재하는 것이 아니라 홀로 궁극적인 원인자의 위치에 있다는 창조론을 펼쳤다."[11]

---

10) 「기독교의 관점에서 본 이슬람의 신 연구」, 이승철 저, 협성대학교 대학원, 조직신학, 석사, 2009, p.36.

11) 「토마스 아퀴나스의 분유 개념을 통해 바라본 신의 속성」, 정현덕 저, 서강대학교 신학대학원, 철학과, 석사, 2017, p.60.

하나님이 아무리 전능한 권능자로서 절대적인 창조 권능을 가졌다고 해도 천지를 창조하기 위해서는 모종의 법칙을 세우고 원칙을 따랐다. 예수그리스도가 가나의 혼인 잔치에서 물로 포도주를 만든 첫 표적을 행하였는데, 그때는 물이라는 재료라도 있었듯, 세상 누구도 아무런 재료 없이 포도주를 만들 수는 없다. 그런데도 아퀴나스는 "無로부터의 창조"를 해석하길, 어떤 질료인도 없이 온갖 피조물을 지은 하나님의 위대한 창조 권능(?)을 확정했다. 그렇다면 세상 가운데서 어떤 경우에도 有한 근거 없이 다른 존재를 있게 할 수 없게 한 법칙은 누가 결정하였는가? 소는 송아지를 낳고 씨는 다시 열매를 맺고…… 하나님만이 이런 법칙을 어긴 것이 특별한 절대 법칙인가? 無가 아닌 有로부터의 법칙이 하나님이 세운 창조 법칙이고, 이 법칙은 하나님도 어길 수 없다. 아니 그런 하나님이 존재한 탓에 천지 만물이 창조되었다. 사전 有적 근거는 다름 아닌 하나님의 몸된 본체이다. 그래서 이 연구는 하나님의 본체에 근거한 有, 즉 "본질로부터의 창조"를 정형화했다. 여기서 有와 대비된 "無로부터의 창조"는 노자의 절대 道=無 등식과도 질적으로 차이가 있다. 노자의 無는 온갖 有를 있게 한 有적 無이다. 하지만 기독교의 無는 그야말로 하나님이 뒷짐을 진 채 말씀만으로 천지를 창조하였다는 것이다. 무슨 문제인가 하면, 하나님과 만물과의 연결고리가 끊어져 버린다. 배 속의 아기는 탯줄로 모태와 연결되어 있는데, 그 탯줄을 "無로부터의 창조" 교리가 단절시켰다. 그러니까 기독교는 만물 속에 있는 진리 법칙을 배척할 수밖에 없는 숙명을 지녔고, 하나님은 홀로 궁극적인 원인자 위치로 만족해야 했다. "無로부터의 창조" 교리가 하나님과 세상을 격리했다. 따로국밥이라고 할까? 하나님은 천지를 창조한 탓에 몸된 본체가 존재 가운데 이행된 바이자 함께한 바인데, 영원히 단절되게 만든 것은 전적으로 "無로부터의 창조" 교리 탓이다. 유교의 태극에 바탕을 둔 우주론은 그렇게 논리를 전개하지 않았다. 통체일태극은 다시 각구일태극으로서 태극이 함께한 창조론을 전개했다. 이처럼 無로부터와 有(본질)로부터의 창조론은 그 기조가 근본적으로 다르다. 이런 차이에도 불구하고 기독교가 "無로부터의 창조"를 굳이 교리화한 것은, 아무래도 서양 문화의 정신적 기반인 플라톤의 영향이 컸다.

플라톤은 알다시피 세상과 떨어진 이데아 중의 이데아인 선의 이데아를 선망하였다. 이 이데아론을 기독교가 탁월한 모습으로 받아들였다. 곧, 神은 세상을 초월한 존재이고, 피조물은 순수 자체인 神을 모방함으로써 불완전하게 존재한다고 설명했다. 플라톤은 神과 피조물과의 관계에 대하여 명료한 해법을 제시해[12] 神을 영광된 모습으로 찬양한 것처럼 보이지만, 그로 인해 기독교는 하나님이 천지를 창조한 만유의 하나님인데도 그 같은 권능을 만물 가운데에서 행사할 수 있는 길을 막은 형국이다. 진실상으로는 하나님이 세계를 초월해 있음과 동시에 세계의 존재자 안에 내재하고 있는데도 교리로서는 상호 동시 존재 상태를 설명할 진리적 근거를 잃어버렸다. 이런 "無로부터의 창조"에 인격적 신관을 합작함으로써 기독교 신앙이 서양 문명 안에서 언젠가는 세계관적으로 종말을 고할 싹을 틔웠다. "창조주 하나님은 神적 본질에 있어 인간과는 분명 다른 속성을 지녔다. 예컨대 아무것도 필요로 하지 않으며, 아무 존재에게도 의존하지 않는 자존성과 독립성, 또한 그의 존재, 완전

---

12) 위의 논문, p.17.

성, 목적, 약속에서 변하지 않는 불변성, 그리고 모든 것의 무한성이다."13) 기독교가 아무리 인격신을 표방하고 미사여구로 하나님의 존재 본성을 드높여도 우리를 지은 창조 역사와 무관하고, 그런 본성이 우리에게 어떻게 투영되고 반영된 것인지 밝히지 못하는 존재 본성 묘사는 공허한 모습일 뿐이다. 이슬람교도 역시 인격신관 계통으로서 "알라신을 피조 세계와 완전히 구분하였다. 알라는 결코 인간 세계 가운데 거하지 않으며, 세상 안에 존재하지 않는다"14)라고 함에, 이것은 하나님의 진리적 속성과 창조 역사에 대해서 무지하다는 뜻이다. 나와 천지를 창조로서 연결하지 못하는 절대 神은 마치 끈 떨어진 연처럼 天·地·人을 하나 되게 할 어떤 역할도 할 수 없다. 그것이 창조 본의를 깨닫지 못한 선천 신관의 세계관적 한계이다.

안타깝게도 현대 문명은 신관의 문제 탓에 현실적 차원을 넘어선 절대 초월적인 神을 거부하고 건설한 문명체이다. 정말 천지를 창조한 하나님이 존재하지 않는 것이라면 무슨 문제가 있겠는가? 그런 것이 아닐진대, 현대 문명은 근원과 본질을 이탈한 문명체이다. 뿌리가 잘린 나무는 고사하고 마는 것처럼, 현대 문명도 같은 처지이다. 우주의 종말 상황은 인류 문명이 처한 총체적인 통찰과 결과에 따른 판단이다. 선천의 신관과 창조관이 이 같은 판단에 대해 결정적인 원인을 제공했다. 절박한 이 시점에서 지성들은 문제의 심각성을 직시해야 하고, 교육은 해결책을 앞장 서 제시해야 한다. 그것이 과연 무엇인가? 서양의 천관과 서양의 신관을 통합할 진리

---

13) 「코메니우스의 대교 수학 연구」, 앞의 논문, p.24.
14) 「기독교의 관점에서 본 이슬람의 신 연구」, 앞의 논문, p.37.

적 과제이다. 그 의미는 실로 동양의 본체 우주론과 서양의 인격 신관을 일치시키는 것이다. 그리해야 하나님의 전모가 드러나고 완성된다. 하나님이 진리의 성령으로서 역사한 유구한 창조 섭리의 완수 결과이다. 분열과 대립의 고를 끊고 동양 문명과 서양 문명이 통합되는 것이며, 인류 사회가 하나님의 창조 목적 안에서 하나 된다. 만 인류가 빠짐없이 구원되어야 이 땅에서 건설할 하나님 나라의 초석이 다져진다. 동양의 천관과 서양의 신관을 통합하는 것은 인류가 해결해야 할 진리적, 역사적. 문명적 지상 과제이다.

2. 본체

인간은 몸통과 팔다리로, 나무는 땅속에 있는 뿌리와 땅 위로 뻗은 가지로 구성되어 있다. 컴퓨터의 본체와 모니터를 분간하지 못할 사람은 없다. 그런데도 천지 우주를 있게 한 본체가 무엇인지, 그런 본체가 있기나 한 것이냐고 물으면 답하기가 쉽지 않다. 지성들의 진리 탐구는 근원 된 본체를 찾고 구한 것을 설명하기 위해 정열을 쏟은 역사였다고 해도 과언이 아니다. 컴퓨터 본체는 보면 알 수 있고, 뿌리는 보이지 않아도 땅을 파보면 확인할 수 있지만, 천지를 있게 한 우주의 본체는 그렇지 못하다. 여기서 벌써 본체가 무엇인가에 대해 답하기 어려운 이유가 있다. 몸통과 팔다리를 구분하는 것처럼 천지를 있게 한 우주적 본체는 기본적인 바탕체인 탓에 지금의 존재가 가진 일체 조건과 구분된다. 그것을 굳이 말하자면 창조 이전, 존재 이전, 생성 이전, 시간 이전, 분열 이전, 경험

이전, 인식 이전, 이해하기 전이다. 다시 말해, 결정한 존재 조건과 그렇게 해서 나타난 현상 조건은 차원이 다르다. 그래서 우주적 본체는 추적하기도 어려웠고, 표현하기도 어려우며, 자신은 일관했다 해도 설명하기 어려웠다. 본체를 탐구하는 방법론에도 문제는 있다. 새를 잡기 위해서는 공기총이 필요하고 물고기를 잡기 위해서는 낚싯대가 필요한데, 이것은 대상의 특성이 확실하기 때문이다. 하지만 본체는 그렇게 드러나고 구조화된 실체가 아닌 탓에 서양 문명은 접근 방법 면에서 실패하였고, 동양 문명도 소수의 覺者들만 근접한 기회를 얻었다. 하지만 이제는 인류를 모든 진리 가운데로 인도할 보혜사 진리의 성령이 강림하였으므로 본체 세계로 나아갈 차원의 진입 문이 활짝 열렸다.

근원 된 본질체가 지닌 특성에 따라 접근 가능한 방법론을 개척한 것은 아무래도 수행을 수단으로 삼은 불교가 적합했다. 부처가 지침한 깨달음 방법은 다름 아닌 차원이 다른 본체 세계로 나아갈 수 있는 길을 튼 것이다. 그러니까 세계의 지성들이 갈구한 우주적 본체는 사실상 동양의 수행 문화, 특히 불교의 覺者들에 의해 어느 정도 실체가 드러났다. 문제는 각인은 했지만, 본체란 실체의 알파와 오메가, 곧 창조된 본의를 꿰뚫지 못한 탓에 일갈에 그쳤다. 그렇지 않아도 표현이 모호한데 진의마저 알기 어려워, 오늘날은 지성들의 관심 밖으로 밀려난 실정이다. 하나님의 근원성 회복과 동양 문명의 부활은 절로 이루어지는 것이 아니다. 본체가 지닌 진의와 가치를 각성해야 한다. 흔히 覺者들은 부정적인 방식을 통해 각성한 法의 실체를 표현하였다. 이유는 法, 곧 우주적 본체는 말미암은 세상의 질서로서는 인식할 수 있는 근거가 없어서이다. 애써 표현했더라도 이해하기 어려웠다. "머무는 바 없이 마음을 내라"[15]라고 함에, 이것은 두 발을 들고 서 있으라는 말과 같다. 현상적인 질서 안에서는 불가능한 존재 조건이다. 그렇지만 그렇게 인식할 수 있는 실체성 범주를 구획 지어 표현한 탓에 현상 질서 안에서는 모순되지만, 그것을 기준으로 하면 오히려 모순이 모순이 아닌 본체 세계를 유추할 수 있다. 즉, 본체는 일체가 구분, 분별, 생성, 설정, 생겨나지 않은 상태이면서도 일체를 간직한 상태이다. 이런 실체적 특성을 어떻게 표현할 수 있는가? 기준은 어디까지나 현상적인 질서 안에서이고, 그것이 유일한 근거이므로 그것이 곧 현 질서를 부정한 방식이다.

> "나는 것도 아니고 없어지는 것도 아니다(不生不滅). 더러운 것도 아니고 깨끗한 것도 아니다(不拘不淨)). 원인도 없고 결과도 없다(無因無果). 모습도 없고 행위도 없다(無相無爲). 평범한 것도 아니고 성스러운 것도 아니다(非凡非聖). 자성도 아니고 모습도 아니다(非性相)."[16]

이렇게 표현한 실체는 세상 가운데는 존재하지 않는 것이 확실하다. 그렇다면 존재하지 않는다고 결론 내려도 되는가? 이 단계에서 태반은 그렇게 판단하였다. 서양 문명이 그러하다. 다수결로 결정한다면 서양 문명과 동양인 대다수도 이해하지 못한 상태이기 때문에 그들의 승리라고 할 수 있다. 그러나 문제는 그런 판단과 무관하게 본체가 실체로서 엄존한 사실이다. 단지 존재한 형태가 다를 뿐이므로, 그런 특성을 애써 표현하면 不生不滅, 不拘不淨, 無因無

---

15) "응당 머무는 바 없이 마음을 내라(應無所住 以生其心)."- 『금강경』.
16) 『도서』(大正, NO. 2015, 406b).

果, 無相無爲, 非凡非聖, 非性相이 된다. 생겨나고 구분하기 이전의 본체인 탓이다. 당연히 그런 조건으로 존재한 이유를 밝혀야 하므로, 그것이 곧 창조 이전의 바탕 본체이다. 창조되기 이전이므로, 이것도 아니고 저것도 아닌 형태로 존재하지만, 그렇다고 존재하지 않는 것이 아니라는 것, 창조 역사의 실현과 함께 부정한 것 일체가 일시에 긍정된다. 문제는 역시 창조에 있다. 선천의 覺者들이 본의를 몰라 부정적인 방법으로 표현한 만큼, 밑도 끝도 없는 실체, 그러니까 응당 머무는 바 없이 마음을 내라고 한 실체 조건 형국을 벗어나지 못했다. 본체의 차원적 특성과 창조 역사와의 관계를 알아야만 얽히고설킨 하나님과 세계, 현상과 본체와의 실마리를 풀 수 있다. 이원적으로 구분은 했지만, 일체화시킬 방도까지는 구하지 못했다. 그래서 앞의 天[神]관에서도 논거를 두었듯, 본체와 현상과의 관계를 밝히는 것은 사실상 하나님과 만물을 하나 될 수 있게 하기 위한(萬物一體) 기초 인식이다. 실타래의 고를 동시에 푼다. 이것이 그것이고 그것이 이것이다. 지성들은 시대를 초월해 본체를 밝히기 위해 정열을 바쳤지만, 천지가 창조된 본의를 완전하게 알지 못한 탓에 인식하는 데 한계가 있었고, 이것이 향후의 세계관을 형성하는 데 영향을 끼쳤다.

고대 그리스 사회로 돌아가 이탈리아 태생의 철학자로 엘레아 학파를 세운 파르메니데스는 질문하길, "소크라테스를 통해서 정의나 善 같은 것에 이데아가 있다면 불과 물, 그리고 진흙이나 먼지나 머리카락 같은 것에도 이데아가 있지 않으냐고 물었지만, 소크라테스의 제자인 플라톤은 부정적인 태도를 보였다."17) 이 말은 만물을

---

17) 「노자의 도에 대한 본체론적 이해 비판」, 앞의 논문, p.85.

있게 한 하나님의 창조 본체가 창조 이후에도 피조된 만물과 함께 하는가? 아니면 따로 존재하는가? 만물로 치면 본체와의 독립성 여부이고, 본체로 치면 초월성 여부이다. 신관으로서는 만유내재신론, 범신론, 이신론 갈래와도 맞닿아 있고, 성리학에서는 이일분수론(理一分殊論)을 통해 언급했으며, 사물이 본질을 지녔느냐는 문제와도 연관된다. 여기에 대해 플라톤은 만물에 대한 이데아의 절대 독립과 초월성 입장을 분명하게 견지했다. 그는 말하길, "이데아들의 실재성은 공간과 시간을 통해 규정된 우리의 세계 가운데 있는 대상들의 실재성과는 다르게 이해해야 한다. 본체계는 시공간을 넘어서 있다. 이데아론에서 가시계는 이데아를 분유(Methexis) 받는다. 그런데도 분유로서의 그것은 사실상 이데아가 아니다. 이데아계와 가시계 사이에는 엄격히 뛰어넘을 수 없는 단절이 있다. 현상계의 분유 받음은 다만 그림자와 같은 모방에 지니지 않아 본질에서 이데아의 위격(位格) 차이는 말할 것도 없이 애초부터 비교할 대상이 될 수 없다"[18]라고 하였다. 이런 생각에는 어떤 문제가 있는가? 먼저 파르메니데스의 질문에 대해 이데아와 만물의 질적인 차이를 구분한 절차까지는 맞다. 본체계는 시공간을 넘어서 있다. 그리고 만물과 이데아의 관계도 창조 원리 가설로서 분유 메커니즘을 도입한 것은 어느 정도 타당하다. 분유는 본체를 나눈 것인 만큼, 본체의 훼손성은 우려되지만, 만물을 본체와 연결할 수 있는 실 가닥은 남겨 놓은 상태이다. 그런데도 판단은 정작 다르게 하였다. 만물과 본체와의 절대 단절을 선언한 것이다. 이런 상태에서는 만물과 본체와의 관계를 정상화할 수 없다. 절교를 선언한 연인 간에 어떻게

---

18) 위의 논문, p.85.

사랑이 소통할 수 있겠는가? 해석까지 뒤틀려 현상계의 분유 받음은 다만 그림자와 같은 모방에 지니지 않는다고 하였고, 이데아와의 위격(位格) 차이로 인해 만물과는 애초부터 비교할 대상이 아니라고 결론 내렸다. 상식적인 선상에서도 갓난아기는 탯줄을 끊음과 동시에 모체로부터는 독립되지만, 그렇다고 관계가 단절되는가? 얼굴이 닮은 만큼 유전 인자를 전달받았다. 잘 나가다가 길을 잘못 들어선 것은 플라톤이 가진 창조 관점이 문제이다. 본의를 알 리 만무했다. 그것이 인식의 한계이고, 관념론의 한계이며, 그의 철학에 기초한 서양 문명의 한계이다. "無로부터의 창조"설도 플라톤의 이데아설과 구조가 같은데, 그것은 아우구스티누스가 플라톤 철학을 수용한 탓이다. 그의 창조설을 받아들인 기독교 역시 창조론을 원리적으로 완성하지 못하였다. 진리는 선택이 아니며 완전한 해명이 관건인데, 이데아설이 지닌 분명한 하자는 창조 사실을 간과한 데 있다. 이데아의 본체로서의 창조 작용과 과정을 무시했다. 창조 메커니즘을 세워야 하는 지적 작업에 관한 수고를 회피했다. 본체와 현상과의 긴밀한 관계를 밝힐 길이 없게 되었다. 이것이 서양 관념론이 서양 문명을 터 잡고도 진리로서 세계관을 완성하지 못한 원인이다. 이런 문제 탓에 부족한 부분을 메우기 위한 주장들이 대두하였다.

파르메니데스의 질문에 대해 동양의 현자인 장자는 어떻게 답했을까? 언급했듯, 道는 어디에 있느냐는 질문에 대해 없는 곳이 없다고 한 것은 플라톤의 본체관과 대조된다. 곧, 땅강아지와 개미, 기와와 벽돌, 심지어는 똥오줌에도 있다고 했다.[19] 만물을 있게 한

---

19) 『장자』, 소요유 편.

道, 본질, 이데아가 만물을 있게 한 것만으로 끝이 아니고 함께하고 있다는 뜻이다. 하지만 道의 무소부재(無所不在)성은 道가 지닌 초월성으로서의 본체 특성을 말한 것이므로, 만물과의 구체적인 관계 추적이 어렵다. 그렇다면 어려운 지적 작업을 고민하지 않아도 되는 방법은 없는가? 그것이 곧 아리스토텔레스가 스승의 가르침을 반대하면서까지 제기한, 이데아를 아예 사물 안으로 끌어들이는 방법이다. 비판이라고 하면 무엇하지만, 아리스토텔레스는 이데아설에 대해 사물의 존재와 사물의 생성, 사물과 이데아와의 관계성, 인간의 인식 방법 등에 대해 문제가 있다는 것을 발견하였다. 무엇보다도 사물의 궁극적 근원(실체)인 이데아가 사물 밖에 존재한다는 데 대해 의문을 두었다. 사물의 존재 자체를 설명하기 위해서는 사물 밖의 이데아가 어떤 역할을 하는지 물어야 했고, 감각적인 사물의 운동 원인에 대한 사물의 바깥 이데아의 역할을 동시에 생각해야 했다.[20] 사물 자체의 인식에서도 이데아와 분리해서 존재하는 존재자를 어떻게 인식할 수 있는지 물었다. 그는 개별자들이 단독적으로 존재한다는 것을 상정하지 않으면 이데아, 보편적 진리에 대한 탐구 또한 파악할 수 없다고 역설함으로써 변화하지 않는 요소들의 기본 바탕을 파악할 수 있다고 하였다.[21] 차원이 다른 본체계를 인식할 길이 차단된 상태에서 현실적으로 생각할 수 있는 길은 사물 밖에 존재한다고 한 스승의 설을 수정해서 사물 안으로 끌어들이는 것이다. 하지만 이것은 서양 문명 안에서의 한계 인식이지 동양 문명 안에서까지 그런 것은 아니다. 아리스토텔레스도 일

---

20) 「성 토마스의 형이상학」, 김춘오 저, 대전가톨릭대학교 출판부, pp. 205~206.
21) 『희랍철학 입문』, 박종현 저, 종로서적, 2017, p.155.

단 플라톤의 본체적인 이데아를 부정한 것은 아니다. 위치만 바꾼 것이다. 즉, 존재 안의 형상은 이데아와 같은 개념이고, 함께한 질료는 어떤 특별한 감각적 대상을 이루는 물질의 관점에서 생각할 수 있다. 형상 혹은 관념의 중요성은 절대 경시하지 않았지만, 스승과 다른 점은 존재자로서 갖출 요소를 모두 갖춘 셀프 자족 체제를 구축함으로써 절대 이데아의 존립 역할을 무산시켰다. 사물에 필요로 하는 본질적인 요소를 사물 자체가 갖춤으로써 보편적 관념에 대한 보다 나은 이해는 바로 특별한 사물이나 물질의 학습을 통해 획득할 수 있다고 여긴 것이다. 물질적 대상 자체만을 통해서도 보편적 형상의 개념을 구할 수 있다고 강조한 것은 현대의 자연과학, 생명과학, 사회과학이 발달할 수 있는 기초가 되었다.[22] 다행인지 불행인지는 결과를 지켜보아야 했나니, 결국은 이후에 언급할 현상 일원론으로 귀착하고 말았다는 데서 서양 문명의 세계관적인 종말을 가속한 원인으로 작용하였다.

善의 이데아, 절대 道, 무극, 창조 본체, 神 등은 특별한 방법을 마련하지 않으면 인간의 오감과 이성적인 통찰만으로서는 지각하기 어려운 존재 이전의 실재이고, 세상 질서와는 차원이 다른 실체이다. 다행히도 이 같은 세계를 볼 수 있는 안목을 가진 자는 절대 본체에 관한 세계를 인준할 수 있었지만, 그렇지 못한 자는 안목이 한정되어 그것만이 실재한 전부라고 믿었다. 이것은 순전히 그 사람이 얼마나 차원적인 세계를 인식할 수 있는 조건을 갖추었는가에 따른 문제이다. 제각각 확보한 관점에 따라 자신은 절대적인 진리라고 확신해도, 알고 보면 자신이 처한 관점상의 한계성을 드러낸

---

22) 『교육 철학』, 김정환 저, 앞의 책, p.65.

것이다. 이것을 알아야 교육은 양산된 제반 세계관을 비판할 수 있는 판단 기준을 가져 오판한 지성들의 한계 인식을 지적할 수 있다. 이런 관점에서 볼 때, 본체에 접근한 플라톤의 상황은 차원적인 세계는 인식하였지만, 접근 가능한 길을 찾지 못한 상태에서 관념적으로 유추하였고, 아리스토텔레스는 통로를 아예 찾지 못해 사물 속으로 끌어 내렸다. 하지만 불교는 그 세계를 바라만 본 것이 아니고 직접 건널 수 있는 배를 마련하였지만, 목표 지점까지에는 미치지 못한 상태이다. 이런 관점 조건은 극복하는 것이 문제이지 문화적 상이성이 문제가 될 수 없다. 동서양의 지성들이 궁극성을 향해 나아간 진리 추구 목표와 처한 조건은 비슷했다. 세계의 본질은 같아서, 동양인이 바라본 우주와 서양인이 바라본 우주가 다를 수 없다. 무슨 말인가 하면, "중국인의 우주는 유기적 우주로서 본체가 현상 밖으로 따로 존재하는 것이 아니라고 하였는데",23) 이것은 그들만 가진 우주론이 아니다. 아리스토텔레스도 그렇게 보았다. 점유한 인식의 한계성 조건 탓이다. 따라서 복잡한 우주론도 처한 관점의 조건을 극복하면 한 코뚜레로 뚫을 수 있다. 본체와 현상이 세상 안에서 함께 존재한다는 우주론 탓에 동양적 사유 안에서는 서양처럼 절대적 신관을 도출할 필요가 없었는지도 모른다. 세상 안에 충족되어 있으므로 굳이 따로 떼서 절대화시킬 이유가 없다. 이것은 순전히 동서양이 처한 인식 조건과 관점의 차이 탓이지, 사실 자체가 그런 것은 아니란 뜻이다. 양쪽 다 문제를 지닌 것이, 서양의 절대적 공간을 함유한 神의 존재성은 세상을 이분화시켜 한쪽은 절대 존재가 완전한 가치를 갖추고 있고, 다른 한쪽은 절대 허

---

23) 「노자의 도에 대한 본체론적 이해 비판」, 앞의 논문, p.91.

망한 가상으로 여긴 문제점을 노출했고, "道는 천지 만물 이외로 초월적인 무엇이 아니며, 변화하는 사물과 유리되어 있지 않다"[24]라고 본 본체관은 엄존한 창조주 하나님의 존재 필요성을 차단했다. 이런 문제 탓에 본체와 현상 간의 관계를 정상화하는 것은 인류의 미래가 달린 지성들이 해결해야 하는 최대의 지적 과제이다.

지성들이 평생을 바쳐 방대한 우주론을 체계 지은 만큼, 거기에는 분명 합당한 진리성을 내포하고 있으리라. 그런데도 그것이 송두리째 잘못된 세계관에 근거한 결과물이라고 한다면? 조선 후기의 실학자이자 지리학자, 철학자, 사상가, 저술가로서 氣 우위론을 제창한 혜강(惠崗) 최한기(1803~1879)가 그러하다. 그는 조선 유학의 理 우선적인 사유 전통 속에서 氣 우위론 견해를 분명히 밝혔고, 선대 氣 우위론자들이 유추한 논거 입장과 달리 유입된 과학 사상을 곁들여 실질적으로 입증하고자 한 보기 드문 선각자이고 혁신가로 평가된다. 서양이 취한 자연 과학적인 진리 추구 영향으로 구태에 젖은 조선 유학의 우주론을 타파하고자 한 신념의 발로이지만, 그가 취한 氣 우위론 관점은 이 연구가 제시한 세계관의 문제점을 극복한 우주론이 아니다. 선대 선현이 취한 본체 우선, 현상 우선 중 한 관점을 취사선택한 것뿐이다. 새로운 차원 관점을 확보한 것이 아니다. 혜강의 사유 구도에서 理(본체)란 다름 아닌 氣에 내재해 있는 속성[條理]일 뿐이다. 그는 우주의 본연을 이해할 수 없게 한 인식론적 장애물의 원인, 즉 재래학이 범하고 있는 근본 오류는 '현상' 속에서 원인과 실체를 찾지 않은 데 있다고 생각하였다. 모든 것은 '有形'하므로 현상 속에서 벌어지고 있는 일들 속

---

24) 위의 논문, p.91.

에서 찾을 수 있고, 그곳에서 찾아야 한다. 현상 너머의 현상을 설명해주는 어떠한 원인과 필연성은 존재하지 않는다. 혜강은 모든 현상이 발생하는 근본 원인은 유형한 大氣가 일으킨 사태로, 이를 보지 못하고서 다른 곳에서 찾는 시도는 인식론적 장애만 발생시킨다고 강력하게 권고했다.25) 하지만 이 연구는 혜강이 불가능하다고 한 것과 이유로서 제시한 인식론적 장애가 고스란히 혜강 자신이 처한 관점의 한계성을 드러낸 데 불과하다고 지적한다. 그것만이 진리라고 믿은 신념과 편협성의 문제이다. 이런 비판을 확인할 수 있는 것은 이 연구가 직접 새로운 본의 관점을 제시하는 것이다. 혜강의 주장을 따른다면, 인류는 영원히 절대 고원한 궁극 세계에 이를 수 없고, 산적한 정신적 고뇌를 해결할 수 없다. 氣 우위적 우주론은 천지 창조의 이행 과정인 절대 본체→창조 본체(태극, 통합, 理, 道)→창조 역사→존재 본체(氣) 단계에서 절대 본체와 창조 본체에 해당한 사전 창조 역사 과정을 무시하고, 일체 과정을 존재 본체인 氣 안에 몰아넣고 해결하려고 한 것이다. 그 과정의 무시 이유는 절대 본체 작용을 볼 수 없는 인식의 한계와 관점의 장애가 주된 원인이다. 이것은 비단 혜강에만 국한된 것이 아니다. 이후의 다양한 논거 과정에서도 장애와 한계성을 지적할 준엄한 판단 기준이 된다. 다시 말해, 혜강이 '억측'이라고 비판한 주장은 그대로 그가 지닌 관점상의 장애이다. 그런 비판 관점을 이후부터는 모두 공유할 수 있어야 한다. 이런 기대로 혜강이 신념을 바쳐 논거를 둔 氣 우위적 우주론을 살펴보자.

---

25) 「혜강 최한기의 지식론과 교육론」, 이우진 저, 교육사학연구, 11집, 2001, p.84.

주리론(主理論)이 말하듯, 우주에서 일어나고 있는 현상의 움직임은 어떠한 원리가 존재함이 사실이다. 그러나 현상의 움직임은 미리 내정된 어떠한 코스가 있는 것이 아니다. 氣가 있으므로 理가 사실적으로 존재하게 되는 것이지, 理가 있으므로 氣가 논리적으로 존재함이 아니다. 주리학을 포함한 재래학의 오류는 氣와 理의 관계에 대한 '억측'에 의해 발생한 것이다.26) 재래학의 실수, 기본적으로 인간이 일으키는 대부분의 오해는 氣에 대한 잘못된 인식에서 착안했다. 본질상 氣는 하나이지만, 그 작용이나 활동의 변화무쌍한 모습은 무엇이라고 쉽사리 규정하기 어렵다. 역동적인 氣의 양태는 대부분 재래학이 혼란을 지닐 수 있는 요인이 된다. 일반적으로 氣의 작용이라고 보지 않는 天·帝·道·命·性·心의 개념들 역시 氣의 작용인데, 오해하고 있다.27) 이 일체 현상과 운동을 氣의 작용으로 이해하지 못함이 心學과 理學이 오류의 늪에서 빠질 수밖에 없는 원인이다.28)

心學과 理學이 오류의 늪에 빠진 원인이 아니고, 혜강이 깊게 빠진 오류의 늪이란 도대체 무엇인가? 心學과 理學은 결코 오류의 늪에 빠지지 않았다. 그것의 진리성은 고유하다. 오직 진리성을 보지 못하고 오류라고 단정한 혜강의 관점이 문제이다. 그것이 무엇인가? 창조 과정에서 혜강이 점유한 이행의 정확한 위치는 존재 본체 단계이다. 그런 위치 조건에서 바라본 우주 세계란 온통 氣에 의해 주재된 제반 작용 현상인 것이 맞다. 하지만 더욱 진실한 이유는 그 결과를 있게 한 본체 뿌리를 보지 못한 탓에 취할 수 있는 유일 절대적인 우주론은 현상 위주(=氣 우위) 관점밖에 없다. 이것은 굳이 혜강이 가진 관점의 한계라고 지적하지 않더라도 드러난 부분만

---

26) 『기측체의』, 「추측록」, 2권, 최한기 저.

27) 위의 책.

28) 위의 책, 「신기통」, 서.-위의 논문, p.84.

을 실체로서 인정한 '빙산의 일각'성을 직시할 수 있어야 한다. 한마디로 뿌리를 보지 못한 관점을 넘어 신명을 바쳐 제거하고자 한 관점이라, 그런 세계관이 초래할 종말적 말로를 예측해야 했다.

이런 한계성 관점은 곳곳에서 노출되었는데, 세계의 본질이 분열을 완료하지 못하고, 하나님이 창조한 본의를 밝히지 못한 상태에서는 초래된 오판 상황을 그들에게만 전가할 수 없으리라. 즉, 불교적 세계관을 비판하고 성리학을 집대성한 주자는 인간의 본체적 측면을 간과하고 현상적 행위 자체를 진리의 세계로 간주했다고 한 비판 관점을 분명히 했다. 보고, 듣고, 말하고, 움직이며, 생각하는 것 모두가 자체로 본성이라고 보는 것은 현상적인 행위에 내재하는 理를 보지 못한 것이다.29) 지각·운동을 가능하게 하는 이치가 있는데, 이치를 알지 못하기 때문에 불교는 공허하다[空]. 따라서 불교에서는 實을 말하지 않고 空을 말했다고 지적했다. 현상계의 움직임 자체를 본성으로 봄으로써 존재 근거인 본체를 밝히지 못했다는 비판이다.30) 理氣를 통해 우주론을 체계 지은 종주답게 주자의 관점에서 理의 존재성을 간과한 불교의 空 개념은 혜강의 氣 우위 우주론처럼 비판할 여지가 다분한 모종의 실체인 것이 분명하다. 적어도 표면상으로는 그러하다. 하지만 이런 관점은 주자가 세운 理氣론의 우주론적 한계성을 적나라하게 적시한 것일 뿐이다. 空의 본체론적 본질을 곡해했을 뿐 아니라, 이런 곡해 빌미를 제공한 불교의 覺者에게도 책임이 무겁다. 주자가 그의 理적 잣대 기준에 따라 세계의 궁극적 본질체인 空을 공허한 껍데기로 본 것은 주자가

---

29) "불교에서는 근본적으로 理라는 한마디를 이해하지 못하고 지각, 운동을 보고 性이라고 여긴다."-『주자어류』, 권126. p.3020.

30) 위의 논문, p.56.

평생을 바쳐 논거를 둔 理氣적 우주론 전체가 空의 본질과 상통하고 꿰뚫을 만큼 본체 자체에 미치지 못했다는 뜻이다. 치밀한 논리만으로 理의 절대적 본체 역할을 상정한 상태이다. 그런 관점으로서는 당연히 空의 창조적 본체 역할을 직시할 수 없다. 속을 파고들지 못하고 인식이 겉 테두리에 머물다 보니 空은 공허 자체라고 결론 내렸다. 제 눈의 안경 격이라고나 할까? 空의 본질 인식으로 드러난 理 우주론의 한계성 인식이다. 주자가 말한 본래 이치는 정말 理와 같은 본체 자격으로 존재하는 것이 맞다. 단지, 그렇게 존재한 본체로서의 존재 형태가 空할 뿐이라, 空한 理는 오직 氣의 변화, 그러니까 현상적 작용을 통해 존재한 실체성을 확인시킬 뿐이다. 그래서 理는 空과 다르지 않다. 불교에서 말한 空은 공허한 것이 아니다. 실상 그대로인 모습을 표현한 것이 맞다. 본질인 이치를 보지 못하고 현상 세계의 움직임 자체를 본성으로 보았다는 관점은 주희가 空의 창조 본질을 보지 못한 데서 초래된 착각이다. 고스란히 주자가 논리성만으로 도달한 理氣론적 우주론의 한계성이다. 불교는 수행적인 방법을 통해 지성사에 만 현상의 본질적인 뿌리에 해당하는 궁극적인 실체성을 밝혔는데, 후인들이 가치를 알지 못하고 곡해를 반복한다면 결과가 어떻게 되겠는가? 이런 일이 불교적 전통 자체에서도 일어난다는 것은 안타까운 일이다.

역사적으로 부파(部派) 불교에서 구축한 아비다르마, 특히 유부(有部) 교학(설일체유부)에서 주장한 삼세실유 법체항유(三世實有 法體恒有), 다시 말해 일체의 현상을 성립시키는 요소[법체=본체]는 삼세에 걸쳐 실유하고 법체는 항유한다는 사상에 반대한 후인들은 어떠한 존재도 무상이며, 무자성이란 사실을 강조하기 위해 空사상을 펼쳤다.31) 비교되는 두 사상의 진의를 판단하고 비판할 수 있는 기준 관점은 이제 공고히 마련되었다고 본다. 먼저 유부의 주장 관점은 절대 본체를 옹호한 입장이고, 정말 본체는 삼세 간의 시공을 초월하여 실유하고, 어떤 이행 과정과 현상의 다양함과 변화에도 불구하고 영원하게 존재한다. 그런데 이후의 대승 불교가 이것을 잘못 해석한 空사상에 입각한 것은 불교를 진리적으로 발전시킨 것이 아니다. 언젠가는 맞이할 세계관적 종말 씨앗을 뿌린 격이다. 이런 우주론으로서는 부처가 기대한 이 땅에서의 불국토를 건설할 수 없는 것은 물론이고, 佛法에 근거한 보편적 중생 구원과 法의 완성된 결실을 기대할 수 없다. 그 이유란 도대체 무엇인가? 삼세 간 초월의 법체를 거부한 관점답게 그들이 펼친 空사상 논거는, "인간을 포함한 일체 만물에 고정불변한 실체가 없다고 한 근본 교리이다. 현상계에 나타나는 일체 사물은 다른 것과의 관계 속에서 생멸하는 존재이며, 고정불변한 자성(自性)이 없다. 사물은 단지 원인과 결과로 얽힌 상호의존적인 관계인 탓에 무아(無我)이고, 무아이기 때문에 空이다."32) 이것은 불교를 창시한 부처의 연기론 교의를 충실히 따른 것이기는 하지만, 연기법 자체가 현상계의 因果 본질을 꿰뚫은 것인 탓에 그 유전 인자를 물려받은 관점이다. 무엇이 그러한가? 논거 근거와 도달한 결론은 분명하다. 왜 일체 만물은 고정불변한 실체가 없다고 단정하였는가? 그것을 현상화시키고 말미암게 한 항구적인 법체를 제거한 탓이다. 안목이 개안되지 못해 보지 못하였다고나 할까? 반야경에서 본격적으로 다루어졌고, 후에 중관

31) 「대승 불교의 불신관에 관한 연구」, 앞의 논문, p.11.
32) 다음 백과, 공사상.

학파의 창시자로 추앙된 용수(나가르주나)에 이르러 철학적 체계를 갖추어 대승 불교 철학을 발생시키는 계기를 이룬 空사상이 제법을 무아로 보고, 무아이기 때문에 무자성이며, 그래서 空이라고 결론 내린 이유는, 앞서 밝힌 氣 또는 현상 우위 관점과 다를 바 없다. 空의 절대적 존재성과 창조적 본체 역할을 제거하였다. 부처가 애써 개척한 본향으로 나아갈 수 있는 길을 차단해 버렸다. 이 시점에서 용수의 행적과 생애를 소상하게 알 수는 없지만, 그가 도달한 空사상의 결론을 두고 본다면, 진정한 수행자라기보다는 탁월한 관념론자인 것으로 생각한다. 이 시점에서 그의 오판과 불교 전체가 걸은 法의 추구 행로를 바로 잡는다면, 空은 본체로부터 단절된 뿌리로 인해 무상하고 무자성하게 보인 것일 뿐, 진상은 창조 이전의 일체 만상을 창조한 근원 된 본체이기 때문에 인식할 근거가 생성되지 못했고, 인식할 수 없는 창조 본체인 탓에 空한 형태를 취했다. 이것은 지금까지 믿어 온 불교 교리를 일시에 전환하는 관점이고, 깨달음의 추구 목표를 혁신시킬 논거이다. 법체항유의 실체성을 거부함으로써 귀결된 空이 아니다. 법체의 항구성을 적극적으로 수용함으로써 귀결될 창조적 초월 실상으로서의 空이다. 바탕 본체인 탓에 空이고, 창조를 있게 한 실상인 탓에 無相이다. 삼세 실유를 뒷받침한 창조적 본체이다. 이를 통해서 보면, 세상 가운데서 화현된 보혜사 진리의 성령이 불교의 覺者들이 각성한 깨달음의 순간에도 임재한 것이 확실하다. 法의 교설 순간에도 함께하면서, 法의 완성 역사를 섭리적으로 주재하였다. 이를 근거로 앞으로는 불교적 전통도 제 진리 영역과 함께 하나님의 창조 섭리 역사에 참여하고, 하나님이 뜻한 인류의 보편적 구원 목적을 이루는 데 이바지하게 되리라. 유교의 주자나 불교의 용수나 그들이 확보한 세계관적 관점과 처한 진리적 조건에서만 보면 절대적인 진리라고 확신할 수 있을지 모르지만, 이면에는 세계관 구축에 영향을 끼친 존재 이전의 본질이 있다는 점에서, 그들이 믿은 진리관은 결국 선천 세계를 뒤흔든 분열과 대립과 종말성의 불씨를 안았다. 유람선 안에서는 아무리 자신의 위치를 정확하게 인지해도 계속 움직이고 있는 배 안에서는 유동적인 좌표가 될 뿐이다.

따라서 이제부터는 그 무엇에 대해서도 기존설을 비판하는 데 있어서 자신이 가진 판단 기준에 근거해서 이치에 어긋나고 모순되기 때문에 진리가 아니라고 단정해서는 안 된다. 왜 그들이 그런 한계성 관점에서 그렇게 결론을 내린 것인지에 대한 이유를 본의에 근거해서 해석해야 한다. 유교의 理氣론도 그렇고, 불교의 空도 그러하며, 서양의 철인들이 추구한 形而上學 체계가 본체를 설명한 것은 일가견이 있지만, 인류 지성사에서 창조 과정과 본의에 대해 가장 근접한 것은 노자가 道를 통해 밝힌 우주 생성론이다. 그런데 아직도 道를 정확히 이해한 관점을 어디서도 확보하지 못한 것은 선천의 지성들이 처한 한계성 인식 탓이다. 해석할 기준 잣대가 없다. 서양 철학의 본체 개념을 갖다 대면, "외부 현상에서 영향을 줄지언정 영향을 받아서는 안 되는 단절된 자기 원인성을 가져야 하는데, 노자의 道는 세상의 온갖 변화 속에서 함께 있다. 즉, 서양의 본체관은 현상과 단절된 시공간을 초월한 존재이지만, 노자의 道는 시공간 속에서 만물에 내재한다. 서양인들은 자기 원인적인 것으로 생각하여 독립적이고, 고립적이고, 불변적이고, 초시간적으로 전제한 그 무엇을 생각하는데(기독교 신관이 그러함), 노자 철학에서 道

와 만물은 상관적이고, 유기적인 하나의 통합체이다. 道와 만물은 서로 영향을 미치고, 서로를 生한다.33) 이런 문제는 역시 본체 理의 절대성 대 만물 가운데서의 내재성 구조로 귀착된다. 양자를 조화시키는 방법으로써 성리학에서 펼친 理氣론 잣대처럼, 노자의 道는 절대 불변적이면서 동시에 만물 내재적인 것으로 이해하여 서양 철학에서 말한 본체와 구분 지으려고 하였지만, 그러기 위해서는 이것도 저것도 아닌 제3의 창조 메커니즘 관점을 생성시켜야 하는데, 理氣론과 태극론은 이런 과제를 감당할 수 없는 선천 우주론이다. 그러니까 어느 한 편의 일방적 관점으로서는 "道가 내재적이지만 동시에 영향을 받지 않는 불변의 존재로 간주하여 일종의 모순된 논리가 되고, 자기 원인적인 본체라는 점에서는 서양 철학의 본체관과도 다를 바 없다."34) 즉, "논리적으로 본체와 현상이 단절되지 않는다고 한다면 본체와 현상이 서로에게 영향을 미치는 상관성을 고려하지 않을 수 없고, 본체계와 현상계의 상관성을 고려하지 않을 수 없다는 것은, 곧 본체의 변화를 예상하지 않을 수 없음을 의미한다. 또한, 본체의 변화를 예상하지 않을 수 없다는 것은, 본체가 시간적이라는 것, 즉 시공간 안의 존재임을 의미한다. 그러므로 논리상 道와 만물이 단절되지 않는다고 말한다면 불변성과 본체성, 그리고 완전성을 다 포기해야 한다. 시간적이라는 것은 변화한다는 것과 다름없으며, 物과 단절되지 않음은 상호 간의 영향을 배제할 수 없음을 의미한다. 영원불변을 말하려거든 오히려 道가 시공간을 초월한 영역에 존재한다고 해야 할 것이요, 만물과 단절된

---

33) 「노자의 도에 대한 본체론적 이해 비판」, 앞의 논문, p.ⅲ.
34) 위의 논문, p.ⅱ.

자기 원인성을 갖는다는 것이 타당하다. 그러나 노자의 道가 영원 불변의 본체인 동시에 만물 내재적이라는 견해는 양쪽의 모순된 결론, 즉 단절된 완전성과 결합한 유기성을 모두 승인하고 있다."35) 과연 그러한가? 아랫돌을 빼서 위를 채우면 아래가 비고, 윗돌을 빼서 아래를 채우면 위가 비는 것처럼, 그렇게 들이댄 잣대는 영원히 양 조건을 동시에 충족시킬 수 없는 도돌이표식 한계 관점이다.

과연 무엇이 빠진 것인가? 창조의 이행 과정이다. 전혀 새로운 제3의 통합 관점이 필요한데, 이 기준에 근거하면, 道의 절대 초월성을 항구적으로 지속함과 동시에 만물 가운데서 생성의 알파와 오메가 역사를 영원히 주재할 수 있다. 道와 理와 神은 본체로서 창조 역사와 함께 실질적으로 시공간을 초월함과 동시에 만물 가운데서 내재하는데, 본의를 결여한 한계성 관점이 양자의 실존 조건을 모순된 것으로 이해했다. 초월적 실체와 내재적 실체가 어떤 형태로든 어디서도 동시에 존재하는 것은 불가능하다. 하지만 그것은 현 존재 안에서 주어진 조건이고, 처한 관점상의 한계성일 뿐, 본체 자체가 가진 조건 안에서까지 그런 것은 아니다. 그런데도 우리가 현재 주어진 질서 조건 안에서 동시성을 이해하기 위해서는 창조의 이행 본의를 적용해야 한다. 곧, 관점을 이행시키는 방법이다. 창조에는 과정이 있었으므로 그 절차를 따르면 된다. 즉, 본체의 초월성은 창조 본체 관점에서 이해하면 되고, 본체의 내재성은 창조 역사로 이행된 존재 본체 관점에서 이해하면 된다. 본체가 형태상으로는 변화가 있었지만, 이행된 탓에 초월적 본체와 내재적 본체는 다른 것이 아니다. 본체의 본질이 동질일진대 형태화와 실존 조건이

---

35) 위의 논문, p.48.

달라진 것은 부수적인 변화일 따름이다. 결국은 色卽是空인 동시에 空卽是色이다. 어느 한쪽의 관점만으로 양쪽을 이해하려고 하니까 어긋나고 모순된 이질성이 생기지만, 관점을 적재적소에 맞춰서 적용하면 본체의 본질은 변한 것이 없다. 理와 氣는 음양처럼 이분되고 양의되지 않았다. 본래는 理 하나로서 유일하고 절대적인데, 창조란 역사 과정을 거친 탓에 理 하나가 氣로 이행되었다. 형태만 다를 뿐, 理의 본체적 본질은 변하지 않았다. 하나님은 어제도 그렇듯 오늘도 그렇고 내일도 그러할, 영원히 동일한 분이다. 천변만화하는 실존적 조건 속에서도 본체는 하나이고 유일하며 불변하다. 그리고 본체 본질을 이어받은 세계도 생성함을 통해 영원하다. 너와 나 모든 인류도 생멸함을 통해 영원하리라.

3. 신학

신학(神學)은 神에 관하여 합리적으로 탐구하는 학문이다. 神이라는 낱말로 표현되는 '궁극적 실재'는 제1 철학이나 존재론적 形而上學에서 연구하기도 한다. 종교마다 그에 해당하는 신학이 있지만, 학문 영역에서 신학은 흔히 기독교 신학을 가리킨다. 초기 기독교 신학은 바울의 케리그마(kerygma) 위에 정초(定礎)되었다. 바울이 아니었다면 기독교는 팔레스타인 유대교의 소종파(sect)에 머물렀을 것이고, 그리스-로마세계 전역으로 전파될 수 없었으리라. 초기 기독교 창시자는 바울이다. 신약 성서의 정전 27권 중 13권에 해당하는 것이 바로 사도 바울의 편지이다. 중세는 신학이 체계적으로 발전한 시대이다. 전기는 교부철학의 시대로 대표적인 학자는 아우구스티누스이다. 8세기 이후에는 스콜라철학으로 이어졌다. 이 둘은 모두 일종의 종교 철학으로서 이성적이고 철학적인 토대 위에서 엄밀한 진리로서의 신학을 추구했다. 다만 교부철학은 플라톤의 철학, 그중에서도 이데아론을 통해 신학적 진리를 정당화하려 했다면, 스콜라철학은 교부철학에서는 배척한 아리스토텔레스를 적극적으로 수용했다. 그 후 루터의 종교개혁 과정, 칼뱅의 예정설 주장을 거쳐 현대 신학은 19세기 슐라이어마허로부터 시작되었다. 전통적인 신학이 계시 종교로서 성경과 교리를 토대로 삼은 것과 달리, 그는 인간의 종교적 경험을 신학의 토대로 삼았다(내재 신학). 그리고 루터와 칼뱅 이후 가장 영향력 있는 개신교 신학자인 칼 바르트의 신정통주의 신학을 거쳐 오늘에 이르고 있다.[36]

기독교의 교부이자 평신도 신학자인 터툴리안(155~240)은 "예루살렘과 아테네가 무슨 상관이 있는가?"란 말을 하였다. 그렇다면 신학과 교육은 무슨 상관이 있는가? 교육이 하나님이 뜻한 인류의 보편적 구원 목적을 실현할 위대한 사명을 수행하고자 하는 한, 상관되지 않을 수 없다. 연결할 수 있어야 교육이 신학이 당면한 세계관적 한계성을 극복하고 만 인류를 구원하는 역사에 앞장설 수 있다. 어쩌면 하나님에 관한 일체를 객관적인 학문 체계와 보편적인 진리성에 근거해서 보위해야 할 신학이 부여받은 역할을 제대로 하지 못한 탓에 담당한 기독교의 인류 구원 사명을 교육으로 전환하고자 한 역사 일환이다. 지난 역사를 통틀어 볼 때, 결과로서 본다면 기독교는 전체 인류를 얼마나 구원하였는가? 아니 복음을 전

---

36) 다음 백과, 신학, 기독교 신학.

파하였는가? 자체적으로는 절대적인 신앙 체계를 확립하였다고 자부하지만, 현실적으로는 또 다른 문화 영역권에서 굳건한 전통 기반을 다진 여러 종교와 비교되는 위치를 점할 뿐이다. 더군다나 기독교 자체 안에서도 수많은 종파가 난립한 상황이므로, 희망적인 모습을 보이지 못한다. 主 예수는 승천 시 마지막 당부로 복음을 땅끝까지 전파하라고 하였고, 유지를 받든 기독교인들이 최선을 다해 노력했지만, 세계를 대상으로 한 선교는 수많은 장애물에 걸렸고, 오히려 각종 무신론 사상의 확대와 저항에 지쳐있다. 역사상 전혀 달갑지 않은 인물인 히틀러가 『나의 투쟁』에서 말하길, "유대인이든 기독교인이든 혹은 마르크스주의자든 그들에게는 한 가지 공통 주제가 있는데, 그것은 초월성이라는 공감, 완전성이라는 세균, 유토피아라는 바이러스이다."[37] 신뢰할 수 없는 인물인 만큼, 허황된 말일 수도 있지만, 또 한편으로는 기독교가 이런 개념에 대해 얼마나 확실하게 교리를 확립하였는가를 두고 본다면, 무언가 부실한 허점을 보인 것이 분명하다. 그래서 이 연구는 主 예수의 유지에 반해 왜 복음이 땅끝까지 전파되지 못했는가와, 때가 다다른 상태인데 왜 목적 실현이 요원한가 한 이유가 바로 문제를 진작 해결했어야 할 신학이 역할을 다하지 못한 탓이라는 것을 지적하고 싶다. 기독교 신학의 세계관적 한계성을 시인하지 않고 구태에 젖어 있을진대, 기독교 신앙은 밀려드는 거대한 무신론의 파도를 견디지 못하고 침식당할 것이다.

오늘날의 결과를 낳은 신학의 한계성 이유를 이 연구는 그들이 결코 넘어서지 못한 서양 문명의 세계관적 한계성 탓이라는 것을

---

37) 『소명』, 앞의 책, p.104.

밝히고자 한다. 하나님과 예수그리스도에게 무슨 문제가 있겠는가? 선천 세계관은 진심 본질을 인식한 관점이 전체성을 확보하지 못한 것이 문제라고 하였듯, 신학은 그렇게 해서 한계성을 지닌 서양 문명의 토대 위에서 예수그리스도의 神性을 증거하고 하나님의 본성을 규정하고자 했다. 도대체 무엇이 문제인가 하면, 히틀러가 꼬집었듯, 기독교는 神의 초월성, 완전성, 유토피아성을 증거하고자 하였지만, 서양적 사고방식과 진리 추구 방법과 문명적 특성은 그것을 뒷받침할 수 있는 지적 전통을 축적하지 못했다. 이것이 긴 역사를 통하여 신학이 한계성에 처하도록 작용하였다. 그런데도 이런 사실을 깨닫지 못한 사실이 더 큰 문제이다. 한마디로 서양 문명은 현상 세계의 규칙적인 질서 위에서 사물의 결정적인 법칙성을 규정하고자 진리를 추구하고 철학을 궁구하고 학문을 탐구하였다. 나아가 이 같은 세계를 밝히기 위해 이성, 논리, 분석, 변증, 관찰, 실험, 실증 등, 지적 수단을 동원하고 방법을 세웠다. 당연히 기독교도 그렇게 이룬 지적 성과와 방법을 수용해서 표출된 신학적인 문제를 해결하다 보니 진리적인 성과가 탐탁잖았다. 주된 이유는 하나님은 현상적 질서를 초월해 본체적인데, 본성을 바라보는 안목과 접근 수단은 현상적 질서를 탐구하는 데 적합한 귀납적, 합리적 논거 방법과 분석적, 논리적 통찰이다 보니 도무지 거리를 좁힐 수 없었다. 그것이 신학의 중요한 진리적 과제인 신관, 계시관, 창조관, 구원관에서 하나님의 창조 목적과 배치된 한계성을 드러낸 이유이다.

먼저 기독교는 예수그리스도에 대한 신뢰를 신앙의 전제 조건으로 둔 만큼, 원시 기독교는 유대교적 전통 안에서 인류 앞에 등장한 하나님의 독생자에 대한 神性을 증거하고 확립하는 데 주력하였다. 사도들의 활동이 그러하다. 특히 기독교 신학의 창시자인 바울은 학문적, 진리적인 문제보다는 主 예수의 사역 의미와 복음을 전파하는 데 주력하였다.

> "내가 받은 것을 먼저 너희에게 전하였노니, 이는 성경대로 그리스도께서 우리 죄를 위하여 죽으시고 장사 지낸 바 되었다가 성경대로 사흘 만에 다시 살아나사……(고전, 15: 3~4)"

사도들의 노력으로 기독교가 각지로 전파되자 초기에는 로마 제국의 핍박으로 다수의 순교자를 내었지만 313년, 콘스탄티누스가 밀라노 칙령을 발표하고, 신앙 자유의 원칙에 의해 기독교를 공인한 역사적 순간을 맞이하였다. 이후 서로마 제국이 멸망(476년)하고 게르만 민족의 대이동(4세기~6세기)이 있은 5세기부터 르네상스(14세기~16세기)와 근대(1500년~1800년)가 시작되기까지의 5세기부터 15세기까지의 시기를 서양의 중세(中世, Medium aevum)라고 부른다.[38] "중세가 시작되기 전 고대와 중세 사이의 과도기를 교부철학 시대라고 부른다. 예수의 탄생으로부터 아우구스티누스의 사망 때까지의 이 기간은 기독교 신학이 철학을 대체하려던 기간이다. 초기 교부철학자들의 노력으로 기독교 교리의 기반이 확립되어 교권으로 중세를 지배하였다. 이들은 그리스 철학을 빌려 기독교의 교리를 확립하였다. 아우구스티누스 때 전성기를 이루고, 8세기까지 계속되었다."[39] 그러나 "1차 십자군 원정이 실패하자(1096~1099) 교황권이 무너지기 시작했고, 동서의 교통이 이루어지면서 세속학이

---

38) 다음 백과, 중세.
39) 『체육 철학』, 김대식 외 2인 공저, 앞의 책, p.39.

싹트게 되었다. 절대적 신조로 삼아온 기독교에 대해 맹목적으로 신앙할 수 없게 되었다. 점차 교리가 흔들리게 되면서 기독교 교리를 학리적으로 철학적 체계에 의해 논증해야 할 처지에 직면하였는데, 이 움직임이 바로 스콜라철학(Scholasticism) 운동이다. 중세 기독교 교리를 주축으로 하고, 그리스 철학을 예속시켜 신앙과 이론이 합치될 수 있도록 입증하고자 한 합리화의 소산이다."40) 이후의 근·현대 신학 역시 이렇게 하여 구축된 중세 신학의 테두리를 크게 벗어나지 않은 것을 본다면, 신학이 당면한 근본적인 한계성을 이곳으로부터 찾을 수 있다.

교부철학과 스콜라철학이 취한 운명적인 공통점은 모두 그리스 철학을 빌려 기독교 교리의 기초 이론을 확립하였다는 데 있다. 확인된 바로써 "교부철학은 플라톤의 철학, 그중에서도 이데아론을 통해 신학적 진리를 정당화하려 했고, 스콜라철학은 교부철학에서 배척한 아리스토텔레스 철학을 적극적으로 수용했다. 그리고 이 둘은 진리 인식 수단과 방법 면에서 이성적이고 철학적인 토대 위에서 엄밀한 진리로서의 신학을 추구한 종교 철학이다."41) 긍정적인 측면에서는 교부 시대부터 서양 문명의 두 원류라고 할 수 있는 그리스·로마 문화와 기독교 문화의 융합이 시작되었다고 할 수 있지만, 결론적으로 그것은 겉모습만의 혼합에 불과했고, 본질에서는 통합될 수 없다는 사실을 확인시켰다. 이것이 그대로 기독교 신학을 한계성으로 내몬 장애물 역할을 하였다. 문제성을 다시 지적한다면, 초월적인 본성을 지닌 神을 초월적인 의식 체제로 증거하려

---

40) 『교육의 역사 및 철학적 기초』, 앞의 책, p.77.

41) 다음 백과, 기독교 신학.

하지 않고, 사물의 본질을 탐구하는 데 적합한 이성 체제, 곧 서양 문명이 구축한 사고방식으로 증거하고자 한 것이다. 그렇다면 동양 문화가 일군 본체론적 방식을 채택한다면 결과가 어떻게 될까? 기독교 신학이 도달한 세계관적 종말성의 끝자락에서 미래 역사에 정말 동양식 기독교 신학의 부활을 기대할 수 있게 되리라. 어차피 하나님의 창조 본의를 밝히지 못한 상태에서 믿음을 수호하던 초기 기독교의 조건 속에서는 교의가 신비화될 수밖에 없었다. 하지만 이런 신비성을 극복하기 위해 중세 천년 세월 동안 기독교가 이성을 통해 합리화한 것은 초월적인 神의 본성과는 배치되었기 때문에 언젠가는 도달하고야 말 종말의 길로 들어선 것이다. 이것을 오늘날 본성에 걸맞게 뒷받침할 수 있을 때, 신학은 다시 만 인류를 구원하는 진리 학문으로서 거듭날 수 있다. 그런 가능성을 서양 신학이 직면한 세계관적 한계성을 직시해서 터야 한다.

먼저 神의 증명, 神의 뜻, 신관을 포함한 신론을 정립하는 데 있어서 중세는 신본주의 시대인 만큼, 집중한 정열을 바친 세월을 통하여 그들은 자신들이 일군 사상과 바친 신앙으로 얼마나 神에게로 다가갔고, 神에 이르는 객관적, 보편적인 길을 개척하였던가? 하지만 그들은 내세주의를 고수한 바, 이것은 主 예수가 하나님의 나라가 가까웠다고 한 외침과 정면으로 배치된다. 복음의 본질을 아전인수격으로 왜곡하였나니, 중세가 취한 "내세주의적 사상은 예수그리스도가 하나님이 뜻을 이 땅에서 이루려고 한 지상 천국 건설 사상과 대립한다."[42] 어떡하든 지상에서의 하나님 나라 건설 시기를 앞당기기 위해 방법을 마련해야 했는데, 외침을 지연시킨 것은 중

---

42) 「예수의 교육 사상과 서양 중세 교육사상의 관련성에 대한 연구」, 앞의 논문, p.44.

세 교회가 그들이 휘어잡은 현세에서의 세속적 권한을 최대한 유지하고자 했기 때문이다. 또한, 교부들과 철학자들이 神의 존재 사실을 증명하고자 한 방식은 대부분 대동소이한 접근방식과 수단을 동원한 것이다. 특히, 중세 말기에 신앙과 지식을 조화시킬 수 있다고 확신한 아퀴나스는 神의 증명 문제에 대해 많은 논술을 남겼다. 하지만 그가 취한 신학적 방법과 성과는 이성과 철학을 통한 지식과 인식적 통찰을 통해 이들을 종합한 수준이다. 문제는 그가 호흡한 전 시대의 문화적 여건상 초월적인 神을 증명할 수 있는 본질적 메커니즘을 제공받지 못했다는 데 있다. 거듭 말해, 삼세 간을 초월한 하나님은 삼세 간을 초월한 본질 작용 메커니즘으로 뒷받침해야 했다. 그리고 근본적인 문제는 창조된 본의를 모른 상태에서는 누구도 신앙과 지식, 진리와 神을 일치시킬 길을 틀 수 없었다는 데 있다. 그래서 신학은 철학자를 포함해서 무엇을 통해서도 서양 문명 안에서 창조주 하나님이 존재하고, 역사를 통해 살아 있는 사실을 증명하는 데 실패하고 말았다. 이성을 통한 神 증명 방법과 수단의 한계=서양 신학의 한계=서양 기독교의 한계=서양 문명의 한계로 이어졌다.

다음은 계시 교리의 신학적인 한계성이다. 전격적인 성부만의 시대에는 인간과 하나님과의 소통이 원활한 계시 역사의 전성 시대가 있었지만, 그것은 성경을 통해서도 확인된 바 사례의 기록이지 이론적, 원리적으로 정립하고자 한 노력을 더한 것은 없다. 이후 성자 시대를 맞이하면서 성자의 행적과 신성을 뒷받침할 새로운 경전 구축 필요성이 제기되었고, 이후 전승된 구약 경전을 포함하여 난립한 경전 자료들을 취사선택한 결과, 오늘날과 같은 모습을 갖춘 구약 39권, 신약 27권의 정경으로 확정되었다. 신약 성경의 기록 시기가 A.D. 1세기경으로 비슷한 시기에 이루어진 것으로 볼 때, 이후의 계시가 성경에 더는 첨가된 것이 없다는 사실을 놓고 본다면, 하나님의 계시 역사가 이후로는 전면적으로 중단된 것인지 의문이다. 결코, 그럴 리가 없다고 판단할 때, 그 보옥과도 같은 성령의 임재 역사를 더 이상 면면히 수놓지 못하게 한 것은 어떤 판단 때문인가? 기독교 신학과 교회가 가진 성경에 관한 결정 권한 탓이다. 과연 이 같은 교리 확립과 그에 따른 결정 권한 행사는 하나님의 뜻을 따른 것인가? 아니라면 배치된 것인가? 근시안적으로는 문을 폐쇄함으로써 각종 이단 사상의 유입을 차단해 교회 조직은 안정될 수 있었겠지만, 원시안적으로는 새로운 진리성이 더 이상 유입할 수 없게 되어 교리의 고립화를 피할 수 없게 되었다. 이처럼 폐쇄된 문은 언젠가는 세상을 향해 개방되어야 하는데, 그때가 바로 지금이다. 앞으로 해결해야 할 문제라 치더라도, 문제는 정경을 확정하다 보니 성경의 전격적인 신뢰 종용과 내용의 이해 및 해석에만 주력하게 되어 정작 오늘날도 살아 역사하는 하나님과의 소통 문제는 소홀하고, 새로운 메시지를 받들고자 한 관심이 줄었다. 그러니까 신학도 굳이 하나님의 계시 역사를 진리적, 원리적으로 뒷받침하고자 한 노력을 하지 않았다. 진정 이 시공간과 대우주의 운행 질서를 주관하는 하나님은 권능적인 자산을 총동원하여 계시 역사를 펼치고, 성령으로 임재하며, 무지한 영혼을 깨우쳐 뜻을 전달하고자 하는데, 영혼들이 신학상의 편협으로 하나님과 소통할 영안을 열지 못했고, 결과로서 만 영혼에 하나님의 영을 들어부을 성령의 시대 도래를 지연시켰다. 물론 성경을 정경화한 것은 하나님의 계시 전달 역사에 있어 방법을 전환한 것은 사실이다. 그러나 계시 역사의 본질적 원리는 성부의 시대나 성자의 시대나 앞으로 펼쳐질 성령의 시대에서도 달라질 것이 없다. 그만큼 신학은 계시 역사의 메커니즘 체제를 우주적 작용 원리를 동원해 정립해야 했다. 만인이 성령과 교감할 수 있는 상호 계시 작용 원리 말이다.

이런 문제는 기독교 신학이 내세운 창조론도 마찬가지이다. 창조론 영역은 성경의 창세기에서 밝힌 기록 내용을 이해하고 믿는 것 이외에는 수십 세기에 걸쳐 한 걸음도 진척된 것이 없다. "하늘과 땅의 창조주요 전능한 하나님 아버지를 믿는다는 것이 무슨 뜻인가에 대한 답으로서, 하나님은 모든 피조물과 더불어 나를 창조하였고, 나에게 몸과 혼과 눈과 귀, 그리고 모든 지체와 이성과 감각들을 주었으며, 더욱이 의복과 신발, 먹고 마시는 것과 집과 들, 여자와 아이, 농토와 가축, 그리고 모든 재물을 주었다. …… 나는 이 모든 것에 대해 하나님 아버지에게 감사하며, 찬양하며, 그를 섬기며, 순종해야 한다. 그것은 분명한 사실이다."43) 이런 답보 관점 탓에 무엇이 빠진 것인지 모르고 있다. 이것은 세계 굴지의 삼성전자가 생활에 필요한 가전제품을 생산하고 있는데, 종류가 무엇이고 제품의 이름이 무엇이라고 하나하나 나열한 것과도 같다. 창조론도 마찬가지이다. 하나님이 창조한 목록을 나열하는 것이 창조론은 아니다. 창조론은 창조란 어의에 걸맞게 창조한 원리성을 밝히는 것이다. 그것은 우주적 원리와도 상통하고, 그렇게 결정한 원리성의 법칙화와도 연관된다. 다시 말해 왜, 어떻게, 무엇으로가 창조론이 다루어야 할 필수 항목이다. 냉장고는 목적에 따라 물을 얼릴 수

---

43) 『기독교 신앙의 가르침』, 앞의 책, pp. 36~37.

있는 원리로 제조되었다. 창조 역사의 주체적인 뜻과 목적과 함께 창조의 원동력과 메커니즘을 구체화해야 했다. 창조 역사가 분명한 원리와 법칙으로 주재된 것이라면, 그런 사실을 증명하는 것도 가능한데, 이런 문제에 관해서 판단 근거를 찾고 기준을 마련하는 등의 방법을 강구하지 않았다. 그러니까 허점을 파고든 진화론이 득세하는 등, 진리 영역으로부터 도전장을 받았다. 오늘날은 "빅뱅 이론 등을 포함한 우주 탄생과 진화 이야기를 인류의 한 보편적인 창조 이야기로 이해할 것을 제안하기에 이르렀다."[44] 성경의 창조론을 퇴진시키고 대처할 새 이론으로 무장한 창조론 말이다. 하지만 이들도 정작 창조론으로서 갖추어야 할 엄밀한 자격 조건을 모른 것이다. 어린아이가 현실적인 어려움도 모르고 장래 꿈이 대통령이라고 말하는 것처럼……

창조는 진화 메커니즘으로 접근할 수 있는 우주적 법칙이 아니다. 다시 말하면, 세상이 가진 상대, 결정, 분열, 생성, 인과, 연기, 법칙, 원리, 이치 등등. 가늠할 수 있는 현상적 질서를 벗어났다. 우주 역사의 알파와 오메가를 온전히 관장하고 주재하는 그 무엇인데, 이런 주재 자격을 세상 누가, 무엇이 갖출 수 있단 말인가? 그런데도 태초에 그렇게 해서 창조된 결과인 천지 만물이 현존하는 한, 조건을 갖춘 창조 원리는 가시화될 수 있고, 사실을 증거할 수 있다면 창조 원리를 법칙화한 분도 모습을 드러낼 수 있다. 그런데 이런 문제에 대해 신학은 어떤 문제의식을 느끼고, 과제를 진척시켰는가? 신학이 천지 창조 역사를 원리적으로 증거하는 것은 창조 권능을 증거하는 역사로 연결되는 핵심 된 과제인데도 말이다.

---

44) 『한국 교육철학의 새 지평』, 이은선 저, 내일을 여는 책, 2000, pp. 142~143.

기독교 신학의 마지막 하이라이트는 구원론 정립 문제이다. 그런데 기독교 교리는 아예 처음 출발 때부터 하나님이 태초에 인간을 창조한 본성을 잘못 해석한 탓에 시종일관 인류 구원 뜻과 배치된 길을 걸었다. 인간은 타락했기 때문에 양심은 믿을 바 못 되고, 죄에 얽매여 있어 진정 자유로울 수도 없다. 인간은 죄로 인해 결국 파국을 맞고 종말을 고할 것이라는 암울한 인간관을 가졌다. 그것도 그럴 것이, 전제 조건은 필시 하나님의 인류 구원 역사를 절대시하는 방편일 수 있겠지만, 획일적인 구원관 탓에 종말을 맞이한 오늘날은 오히려 기독교 신앙 전체를 막다른 골목으로 몰아 놓은 덫이 되어버렸다. 그동안 기독교는 하나뿐인 구원 창구만 열어놓고 입버릇처럼 인류를 구원하고자 하였고, 외길인 비좁은 길로 인류를 한꺼번에 몰아넣었다. 오직 교회만이 인간을 구원할 방주이며, 예수그리스도만이 하나님과 통할 수 있는 길이라고 외쳤다. 구원에 이르는 길은 좁다(눅, 13: 24). 좁은 문은 생명으로 인도하는 문이요 넓은 문은 멸망으로 인도하는 문이라고 하였다(마, 7: 13). 이런 결과 초래 원인은 인간 본성에 대한 엄청난 곡해에서 비롯된 것이다. 죄성을 구원과 연관시키다 보니 자가당착적인 교리 탓에 당위적인 수렁에 빠졌다. 그것은 선천 신학의 어쩔 수 없는 한계성 인식이라고 하더라도, 종말에 처한 지금은 깊은 수렁으로부터 빠져나올 수 있는 대비책을 세워야 한다. 하나님의 창조 뜻인 인류의 보편적 구원 목적에 비추어 본다면, 지난날 신학이 수립한 구원론은 그런 목적과 크게 어긋났다. 하나님이 진정으로 원한 구원론은 그런 것이 아니다.

하나님은 인간 죄악을 절대로 방치하지 않았고, 죄성을 타고나도록 창조하지도 않았다. 노심초사 정당한 본성을 회복할 수 있도록 역사하였다. 그 구원관의 첫 출발은 인간 본성의 올바른 정립이다. 하나님은 인간을 하나님의 본성을 최대로 반영한 善性, 先德을 갖추어 창조하였다. 그런 만큼 하나님이 부여한 최고의 가치 善과 밝은 德을 일구고 밝히는 것이 인류를 광명한 세계로 나가게 하는 길이고, 그런 길을 만인이 함께 걸어갈 수 있도록 갈고 닦고 넓혀 선도하는 것이 **"교육의 위대한 원리"** 역할이다. 죄성으로부터의 구원보다 더 적극적으로 明德을 밝히는 것이 미래의 기독교 신학이 취해야 할 인류를 보편적으로 구원하는 관점의 획기적 전환이다. 독일의 개신교 신학자이자 철학자인 슐라이어마허(1768~1834)는 예언하길, "참으로 종교적인 사람은 성서를 믿는 사람이 아니다. 오히려 그것을 스스로 하나 더 쓸 수 있는 사람이고, '중보자'가 필요한 사람이 아니라, 다시는 중보자가 필요 없는 시대가 올 것이다"[45]라고 하였다. 이전 신학은 그렇게 할 길을 마련하지 못한 탓에 중보자에게 의탁한 길을 제시할 수밖에 없었지만(타력 구원), 이제는 각자가 영성을 개발하여 하나님과 소통할 길을 트면, 자력으로 구원의 길을 개척하는 시대를 맞이할 수 있다. 그것이 곧 하나님이 내 영을 만민에게 부어 주리라(욜, 2: 28), 열방에 하나님의 영이 내리리라고 약속한 만인 영통 시대의 도래이다. 지난날은 신학이 하나님과 소통할 인간의 영성을 개안시키고 도야할 방법론을 구안하지 못해 중보자가 필요했던 만큼, 이제는 각자가 자체 영성을 개발할 수 있게 해야 하고, 그 역할을 이제는 종교가 아닌 교육이 담당해야 하리라.

---

45) 위의 책, p.92.

진정 지난날은 세계관의 미비 탓에 신학이 하나님의 주재 역사 사실을 진리적으로 증거할 수 없어 믿음을 요구하고, 믿음을 수단으로 인류를 하나님에게로 인도하였지만, 하나님이 창조 본의를 밝히고 본체를 드러낸 지금은 제반 사실을 증거할 수 있어 창조 역사와 실존 사실을 확인할 수 있는 때를 맞이하였다. 그것이 이 연구가 시종일관 논거를 둔 지상 강림 역사 시대, 성령의 역사 시대 도래에 대한 기대이다.

4. 진리(현상)

감사관이 감사를 하기 위해서는 잘한 일이든 잘못한 일이든 실행한 일과 진척된 과정이 있어야 하고, 사람의 인상착의를 말하기 위해서는 그 사람과 대면한 기회를 가져야 하는 것이 기본적인 조건이다. 수많은 선천의 철인, 覺者, 지성인, 심지어는 성인까지도 道를 구하고, 法을 말하고, 진리가 무엇인가에 대해 일가견을 피력했지만, 정말 진리가 무엇인지 보고, 작용 과정과 결과를 확인해서 말한 것인지는 의문이다. 보고 확인하지 않고서도 인간은 사고하는 동물인 탓에 관념적으로 이치를 따져 결론을 내릴 수 있다. 이런 경우가 지금까지 양산한 진리 개념의 태반을 차지한다. 空論 개념을 걸러내는 분명한 판단 기준 하나가 곧 진리가 무엇인가를 직접 보고 확인하고 경험한 것인가의 여부인데, 여기서 가늠할 것은 진리의 창조 작용 문제이다. 어떤 원리의 사실성을 가늠하기 위해서는 여러 번 실험해보고 같은 결과를 얻어야 하듯, 진리도 천지 만물을 창조하는 데 어떻게 관여되었고, 어떤 결과를 얻어내었는가를 통해 구한 그 무엇이어야 한다. 이런 문제와 아무런 상관도 없이 엉뚱한 데 초점을 두고 횡설수설한다면 십중팔구 아류적 목적을 이루기 위해 포석을 깐 주관적 신념이다. 그렇다면 분명한 사실 하나는 세상의 진리에 속한 원리, 법칙, 이치, 道, 法, 태극, 理氣, 空 등은 창조와 연관이 있고, 창조로 인해 인간의 의식 속에 포착하여 찾은, 그리하여 개념화한 그 무엇이라는데 있다. 아무리 진리라 해도 최종적인 것은 개념으로 포장해서 확정한 영혼 없는 말이 있는 것처럼, 개념으로 조작된 진리도 있다. 그래서 진리가 무엇인지를 정의하기 위해서는 전 우주 간에 걸쳐 바탕이 되고 주재되고 운행된 창조의 본질적인 뿌리 역할과 과정과 작용 결과를 지켜보고 확인해야 한다. 그런데 선천 하늘의 여건상 진리를 구하고 정의하고자 한, 지성인들에게 있어서는 녹록지 않은 조건이다. 처처에서 한계성의 장벽이 가로막고 있는데, 문제는 그것이 물질적으로 가로막힌 장벽이 아니고, 인식하기 어려운 관점상의 장벽이라, 가림막이 차원적인 절대 조건을 갖추었다. 다시 말해, 가로막힌 장벽을 전혀 의식할 수 없도록 투명한 장벽 역할을 했다는 뜻이다. 제3의 조건이 부여되지 않는 한 2차원은 2차원인 그것이 자체 안에서는 절대조건인 것처럼, 선천 지성들이 처한 진리 판단 조건도 그러하다. 이것은 주어진 차원을 벗어나지 않고서는 임한 세계적 조건을 실인할 수 없는데, 지상 강림 역사와 함께 선천과 후천을 가르는 우주 생성의 대전환점을 맞이한 지금은 확인할 수 있다. 지난날의 판단 여건이 그만큼 제한되었다는 사실을 지적하고, 야기된 잘못된 진리 판단 원인과 이유를 지적해서 비판하리라.

어려움은 있지만, 지성들이 쉬지 않고 진리를 추구하고, 만족할 수 없는 조건 속에서도 진리성을 간직하고 수호하고자 한 데는 지극히 근본적이고도 본질적인 이유가 있다. 본능은 의도한 의지력과 상관없이 타고난 것이듯, 진리를 추구하는 성향을 지닌 것은 진리의 창조적 본질을 확인한 자로서 이유를 직시할 수 있다. 왜 인간은 고래로부터 진리를 구하고, 진리를 지키고, 진리대로 살고자 하였는가? 진리를 진리라고 하면서 진리 아닌 지식과 구분하였는가? 그곳 진리 속에는 인간의 나고 가야 할 창조 법칙과 원리와 당위 가치가 있기 때문이다. 천지를 있게 한 하나님의 창조 뜻과 의지와 법칙의 위대함이 도사렸다. 그래서 진리에 대해서만큼은 최대한 주관적 신념을 버리고, 경외하고 영혼화해서 끝내 귀의하고자 했다. 여기서 진리라고 한 것은 지극히 객관적이고 보편적인 창조 본성과의 동감 의식이다. 기독교적인 진리만이, 혹은 과학적인 진리만이 참 진리이고 절대적이라고 편 가름한 것은, 그것이 곧 이 연구가 비판하고자 하는 세계관의 한계성이 낳은 적폐 자체이다.

전라남·북도의 동쪽 지리산 기슭을 지나 남해의 광양만으로 흘러가는 섬진강(212.3km)은 남한에서 네 번째로 긴 강이다. 이런 섬진강의 근원인 '데미샘'은 전북 진안군 팔공산 북쪽 기슭의 상추막이 골에 자리 잡고 있다. 원류에 해당한 강의 발원지가 강이 아닌 '샘'이라는데 대해서, 그것도 산봉우리의 바위 틈새에서 솟아오른 물이라는 데 대해서(천상샘), 유유하게 흐르는 섬진강의 본류 모습과 그 원류에 해당한 데미샘과는 차이가 있다. 강은 흐르는데, 샘은 땅속에서 솟아오르며, 샘솟게 한 지하수의 원류까지 추적한다면 섬진강의 진정한 근원은 바로 하늘이리라. 이처럼 우리가 눈으로 보고 경험하고 있는 섬진강의 본류 모습과 다르게, 원류를 있게 한 근원은 샘이다. 본류 모습만 보고 섬진강이 어떻다고 이야기할 수 없다. 그런데도 만약 그렇게 하였다면 결과가 어떻게 될까? 전체적인 판단이 어긋나고 섬진강의 원류 추적 기준을 '흐름'에 맞추게 되어 샘솟음과는 거리가 멀어진다. 진리도 마찬가지이다. 물은 모이면 쌓이게 되고, 쌓이면 중력의 법칙에 따라 높은 곳에서 낮은 곳으로 흐르는데, 그런 물의 첫 흐름을 있게 한 발단이 샘의 창조적 역할인 것처럼, 진리의 근원은 천지를 있게 한 창조 본체로부터 생성된 것인데, 선천의 지성들은 이것을 알지 못한 관계로 관점 면에서 지극한 한계 상황에 직면하였다. 그것을 단도직입적으로 지적한다면, **창조의 뿌리 본질을 보지 못한 관계로 인해 초래된 세계관적 인식 상황**이라고 할 수 있다. 그런 진리관을 근거로 현대 문명을 건설한 탓에 서양의 지성들이 세운 유물론, 진화론, 무신론, 과학주의, 실증주의 등은 근원 된 본질성을 부정하고 제거하는 데 앞장 선 세계관이다. 진정 진리는 영원불변한 창조 본체에 근거했고, 천지 만물을 창조하기 위해 무궁한 생성 활동으로 활성화된 것인데, 그런 창조 본체의 생성 활동이 일부 깨어 있는 자들의 의식 속에 포착되어 각성되었다. 분열하는 현상계 안에서는 진리가 본체의 정보를 담은 일부분으로서 갹출된 것이지만, 그런데도 진리의 본질만큼은 걸림 없이 소통하고, 동질인 탓에 창조 본체의 통합적 바탕 정보를 모두 갖추고 있다. 즉, 부분이면서도 전체와 상통하고, 전체가 가진 정보를 함께 갖추었다. 다시 말해 부분이 전체성을 선재적으로 지녔다. 그 선재성이 시공간 안에서는 우주의 엄격한 운행 질서상 순차적으로 드러나지만, 그렇다고 진화적으로 처음부터 없었던 것이 생겨난 것은 아니다. 이미 존재했지만 시간의 제약상 때를 기다린 것이므로, 이런 분열 질서 안에서 진리가 간직한 창조 본체에 대한 정보는 지극히 초월적이다. 만 현상은 구분되고 분파되어 있지만, 진리가 간직한 본질 구조는 통속적이다. 그래서 진리의 본질체에 해당한 道는 직시할 수 있다. 그런데도 이런 진리의 창조 뿌리를 보지 못한 지성들이 뿌리를 제거하는 데 적극적으로 가담했다는 것이 언젠가는 맞이할 세계의 종말 씨앗을 뿌린 격이다.

이처럼 선천이 처한 세계적 상황을 근거로 지난날 지성들이 정열을 바쳐 이룬 진리 판단 조건을 살펴보면, "한때 프로타고라스라는 소피스트가 "인간이 만물의 척도"라고 말한 이유를 새로운 관점에서 이해할 수 있다. 물론 주관적인 척도가 만물에 적용될 만큼 공평한 기준이 아니라는 것은 이후 지성들의 비판을 통해서도 알 수 있지만, 간파해야 할 것은 당시로써 드러난 판단 기준이 인간에게 한정될 만큼, 본질적인 척도 근원을 파고들지 못했다는 사실이다. 그러니까 만 가지 척도 양산 추세를 가로막지 못하고 세계관을 분열시킨 원인이 되었다. 그런데도 문제는 프로타고라스 이래 지금까지도 공유할 척도 근거를 찾지 못한 데 있다. 도올 선생은 주장하길, "나의 氣 철학은 인간의 모든 진리가 인간이라고 하는 생물학적 조건을 떠나지 않는다는 명백한 제1 원리를 가지고 있다(氣철학=몸철학)고 하였다."[46] 이것은 인간을 기준으로 한 프로타고라스의 생각에 대해 현대적인 개념과 주관을 보탠 것이다. 진리의 창조성 뿌리를 보지 못했다는 뜻이다. 설사 인간이 가진 몸은 생물학적 조건을 떠나지 않는 제1 원리인 "氣의 유기체적 단위로서, 氣는 몸을

---

46) 『태권도 철학의 구성 원리』, 김용옥 저, 통나무, 1990, p.39.

통해서만 자기를 실현한다고 해도"[47] 척도 기준을 인간이 가진 몸이 갖추고 있다는 인식은 잘못이다. 전형적인 본말전도 사례이다. 프로타고라스의 생각을 각색한 현대판 주관주의 척도 사상이다. 인간이 판단한 모든 진리성이 인간이 지닌 몸된 생물학적 조건에 의해 종속된 관념의 유희에 불과하다니…… 관념의 결정 현상이라니…… 그렇게 판단하는 원인은 도대체 어디에 있는가? 도올 선생은 인간이라고 하는 사전의 생물학적 결정 조건은 고려하지 않고, 아예 생각조차 하지 않았다. "게이샤의 추억"이란 영화가 있지만, 그런 삶을 살지 않은 자, 거기에 대한 추억 역시 있을 리 만무하다. "나의 사전에 불가능이란 없다"라는 나폴레옹의 단언처럼, 이런 사상가들의 뇌리에 인간 존재 이전의 사전 창조 결정 역사란 없다. 여기에 전제한 생물학적이라는 氣철학 조건의 난점이 있다. 현상계의 생성을 첫 출발점으로 삼고, 그것을 절대적으로 여긴 한계를 벗어나지 못했다. 곧, 현상 일원론적인 진리관이다. 이 현상 일원론은 본체의 창조 뿌리 역할을 송두리째 잘라버려 세계의 지성들을 눈뜬 장님으로 만든 관점이다. 인간은 결코 절로 존재하지 않았다. 인간의 생물학적 조건을 결정한 선행 조건에 진리가 있었다.

다시 정리하면, 모든 진리가 인간이라고 하는 생물학적 조건에 의해 종속된 것이 아니고, 진리에 의해 모든 조건이 사전에 결정되었다. 본질을 보고 보지 못함, 인정하고 무시한 결과의 차이는 판이하다. 멸망으로 가느냐 구원으로 가느냐 하는 판가름이 섬진강의 모습과는 차원이 다른 원류를 직시할 수 있는가 없는가에 달렸다. 도올 선생은 氣는 몸을 통해서만 자기를 실현한다고 했는데, 바로

---

47) 위의 책, p.39.

잡는다면, 氣는 만사의 존재를 결정한 본질적인 요인으로서 위대한 창조 역사를 실현한 주체이다. 그런데 氣, 그러니까 그렇게 해서 피조된 몸을 통해서만 자기를 실현한다니! 몸은 氣의 작용을 통해 하나님이 위대한 창조 목적을 실현한 결과체이다. 다시 말하면, 하나님의 몸된 창조 본체를 이행된 氣로서 화현시킨 제2의 하나님 자체, 그 자식이다.

이런 진리의 상황적 조건 관점은 선천의 지성들이 가진 진리관의 곳곳에서 드러난다. 누차 지적한 실존주의의 대표적 명제인 "실존이 본질에 앞선다"라는 말도 선천 진리관이 처한 상황적 조건은 같다. 본질의 실존성을 볼 수 있는 안목을 확보하지 못한 탓에 본질과 단절되었고, 단절되다 보니 드러난 현상이, 제공하는 정보만으로 세계를 판단한 결과로써 실존이 본질에 앞선다고 오판하였다. 통합 본체로부터 분열된 현상적 질서를 시초로 삼다 보니 실존을 구성한 선행 본질의 바탕 역할을 무시하였다. 이 얼마나 큰 착오인가? 일체 초월적인 근원과의 관계를 무시한 것인데, 그런 잘못의 절박함을 깨닫지 못했다. 근원을 탐구하고 연관성을 밝히려고 해도 무수한 세월이 필요한데, 서양 문명은 고대부터 싹튼 본질성에 대한 인식의 맹아를 애써 짓밟는 데 정열을 쏟아 하나님의 창조 목적 실현 역사를 저지하였다. 서양 사상에는 이런 바리케이드가 곳곳에 설치되어 있고, 후면에는 철옹성 요새를 구축하여 저항의 기치를 드높였다.

그런 장벽 가운데서도 반드시 선제적으로 허물어뜨려야 할 거점 요새가 진화론이다. 넘어서지 않고서는 하나님이 예비한 구원의 城에 이를 수 없음에, 전방위 메커니즘으로 무장한 진화론을 단숨에

공략하기 위해서는 어떤 첨단 무기를 확보해야 할 것인가? 천지가 창조된 사실 자체를 밝히는 대진실이다. 여태껏 진화론이 세계적으로 확산하고 득세한 것은 창조론이 하나님의 창조 본의에 근거해 원리성을 밝히지 못한 탓이지 진화 자체가 사실이라서가 아니다. 기존 창조론이 부실하니까 진화론이 그 자리를 대신한 것인데, 동녘 하늘이 밝아오면 칠흑 같은 어둠이 거짓말처럼 사라지듯, 진화론의 말로 역시 그러하다. 어둠을 일시에 물리치고 진화론으로 무장한 철옹성 가설을 비판할 창조 진리 관점이란 과연 무엇인가? 바로 사전 창조 과정에 대해 인식이 미치지 못한 한계성이다. 이렇게 되면, 모든 것을 완료함으로써 출발한 생성 역사의 첫 시작을 진화론의 첫 출발점으로 삼게 된다. 그러면 사전에 마련된 모든 존재 바탕에 대하여, 새롭게 생성된 모든 존재 사실에 대해 진화론은 근거와 메커니즘을 설명해야 하는 지적 부담을 안는다. 이런 문제를 진화론은 어떻게 해결하였는가? 해결하기나 한 것인가? 진화론은 논거하길, "생명의 진화가 시작되기 위해서는 먼저 다른 것의 도움 없이 스스로 복제할 수 있는 RNA가 나타나야 했다. RNA는 유전자의 이전 형태이다. 그런데 자기 복제를 통한 번식 과정에서 실수(돌연변이)가 발생했고, 이 때문에 약간 변형된 자손들이 생겨났다"[48]라고 한 것이다. 그러나 창조의 바탕 본체 역할과 창조 역사의 시작은 그런 것이 아니다. 그런데도 진화론은 최초 문제는 회피하고, 이미 존재한 有한 존재를 전제했다. 스스로를 복제할 수 있는 RNA라? 이것이 진화론에 맞도록 끼워 맞춘 가설적 실체이다. RNA란 존재가 가설이든 무엇이든, 진화론은 RNA란 실체를 세우

---

48) 『인식의 모험』, 앞의 책, p.24.

지 않고서는 성립될 수 없었다는 점에서, 사실은 하나님의 사전 창조 역사를 시인한 것이다. 그리고 그런 메커니즘을 장착한 有적 실체를 앞세우고 첫 출발점으로 삼은 것은, 그들이 진리라고 주장한 진화론이 사실은 제1부가 아닌 제2부부터의 역사라는 것을 역설적으로 시인한 상황이다. 버전이 낮은 컴퓨터는 버전이 높은 컴퓨터에서 작업한 기호나 도표를 읽지 못해 검게 표시되는 경우를 보는데, 진화론도 창조 과정에서 결정된 메커니즘을 해석하지 못해 논리를 비약시킨 논거를 곳곳에서 발견할 수 있다. 진화란 결과론적 사실을 끼워 맞추기 위해 진행되는 과정에 무수한 세월과 우연과 실수(돌연변이)를 동원해 땜질하였다. 자연 가운데 존재한 법칙은 지극히 엄밀하고 규칙적이고 인과적인데, 이 같은 자연법칙을 모조리 위반하였다. 어떨 때는 진화의 일관성, 공통성, 만유 가운데 적용된 보편성을 강조하면서 정작 창조로 인해 결정된 메커니즘 영역에 도달해서는 이율배반적인 기준을 들이댄다. 사전에 마련된 창조 바탕을 그렇게 해서 드러난 현상만을 통해(현상 일원론) 설명하고자 하니까 무리수가 따랐다. 사실은 창조 역사의 완성된 시점이 모든 존재가 생성된 첫 출발점인데, 이것을 볼 수 있는 눈이 없어 우주 운행의 결과를 시작으로, 열매를 씨앗으로 보았다. 사전 창조 역사를 무시하고 자신이 확인한 것만으로 진화의 첫 출발점으로 삼았다. 이런 기준 관점은 사물에 관한 판단을 뒤틀리게 했다.

"진화론을 체계 지은 다윈과 추종자인 스펜서는 둘 다 라마르크가 세운 획득 형질의 유전 이론을 믿었다.[49] 그들이 그의 이론을 사실로 믿은 것은 뭇 종을 보고 판단한 진화 관점이 완전하지 않았

---

49) 『윤리학의 이론과 역사』, W. S. 사하키안 저, 황경식 역, 박영사, 1992, p.261.

다는 것을 증거한다. 주장과 달리 획득 형질이 유전되지 않는다는 사실이 시사하는 것은 무엇인가? 창조론과 진화론의 진리성 여부를 판가름하는 운명적 진실이다. 창조된 피조체란 어떤 변화 메커니즘을 통하여 이상과 이하인 어떤 종도 새롭게 창조할 수 없다는 뜻이다. 변화 자체만으로 종결적이다. 즉, 창조 因을 갖추지 못했다. 창조 권능은 오직 창조 본체만 발휘할 수 있다. 하나님의 창조 권능 말이다. 그런데도 창조 작용 메커니즘을 잘라버리면 진화 메커니즘으로 인해 결과지어진 것처럼 착각을 일으키는데, 그런 판단은 그대로 진화론의 세계관적 한계성을 드러낸다. 진화의 본질은 변화이다. 누가 종이 변화하지 않는다고 하였는가? 하지만 그 변화에는 한계가 있다는 것, 변화는 다름 아닌 창조로 인해 존재화된 본질이 생성으로 불변한 본체성을 지속하기 위한 시스템 구축 결과이다.

이런 창조 시점의 오판은 본질의 생성 메커니즘 면에서 복잡한 착시 현상을 낳고, 세계의 진리성을 바라보는 관점 면에서는 심대한 인식적 장애를 드러낸다. 본질과의 단절 현상이 진리 판단의 한계성 단면으로 귀결된다. 자른 무의 단면을 보면 나머지 단면은 요리를 해버려도 가늠할 수 있는 것처럼, 본질을 단절시킨 것이 진리라고 판단한 인식 속에 그대로 나타났다. 공자는 동양인이 숭상한 위대한 성인이다. 인격적으로도 그러하지만, 세계관적 측면에서도 공자 이전에는 神, 상제, 귀신 등의 문제에 관심을 가졌지만, 공자가 인간을 자각한 발견을 함으로써 관심이 인간에게로 집중되었다. 그래서 중국 역사상 인간의 자각을 최초로 실현한 업적을 쌓았다. 그는 말하길, "인간이 진리를 널리 펴는 것이지 진리가 인간을 널리 펴는 것이 아니다(「衛靈公」)"라고 하였다. 즉, 진리는 인간의 자기 인식과 자각으로부터 파지되고 구현되는 것이지, 진리가 인간을 구원하고 인간 되게 하는 것이 아니다. 따라서 진리는 인간이 아니면 공허하고 맹목적일 수밖에 없다. 진리의 뿌리는 인간성에 있고, 인간성에 의해서 이해되고 실현될 수 있다.[50)]

지금도 우리는 공자의 인간관을 위대한 진리로 믿고 있고, 당연하게 여긴다. 당시에 神, 상제, 귀신을 숭배하는 것은 비합리적인 믿음이고 미신과도 같아, 이것을 배척한 것은 세계관을 혁신한 것이다. 그리고 진리에 대해 인간의 주체성을 내세운 것은 객관(대상)이 주관의 선천적 형식(이성)에 의해 성립된다고 한 칸트의 코페르니쿠스적 전회(인식 방법상의 전환)와 진배없다. 이렇게 혁신한 인간관과 진리관으로 수십 세기 동안 동양 사회를 지배하였다. 이것이 정말 진리라면 진리는 영원하다고 한 만큼, 근세기 서양 세력이 침범하였을 때 동도서기(東道西器)란 자존심을 지키면서 끝까지 영원해야 했다. 하지만 오늘날의 결과는? 중국은 서양이 양산한 유물주의 세계관에 물들었고, 한국 사회도 유교적 전통의 끝자락을 맞이한 상태이다. 성인의 가르침이므로 어떤 하자도 없을 것 같은데, 무엇이 문제인가? 공자의 단안은 서양 역사가 중세의 신권 질서를 허물고 인간 가치 중심인 르네상스 시대를 연 것과 같다. 이전 신관에 부실함이 있었다면 바탕을 보완해서 더욱 다지는 방향으로 나아가야 했는데, 길을 아예 끊어버렸다. 그 과실은 실로 바탕이 된 근원 뿌리를 잘라버린 것이고, 종국에는 인류가 귀환할 수 있는 길을 막아버렸다. 진리의 뿌리를 인간성에 둔 이상, 인간 실존은 다시는 지지할 곳이 없는 막다른 골목으로 내몰렸다. 인간성을 본체로

---

50) 『동양 윤리사상의 이해』, 조현규 저, 새문사, 2006, p.34.

하고 진리를 그곳에 종속시키는 것이 위대한 일인 것 같지만, 정작 인간성이 의탁할 곳이 다시는 없다. 지금의 유교적 실상과 神을 버린 현대인의 길 잃은 방황이 그러하다. 인간이 아니면 진리가 공허하고, 맹목적인 것이 아니라 진리로부터 인류의 위대한 창조 가치를 발견하지 못한 탓에 공허하고, 인간성이 황폐해진 늪을 헤어나지 못한다. 그 이유가 정말 어디에 있는가? 인간 실존의 창조 작용과 본질적 단면을 잘라버린 인간 우위의 가치를 주창한 탓이다. 인간성은 진리에 기초해서 창조된 것인데, 뿌리 작용을 보지 못한 판단 결과이다. 공자는 성인이나 창조의 본의를 모른 선천의 성현인 만큼, 그의 사상 위에 세워진 유교도 창조성 뿌리를 완전하게 드러내지 못한 선천 세계관이다.

선천 인식은 어차피 완전할 수 없어 장단점을 가지고 취사선택해야 하는 것이 현대인이 가져야 하는 진리 통찰 태도이다. 서양 관념론도 예외가 아니어서 진리에 대한 인식 면에서 끝내 진리의 본질적 뿌리, 곧 창조 본체는 드러내지 못하였다. 칸트는 본질 세계로 진입하는 데 실패하였고, 독일 관념론을 정상에 올려세운 헤겔의 정·반·합 변증법은 생성 질서에 기초한 논거일 뿐이다. 사실상 만상 가운데 적용될 정·반·합으로의 세계 진행은 본질의 통합 과정인데, 인식할 근거가 현상계의 생성 질서밖에 없어 이치상으로는 모순을 발생시켰고, 질서를 초월한 비약을 초래했다. 본질 작용에 근거한다면 正이 反이 되므로 대립한 성질로 변하는 것 같지만, 그것은 合이 되기 위한 본질의 이행 과정일 뿐이다. 正이 反이 되어도 본질 자체는 하나일 뿐이므로 본질의 동질성이 변한 것은 없다. 合은 생성으로 변화된 본질의 통합된 귀결 모습이다. 생성 이전의 하나인 원형 본체가 뭇 변화를 입은 존재화의 과정을 거쳐 생성을 완료한 통합 본체로 귀결되었다. 그런 생성 과정에서 正과 反은 분명 대립한 것처럼 보이지만, 본질 뿌리를 보지 못한 데서 발생한 한계 인식의 단면일 뿐이다.

동양의 태극론에서도 태극 바탕으로부터 음양이 양의됨에, 태극이 動하여 양이 생기고, 動이 極하면 靜이 된다. 靜이 음을 만드니 靜極에 달하면 다시 動이 됨에, 태극으로부터 양의된 음양의 본질 뿌리는 결국 하나인 태극일 따름이다. 지금 인류가 구가하고 있는 현대 문명은 고대-중세-근대를 거친 오랜 역사의 토대 위에서 성립된 것이다. 현대 문명 자체만 두고 보면 풀기 어려운 문제에 봉착한다. 우리는 흔히 천지 세상을 일컬어 자연이라고도 부른다. 여기서 자연이란 스스로 自 자와 그러할 然을 합친 단어이다. 세상을 바라보는 생생한 우주관을 내포하고 있다. 좀 더 의미를 구체화하면, 저절로 된 그대로의 상태란 人爲, 곧 사람의 힘을 더하지 않아 저절로 된 현상을 뜻한다. 인간이 역사를 이루어가는 세상에서 의도한 행위가 기준 역할을 하는 것은 사실이지만, 그렇다고 人爲로서 모든 것을 다 이룰 수 있는 것은 아니다. 그런데도 천연으로 이루어진 북녘 하늘 아래의 금강산이 어떤 인간의 손으로 다듬은 작품보다도 빼어난 아름다움을 자랑하는 것은 어찌 된 일인가? 인간의 손길이 일절 개입되지 않은 山下는 그렇다면 어떻게 나고 생기고 존재하고 변화한 것인가? 지각의 변동, 화산폭발, 바람과 비와 세월에 의한 풍화, 침식작용 등등. 아무리 과학적인 지식을 동원해 원소, 원자, 세포의 구조와 특성과 발생 기원을 추적하더라도 궁극적 의문인 최초의 생겨남 문제는 풀 수 없다. 그러니까 묘연한 우주의 생성 시스템을 自生, 自化로 규정했다. 일반적으로 지칭한 자연이 그러하다. 이전에는 그런 지칭이 당연하였다 해도, 이제는 분명한 이유를 알아야 한다. 마치 고대, 중세, 근대 역사와 단절된 현대 문명은 이해할 수 없는 것처럼…… 그럴 수밖에 없는 이유는 간단하다. 자연이란 바로 근원 된 바탕 뿌리와 사전 창조 역사를 보지 못한 단절 인식이다. 바탕이 된 통합 본체와 단절된 우주의 생성성에 대한 이해가 자연, 자생, 자화 인식이다.

그리고 보면 노자가 道를 통해 無爲自然을 외친 것은 대놓고 창조 본의에 무지한 단절 우주론을 선전한 격이다. 만 인류가 모두 자연을 자연이라고 부른 데 동의하고, 별다른 문제점을 발견하지 못해 수용한 것은 사전 창조 역사와 단절된 선천 하늘 전체의 우주관적 한계성을 시사할 뿐이다. 하지만 때가 되어 밝힌 창조 본의 관점에 따르면 처처에서 선천 인식이 도달한 한계성이 두드러지고, 왜 그렇게 판단한 것인지에 대한 조건과 이유를 지적할 수 있다. "『신학 대전-Summa Theologiae』·『대이교도 대전-Summa contra gentiles』이란 2편의 걸작을 써서 라틴 신학을 고전적으로 체계화한 아퀴나스는 1323년에 가톨릭교회에 의해 성인으로 추증될 만큼"[51] 권위가 인정된 저명한 신학자이자 스콜라 철학자이지만, 그가 내린 진리에 대한 정의 기준은 창조된 본체 뿌리와 거리가 먼 한계성 인식을 여실히 확인할 수 있다.

"진리가 지성과 사물의 일치라면 神은 최고 진리이다. 왜냐하면, 그의 지성과 그의 존재 간에는 일치성뿐 아니라 동일성까지 있기 때문이다.

---

51) 다음 백과, 토마스 아퀴나스.

神은 제일 진리이다. 그의 지성이 사물의 척도이기 때문이다(『신학 대전』, 1부 16문)."

먼저 "진리의 정의 기준을 지성과 사물의 일치"52) 여부라고 하여 사고적 판단 방식을 앞세운 것은 본의와 초점이 어긋났다. 이치성에 근거한 사고적 판별은 부차적인 과정이다. 하지만 지성이란 기준을 최고 진리와 지성과 일치 또는 동일성을 갖춘 神에게 귀속시키고, 최고인 神의 지성이 사물의 척도인 탓에 그것과 일치되면 진리인 것이 틀림없다고 논거를 둔 것은 神의 권위를 드높인 것 같지만, 여기서도 창조 본의를 알지 못한 한계성 단절막은 그대로 노출된다. 일단 최고 지성이자 지혜인 하나님의 창조 뜻은 그렇게 이루고자 한 목적에 따라 창조 본체를 통해 구체화한 것(무극→태극)인 탓에 진리는 지성이 아닌 창조 본체로부터 생성하였다. 하나님의 창조 뜻(지성, 지혜)이 목적을 반영한 창조 역사를 실현하도록 함에, 뜻이 본체를 소프트웨어화 했는데, 이런 과정에서 지성이 진리로 化하여 존재한 본질 특성을 구축하고 결정하였다. 하나님의 지성이 창조 과정을 거쳐 몸된 본체를 존재화한 것이 진리이다. 존재한 본질을 형성했다고 함에, 이것이 지성의 창조 역사 과정을 통한 진리화이다. 진리는 본질과 직결된다. 존재 체제를 유지하기 위해 생성하는 본질을 각성한 것이다. 의식의 구조가 본질의 생성 질서와 구조적으로 일치할 때 함재한 본질의 창조적 지성, 곧 진리로서 갹출된다. 이것이 본질의 창조성 부분인 진리이다. 지성과 사물과 일치한 것이 진리라고 한 정의에 이해하기 어려운 묘연함이 있

---

52) 『아퀴나스의 신학대전』, 앞의 책, p.71.

었던 것은, 사물이 존재할 수 있게 된 창조와 본질과의 연관 관계를 간과한 탓이다. 사물은 사물만으로 존재하는 것이 아니다. 창조를 뿌리로 한 본질과 연관되어 있으므로, 진리는 이런 본질과의 일치성 여부를 따져 정의해야 했다. 아퀴나스는 기독교 문명권에서 아무리 높은 신학의 디딤돌로 쌓아 올렸다고 해도 그를 발판으로 하나님의 창조 본의를 파악하는 데는 한계가 있었다. 선천 지성으로서의 한계성을 피할 수 없었다.

이처럼 사전 창조 역사 과정과 존재 속에 있는 본질과 단절되면 존재한 현상 세계를 이해할 수 있는 관점도 일원화된다. 여기서 일원화란 긍정적인 의미가 아니다. 혼자서 모든 원인과 결과를 떠안아야 할 북 치고 장구 치기식이고, 사방이 가로막힌 막다른 골목에서 탈출구를 찾지 못해 발버둥 치는 암울한 폐쇄적 관점이다. 그 종국적 말로란 본체로부터 다시는 생명력 있는 진리성을 공급받을 수 없게 된 종말성인데, 이것은 지구 밖의 다른 행성 이야기가 아니고 현대 인류가 처한 문명적 상황이다. 누차 강조한 본질 세계의 실존성을 부정함으로써 단절된 현상 일원론 세계관이 그것이다. 알다시피 "물질적 우주관은 자연 과학적 세계관의 터전을 마련하였고, 현대 문명도 이 같은 자연 과학적 세계관 위에 세워졌다. 물질적 우주관은 기준이 물질을 유일한 실재로 여겨 관념적인 것, 초자연적인 것, 정신적인 것을 경원한 관점이다. 이것이 자연주의 철학으로 발전하였는데, 이런 자연주의의 기본적인 입장은 모든 존재는 인과율의 법칙 아래 있다. 자연 이외에는 어떤 원인도 없다. 자연에는 아름다운 질서가 있다. 지식은 감각적 경험을 통해서 가장 올바르게 얻어진다"이다.[53] 벌써 인식 수단을 감각적 경험으로 한정한 결과로 초래된 단절 면이 훤하게 보이는데도, 이런 우주관을 정상적인 것으로 받아들인 대다수 인류의 태도가 문제이다. 왜 세계는 이원화되었는가? 창조된 역사 과정을 거친 탓이다. 현 존재를 구성하기 위해서는 이원화, 상대화가 불가피했다. 다시 말해 존재한 현상계 안에서 일원론은 성립될 수 없다. 일원론은 바탕이 된 창조 이전의 본체계 안에서만 가능한 절대 조건이다. 그것을 현상계가 도입한 이상, 제 자연의 현상, 물질의 현상, 본질의 현상을 설명할 수 없는 한계 인식에 부딪혔다. 모든 존재가 인과율의 법칙 아래 있다고 한 것은 그것만이 전부가 아니다. 바로 창조된 현상 세계의 특성을 지적한 것이다. 그래서 인과율이 어떻게 결정된 것인가를 물으면 대답을 할 수 없다. 자연 이외에는 어떤 원인도 없다고 함에, 그것은 존재한 인과 법칙을 설명하는 이치적 근거가 아니다. 타당한 논거를 세울 수 없는 비약이고 억지 단정이다. 그런데도 자연에는 아름다운 질서가 있다고 함에, 이것은 스스로 세운 관점 기준을 허무는 것이다. 고스란히 단절한 이면의 사전 창조 역사 과정을 지침할 뿐이다. 그것이 사실인지 아닌지를 확인하기 위해서는 양면을 맞추어 보면 확인된다. 단절된 단면의 끝은 떨어져 나간 다른 단면의 입장에서는 첫 시작이다. 현상 일원론으로서 해결되지 않는 묘연함은 그들이 단절시킨 창조 본질이 실마리를 지녔다. 현상 일원론만으로는 창조 본의를 밝힐 창조 방정식 조건이 주어질 수 없었다. 인간은 육체가 지닌 일원론 조건만으로는 영원히 자체의 본성을 밝힐 수 없다. 인간은 본질적 바탕 위에서 존립한 영적인 존재인데, 이것을 모르면 뭇 인생이 불행으로 귀착된다. 세계와 역사,

---

53) 『교육 철학』, 김정환 저, 앞의 책, p.85.

학문, 인류의 미래 운명도 그러하다.

　현상 일원론이 지닌 한계성 관점을 인류 사회에 전격적으로 제공한 과학 지상주의는 우선 먹기는 곶감이 단 것처럼, 편리한 문명의 이기로 문화인으로서 자부심을 품게 하였지만, 이것은 양쪽의 칼날과도 같아 자연환경을 파괴한 희생 위에서 주어진 한시적 행복감이다. 행복만으로 따진다면 그런 문화적 조건 없이도 얼마든지 정신적 극치를 이룰 수 있다. 곶감도 많이 먹으면 결국 변비란 고통을 안기듯, 과학 지상주의는 하나님이 인류를 위해 우주 가운데서 특별히 창조한 하나밖에 없는 지구를 파괴할 원인 제공 관점이다. 하나님이 이 땅에 건설할 지상 천국 건설 목적을 위협하는 제일 극복 대상이다. 과학이 절대 지상주의를 추구한 것은 과학이 확보한 진리 사실만 갖다 대면 자연과 우주적 현상을 모두 설명할 수 있다고 여긴 자만심에 있다. 이런 절대적 진리관에 대해 의심을 한 자도 있는데, "과학 저널리스트인 존 호건은 자신의 저서 『과학의 종말』에서, 우주의 궁극적인 원리를 찾겠다는 입자물리학의 오만함도 과학을 연구하는 과학자들의 야망에 비하면 겸손한 편이라고 꼬집었다. 복잡계의 과학자들은 자신들의 이론이 우주뿐 아니라 생명과 의식, 심지어 우리가 사는 사회가 만들어내는 운동과 패턴까지도 명쾌하게 설명할 수 있다고 믿지만, 이것은 오만방자한 이야기라는 것이다. 결론은 과학의 종말 상황 도래인데, 알고 보면 과학은 자연에 대한 궁극의 답을 얻을 수 있느냐는 질문에 대해 끊임없이 회의하게 한다. 즉, 우주는 어떻게 탄생했으며, 생명의 기원은 무엇이고, 의식은 언제 시작되었는가? 과학은 사회 현상에 대해 어떤 해답을 줄 것인가? 아직 남아 있는 이런 문제에 대해 과학은 얼마나 답할 수 있는가? 아니 답할 수 있을까?"54) 호건의 질문은 여기까지이다. 이에 대해 자연 세계를 직접 탐구하고 연구하는 과학자들은 어떻게 답할 수 있을까? 정작 호건 자신은 어떻게 전망할 것인가? 그들이 언젠가는 대답할 수 있을 것으로 기대하는가? 한마디로 자연만을 대상을 하는 한 불가능하다. 이것은 결코 관념적 단정이 아니다. 궁극의 원리는 자연과 우주가 가지고 있지 않다. 이것이 뜻하는 것은? 곧, 우주 창조로 결과지어진 현상 일원론의 한계성이다. 자기 태생의 비밀은 자신이 가진 지식 정보만으로서는 알 수 없다. 부모에게 여쭤보아야 한다. 구할 데서 구하고 물을 곳에서 물어야 하는데, 자연 앞에서 대답을 찾는 것은 번지수를 잘못 짚은 것이다.

　"과학적인 진리는 그것을 생성한 방법 자체가 불완전하다. 사람들은 그런 본질적인 문제에 대한 반성 없이 자신의 판단을 바탕으로 자신들의 욕망을 추구하기 위하여 서로가 다툴 때, 인류는 불행해지고 멸망의 위기에 놓인다. 과학 문명과 현대적 가치관에 대해 냉정한 반성이 필요하다."55) 불완전한 진리 잣대로 제 세계관을 재단한 것 자체가 어불성설(語不成說)이다. "일반적으로 진리란 과학적으로 증명, 정당화된 공적(公的)인 신념 체계로 알고 있고, 종교적 교리는 그처럼 공적인 과학적 진리를 기준으로 증명하고 정당화하지 않은 신념 체계로 구분한다. 그런 교리의 대표적인 예는 기독교 교리, 불교 교리 등이 해당한다. 교리를 통한 종교적 주장이 정당한 진리 체계를 이루지 못하고 신념 체계에 그치는 것은 전적인 이유가 과학적으로, 공적으로 증명할 수 없기 때문이고, 그래서 예

---

54) 『과학 콘서트』, 정재승 저, 어크로스, 2018, p.356.
55) 「노자 교육사상의 현대적 가치」, 앞의 논문, p.41.

수의 부활과 불교의 윤회설은 진리로서 정당화될 수 없다는 논리이다."56) 이것은 모든 것을 과학적인 진리 기준에 맞춘 지극히 불공정한 판단이다. 객관적으로 본다면, 세상 가운데서 과학 진리와 종교 교리는 상대적인 위치를 점한다. 과학적인 조건을 기준으로 증명할 수 없다고 해서 종교 교리가 진리가 아닌 것은 아니다. 단지 종교 교리는 진리로 증명할 수 있는 방식이 다를 뿐이다. 오히려 과학자들이 종교 교리가 가진 본질적 역할로서의 진리성에 대한 인식이 부족해서 일수도 있다. 알고 보면, 과학이 오히려 인생의 지고한 가치 세계를 지침할 수도, 그런 진리를 생성시킬 수도, 뭇 영혼을 구원할 수도 없는 편협한 진리관이다. 이런 과학 지상주의에 인류의 장래 운명을 내맡긴다고 할진대, 그것은 삿된 우상을 세워 복을 구하려 하는 미신과 다를 바 없다.

이런 근본적인 오류는 도대체 어디에서 발생한 것인가? 오판 지점을 역사 가운데서 정확하게 확인해야 궤도를 이탈한 인류 역사를 바로잡을 수 있다. 일찍이 불교는 空적 본질이 지닌 창조성을 보지 못한 탓에 法의 본체 역할을 상실하였고, 기독교는 인간의 본성을 죄성으로 접근한 탓에 하나님의 인류 구원 섭리를 역행시켰듯, 과학은 프랜시스 베이컨(1561~1626)이 제공한 귀납법적 자연 탐구 방법론을 통해 자연을 정복하고 이용하는 데로 귀결시킨 것이57) 인류 영혼을 황폐화시킨 과학 탐구의 시발이다. 그것이 잘못된 지침이라면 올바른 지침은? 자연을 탐구할수록 하나님을 알고, 하나님의 위대한 창조 역사를 진리로써 확인하는 것이다. 그것은 가능하며, 이

---

56) 『교육의 이해』, 앞의 책, p.12.
57) 『체계교육사』, 앞의 책, p.227.

연구가 앞선『창조증거론(1, 2)』저술을 통해 기초를 다졌다.

　그러므로 창조 역사를 실현한 본질 작용 과정을 단절시킨 현상 일원론의 세계관적 한계성을 지적하는 것은 지금 이 연구가 실행하고 있는 저술 역할이지만, 문제는 만 인류를 창조 세계로 인도하기 위해 한계성에 처한 사실을 확인할 수 있도록 안목을 어떻게 개안시킬 것인가 하는 것이다. 그런데 살펴보면 선천 교육관도 단절된 세계관에 동조한 상황이다. 예를 들어, 찰스 퍼스에 의하여 창설되었고, 윌리엄 제임스에 의하여 구체적으로 탐구되어, 존 듀이에 의하여 체계적으로 발전한 미국의 프래그머티즘(실용주의)은 그 사상의 원류를 영국의 경험론에 둔 관계로 듀이가 교육 철학을 세우는 데도 큰 영향을 끼쳤다. 듀이는 하나의 진리를 과학적인 입장에서 명증성(明證性)을 밝혀내어 효용성을 입증하려는 데 초점을 맞춘 탓에, 먼저 인간이 탄생할 때 타고난 것이라고 여긴 이성이라든가 정신이라든가 선천적으로 소유하고 있는 본질적인 작용 요소를 제거하는 작업을 단행했다. 그렇게 해서 세운 교육 철학이 곧 인간 스스로의 경험과 체험을 이룩하는 과정에서 점차 지성을 발달시키는 동안에 더욱 그 지성을 도구로 해서 새로운 경험을 발전시키는 원리 적용으로 인간의 다양한 문제들을 지적하고 도덕적으로 해결하려고 하였다. 이처럼 듀이의 교육관을 결정지은 프래그머티즘은 바로 현실과 사실과 경험을 본질로 삼은 경험주의 사상이다.[58] "진리란 보편적인 원리 속에 있는 것이 아니다. 우리가 만들어가는 바의 것이고, 실제 생활과 관련해서 유용한 기능을 가졌을 때 성립한다(기능적 진리관). 이런 진리는 경험의 결과로 수정할 수도 있고,

---

[58]『존 듀이의 생애와 사상』, 임한영 저, 배영사, 1982, pp. 22, 33~34.

변화할 수 있는 상대적이며, 영원불변한 절대적 진리는 성립할 수 없다."[59] 한마디로 인간 본성에 영향을 끼친 경험 이전의 본질 바탕과 선재 작용을 인정하지 않은 전형적인 단절 관점이다. 진리와 세계와 인간 본성을 본질 세계와 단절시킨 극도의 폐쇄적 교육관이다. 따라서 인류 영혼을 바른 방향으로 선도하기 위한 보다 우선된 지적 과제는 이토록 잘못된 교육 관점을 추출해서 비판하고 제거하는 작업이다. 그리해야 오염된 요소를 차단할 수 있고, 원대한 참 교육 원리를 적용해서 이 땅에서의 이상사회 도래 시기를 앞당길 수 있다. 인류를 진리 세계로 인도하여 하나님과 함께할 수 있는 영원성을 획득할 수 있도록 하는데 **"교육의 위대한 사명"**과 목표, 그리고 원리가 있다.

---

59) 『현대 교육고전의 이해』, 앞의 책, p.14.

제6장 현대 교육 문제

소설 형식으로 쓴 교육론인 『에밀』의 첫 구절에서 루소는 "조물주는 만물을 善하게 창조하였으나 인간의 손에 들어오면 惡하게 된다." 또한 『사회계약론』에서는 "인간은 자유롭게 태어났다. 그런데 도처에서 인간은 쇠사슬에 묶여 있다"라고 하였다. 어느 시대이든 인간의 도덕적 타락과 저지른 죄악이 존재하지 않은 것은 아니지만, 루소가 조건을 내세운 대로 하나님이 처음부터 인간을 善하게 창조한 탓일 수도 있지만, 인류 문명의 시작이 자연과 함께한 원시 생활을 거쳤고, 이후에도 오랜 세월 동안 농경 생활을 영위한 탓일 수도 있다. 그런데 지금의 현대인은 대부분 복잡한 도시에서 생활하는 실정이므로, 이런 문명 형태와 급격한 사회 구조 및 환경의 변화가 사회악을 양산한 것이 아닌가 생각한다. 루소도 이런 사실을 시인하면서 학문 예술의 진보는 결국 인간 생활의 부패와 반비례한다고 하였다.

> "학문, 문학, 예술은 고리로 연결된 쇠사슬을 꽃장식으로 덮어씌워 놓은 것과 같다. 그리하여 인생의 목적인 자유의 감정을 눌러 없애고, 인간을 그런 예속 상태에 안주하게 하고, 그 대신 그들을 문명화된 사람들이라고 한다(『학문 예술론』)." "도시는 인류를 타락으로 이끄는 심연(深淵)이다. 이곳에 사는 종족은 몇 세대 후 멸망하거나 쇠퇴하고 말 것이다(『에밀』)."

그렇다면 善에서 惡으로 전환한 것이 정말 문명의 변화 탓인가? 아니라면, 자연을 조작한 인간의 손 탓인가? 내 탓인가, 남 탓인가? 무엇이든지 잘되었다면 탓할 일이 있겠는가? 문제가 있어서 원인과 책임 소재를 밝히고자 하는 것이므로, 그것을 이 연구는 교육에다 방점을 두고, 교육이 잘못한 탓에 현대 문명이 위기를 맞이하고, 인간성이 황폐해지며, 현대 사회가 도덕적인 타락의 온상이 되었다는 것을 지적한다. **현대 사회의 문제는 곧 현대 교육의 문제이다.** 교육이 온갖 원인을 제공한 것이라면, 교육이 문제를 풀 수 있는 처방책도 제시할 수 있다. 이미 돌입한 현대 문명 형태와 도시 환경은 어쩔 수 없는 하드웨어적 조건이라 해도, 교육은 이것을 제어할 수 있는 소프트웨어적 조건이다. 문명과 도시는 결국 인간의 손으로 건설한 것이다. 그리고 인간은 그야말로 천부적 자산인 善한 본성과 회복 가능한 자연을 간직하였다. 그 사이에서 교육이 중요한 역할을 해야 하는데, 이것을 간과하면 바벨탑의 교훈처럼 스스로 세운 문명의 탑에 깔려버릴 것이고, 직시해서 대책을 세우면 제3의 차원 문명을 건설할 수 있다. 루소는 "인간은 모든 것을 파괴하여 훼손하고 더럽히며 괴이한 것을 좋아하여 자연을 있는 그대로 내버려 두지 않는다. 인간조차도 조련마처럼 훈련시키고 정원수처럼 취미에 맞게 모양을 바꾸려고 한다"[1]라고 개탄하였다. 그것은 정말 인간의 손 탓인가? 손 탓이라면 손을 움직이게 한 인간 탓이고, 인간 탓이라면 인간을 그렇게 행동하게 한 교육 탓이다. **교육은 인간의 생각과 행동을 오도할 수도, 선도할 수도 있는 가르침의 기회 권한을 지녔다.** 예를 들면, "아인슈타인은 젊었을 때 수학이 대단히

---

[1] 『에밀』, 루소 저, 정영하 역, 현암사, 2003, p.15.

서툴러 대수 시험에 낙제한 일도 있었다. 프로이트도 학교 성적은 좋지 않았다."[2] 하지만 이들은 성장하여 세계인이 인정한 석학이 되었으므로, 이들이 가진 천재성을 발휘할 수 있도록 한 유대인의 교육 방법을 다루어야 한다는 식의 문제의식이 아니다. 종말로 치닫고 있는 문명에 대해서 현대 교육이 지닌 실태와 실상을 정확히 파악함으로써 교육이 감당해야 할 책임 소재와 임해야 할 역할을 분명히 하는 데 있다. 이 연구가 세운 보편적 구원 목표와 가치를 병행한 교육론을 펼치기 위해서는 현대 교육이 도달한 실상과 종말적 실상을 파악하고 진단하는 것이 우선이다. 이래서는 미래의 인간 사회에 교육을 통해 어떤 희망도 기대할 수 없다는 것을 비판하고 예단해야 한다. 다른 영역에서 기대할 것은 모두 시도하였지만, 결과는 현 종말 문명의 밑거름만 깔았다. **교육은 미래의 인류 사회를 개선할 수 있는 유일한 희망이다.** 희망을 주고 희망의 별이 될 수 있도록 해야 한다.

이에 현재의 교육적 실태를 가까이에서부터 살펴보면, "근래 우리나라는 급속도로 이루어진 경제 성장으로 물량 위주의 사고방식과 서구의 개인주의와 자유주의의 물결이 한꺼번에 몰려들어 수용할 자세를 갖추지 못한 상태에서 무분별하게 받아들임으로써 전통 윤리와 가치가 크게 흔들리게 되었다. 종래의 인간미가 약화함과 함께 사적 惡이 나날이 증가하여 인간성 형성을 위한 교육 역할이 의심된다."[3] 이것은 "물질 우선의 고도 산업사회, 핵가족화, 도시화 현상, 가치관의 갈등과 인간 소외 현상에서 비롯된 서구 근대화 과

2) 『성서의 지혜와 철학』, 마빈 토케이어 저, 정을병 역, 신원문화사, 1981, p.198.
3) 「불교 교육사상이 인간성 형성에 미치는 영향」, 송용석 저, 조선대학교 교육대학원, 일반사회교육, 석사, 1987, p.1.

정의 부산물이다."4) 무엇이 문제인가 하면, "역사적으로 근대의 성립과 발전은 인간의 이성을 억압에서 벗어나게 하고, 빈곤을 이기게 하였으며, 무지에 가까운 세계에 새로운 빛을 던져 준 것은 주지된 사실이다. 하지만 시간이 지남에 따라 생태적 발전을 가로막는 갖가지 한계를 드러내 단기적으로는 지속 가능한 문화를 파괴하고, 장기적으로는 지구상의 생명체를 위협하는 사태를 초래했다. 근대 교육도 중세의 억압적 세계관을 벗겨내는 동시에 인간의 자연에 대한 지배력을 강화해 정신적인 면에서나 경제적인 면에서 부유한 삶을 누리게 하였지만, 불행하게도 또 다른 모양의 인간 소외를 불러왔다. 인간과 자연의 불균형을 유발해 궁극적으로는 행복한 삶을 저해했다. 공들여 이룩한 기술 문명이 인간의 삶을 풍요롭게 하기보다는 오히려 파괴해 버릴지도 모른다는 우려감을 더했다."5) 근대 사회를 건설하는데 주축 역할을 담당한 교육, 하지만 이루고 나서는 그렇게 이룬 사회가 어떻게 되었는가가 중요하다. 잘못되었다면? 그렇게 이룬 교육에 책임이 전가된다. **인류의 문제=세계의 문제=진리의 문제=인간의 문제=교육의 문제**로 추적된다. 이 단계에서 만약 인류가 교육을 통해 문명의 진로 방향을 선택해야 하는 갈림길에 서 있다면? 기술 문명을 고도화하는 데 주력할 것인가? 상처 입은 인간성을 회복하는 데 관심을 쏟을 것인가? 환경적으로는 좀 불편하게 살아도 그것은 오히려 정신적 삶을 고귀하게 승화시키는 조건이 될 수도 있다. 하지만 테크노피아(technology utopia)6)적 이상은 파면 팔수록 커지는 구멍처럼, 환상을 쫓으면 쫓을수록 인

---

4) 『성격과 행동의 지도』, 앞의 책, 서문.

5) 『서양 교육 사상사』, 앞의 책, p.410.

6) 테크노피아 : 기술이나 과학으로 인간 세상을 풍요롭게 꾸민 이상적인 사회.-다음 사전.

류의 종말 시기를 앞당길 뿐이다. 그런데도 현대 교육은 기술 문명을 발달시키는 데만 주력하여 인간성을 회복하는 데 대해서는 여력이 못 미친 상태이다. 이것이 문제이다. 다시 말해, "인간은 자연을 효율적으로 이용하여 물질적 부를 생산해 냈고, 과학과 기술로 인간의 가능성을 극대화함으로써 개인의 삶과 사회 체제가 합리적으로 발전되었고, 인류 역사의 진보가 필연적이라는 낙관적 전망을 두게 되었다(이성적 진보로서의 역사관). 하지만 20세기 후반에 들어서면서 기대와는 달리 인간이 소외되고 사회 체제가 도구화되는 역 현상이 나타났다."[7] 기대한 것 한 가지는 얻었지만, 정작 잃어버려서는 안 될 것을 잃어버린 격이다. 그렇다고 과학과 기술을 발달시키는 것 자체가 문제라는 것은 아니다. 그것 때문에 인간성을 개발하는 교육이 소홀해져 버린 데 있다.

"현대인은 자동화·기계화로 치닫는 산업사회에 짓눌릴 대로 짓눌린 인간성 상실 시대를 살고 있다. 기계 문명의 노예가 되어 버린 실상은"[8] 주객이 전도된 상황이다. "자기 안일주의와 극단적 이기주의가 팽배하였고, 자본주의 사회에서 이혼율이 급증하는 가운데 배반당한 세대의 인간성 황폐화가 심화하였다."[9] 이런 결과를 초래한 원인이 도대체 어디에 있는가? 이것도 교육의 책임인가? 분명한 책임 소재를 명제화하면 누가 인간을 잘못 가르친 것인가? 인간이 부여된 본성대로 인간답게 살 수 없게 한 교육적 문제가 심각하다. 그런 결과를 낳게 한 진리적 특성을 모르고 전력을 다해 그것을 신봉하게 한 교육 탓이고, 갈림길에 선 영혼을 정열을 다해

7) 위의 책, p.402.
8) 『마리탱의 교육 사상』, 쟈크 마리탱 저, 안인희 역, 배영사, 1982, p.192.
9) 『창, 나는 어떤 인간인가』, 이영호 저, 한양대학교 출판부, 1995, p.18.

선도하지 못하고 대책 없이 방기한 교사 탓이다. 지극한 무지로 자연의 이치적 가치만 중시하고, 인간의 정신적 가치는 무시했다. 물질적, 자연적 가치를 인간의 정신적 가치와 연결하고 조화시키려고 하지 않았다. 그러니까 루소의 주장처럼, 교육이란 제도가 세계적으로 확대되어 문맹률을 낮추었다고 하지만, 그를 통해 실어 나른 교육의 내용을 보면 인간성 개발과는 거리가 멀어 "교육을 보급하면 할수록 세상은 더욱더 험악해져 버렸다. 그 이유가 어디에 있는가? 현대 교육이 인류의 눈을 밖을 향하게 하는 데 치중하고, 인간의 마음을 정리(整理)하고 배양하는 쪽은 관심을 쏟지 못한 탓이다."10) 그동안 크게 궁금한 것은 현대 교육은 인류 역사상 인류에게 교육의 기회를 가장 많이 부여한 최고로 개명한 문명 체제인데도, 그렇게 최고로 교육받은 인간과 사회는 왜 피폐함의 극치를 치닫고 있는가? 대역설의 책임을 현대 교육은 절감하고, 근본적인 원인 추적과 진단으로 해결 대안을 마련해야 한다.

"현대 사회의 위기는 인간성과 도덕성의 상실에서 비롯된 것임에, 현대 인문학과 교육의 실패와도 긴밀하게 관계되어 있다. 위기를 초래한 보다 근본적인 원인은 한마디로 서양의 합리주의와 과학 정신의 발달에 있다. 인간이 이성으로 자연의 법칙을 파악할 수 있다는 합리주의는 과학 기술의 발달, 생산력의 비약적 발전, 그리고 실용주의를 극대화시켰다. 이와 같은 시대 정신은 자연히 학문과 교육의 방향을 과학 지향적으로 유도하였고, 그로써 인간 교양과 교육의 기본이 되는 인문학을 소홀하게 만들었다. 또한 산업기술 사회의 발전은 분별 있고 교양 있는 全人보다는 특정 분야에 뛰어

---

10) 『가정 교육』, 류응렬 편저, 덕문출판사, 1977, p.26

난 전문인을 요구하였고, 대중 사회의 출현은 귀족적·엘리트적 성격을 지닌 인문 교육의 가치를 무산시켰다."11) 또한, 경쟁 원리에 매몰된 개인주의 확산에 따른 공의적 가치 추구 상실도 문제이다. 서양의 중세는 보편성이 지배하던 시기였으며, 전체 사회에 적용되는 보편적 가치가 지배한 시기였다. 전체가 개인보다 상위에 있고, 개체는 전체와의 관계 속에서만 존재 의미를 지녔다. 중세 천년을 지배한 가톨릭교회의 '가톨릭'은 보편성이란 뜻이 있다는 점이 이를 증명한다. 그러나 중세 후기에 접어들면서 이러한 생각에 반대하는 목소리가 나타났다. 먼저 학문을 연구하는 대학, 특히 파리 대학에서 유명론(Nominalism)이란 새로운 사상이 등장하기 시작하였다. 이런 사상을 대표한 오컴(Ockham)은 실재하는 것은 개체뿐으로 보편자는 존재하지 않는다고 주장하였다. 神이 무너지니까 神의 존재성을 뒷받침한 보편성도 무너진 것인가? 아니면 지지한 보편성이 무너지니까 그 위에서 존립한 神이 무너진 것인가? 결국, 중세 기독교 하나님의 전체성, 보편성, 만물의 근원성, 영원성에 대하여 근본적인 물음이 제기되었다. 아울러 스콜라철학과 신학의 핵심이었던 신앙과 지식의 통합성에도 의문이 제기되기 시작했고, 철학과 과학이 신학으로부터 분리되어 독립하는 전기를 맞게 되었다. 이런 보편성으로부터의 탈피 현상(분파주의)은 급기야 교회 자체의 권력뿐만 아니라 세속의 정치 권력과 일반 시민에게까지 파급되어, 참으로 오랜 세월 동안 개인과 개체를 구속한 보편주의로부터 주관성을 인정받기 시작해 독자성, 개별성, 자유성이란 개념이 새로운 사회 질서를 만들게 되었다.12) 바위가 오랜 풍파와 세월을 겪으면서

---

11) 『서양의 인문주의 전통』, 박준철 외 저, 서강대학교 출판부, 2001, p.ⅲ, ⅵ.

갈라지고 깨어져 수 없는 모래알이 되는 것처럼, 하나인 하나님으로부터 창조된 인류가 보편적 바탕을 허묾과 함께 개별화되어 버렸다. 이것이 무엇이 문제인가 하면, 인류가 하나로 결속하여 추구하고 나아가야 할 공영적 가치와 목적을 상실해 버린 데 있다. 이상적인 사회를 건설할 인류 역사의 추진 원동력을 잃어버린 상태인데, 이런 지경에 이른 인류가 방황과 정체의 길에서 타락할 것은 기정사실이다.

이유로서는 중세 천년을 지배한 기독교의 인격적 신관의 불완전함을 들 수 있다. 교권이 위세를 떨쳤을 때는 세속 권력까지 장악해 가톨릭성을 표방할 수 있었지만, 교권은 결국 한시적이었다. 그 말은 인격 신관은 神의 창조 권능을 내세운 것으로, 인류를 하나 되게 할 메커니즘 역할을 발휘할 수 없었다. 하다못해 접착제는 사물을 결속시키는 힘이라도 가졌지만, 권위는 복속시키는 것이므로, 수많은 개개 인류를 복속시키는 것과 결합하는 것은 다르다. 그래서 결과적으로 神의 권위가 무너지니까 인간은 복속된 지배력으로부터 해방을 부르짖게 되었고, 개인주의화 한 인류는 각자의 개성과 인권만 주장하여 사회 분열을 가속했고, 인류가 나아가야 할 원대한 공영적 목적을 저지했다. 이 일을 어떻게 할 것인가? 그래서 이 땅에 보혜사 하나님이 진리의 성령으로서 강림한 것이고, 이 시대에 새로운 모습으로 온 하나님은 보편성을 상실한 인류 사회에 창조 본체를 드러내어 개인화된 인류가 다시 창조주 하나님을 중심으로 하나 될 수 있는 길을 열어주었다. **과거의 인격 신관은 神의 권위로 인류를 복속시켰지만, 보혜사 하나님은 창조 본체를 통하여**

---

12) 『인본주의 교육 사상』, 김창환 저, 학지사, 2007, pp. 26~27.

인류를 통합할 수 있는 결속 메커니즘을 제시하였다. 창조 본체는 곧 통합 본체라, 향후의 인류는 제2의 창조 역사에 해당한 인류가 강림한 보혜사 하나님을 중심으로 하나 되는 통합 역사를 보게 되리라.

그 길을 트기 위해 교육은 그동안 잘못 실어 나르고 잘못 보급한 진리성을 정제하고 부족한 영역을 보완한 실질적인 처방 대책을 세워야 한다. 고래로 인류의 선현들은 이미 인간이 나아갈 길을 나누어 제시하였다. 플라톤이 말한 "감각을 통해서 지각하는 현상의 세계(외관)와 관념으로 지각하는 이데아 세계(실재)가 그것이다."[13] 그리고 그는 전자의 세계보다는 후자의 세계가 더한 실재 세계이고, 전자는 그림자에 불과하다고까지 했다. 존재하는 세계적 실상을 확실하게 구분하고 지침했는데도 후인들은 후자의 길을 가는 길만 개척하였고, 교육도 그 길만 선택해서 가르쳤다. 후자는 드러나 있는 길이라 현실적이었지만, 전자는 초월적이고 形而上學적인 탓에 그 길을 어떻게 구하고 개척하고 객관화해서 가르칠 것인가에 대한 교육 원리를 마련하지 못했다. 듀이는 "인간성이란 변화하는 것이고, 발전하는 것이며, 성장하는 것"[14]이라고 그럴듯하게 말했지만, 제시한 전자의 세계, 곧 인간과 세계의 근원 바탕인 알파와 궁극적인 오메가로 나갈 수 있게 하는 길과는 거리가 멀었다. 양자의 길은 절대 균형을 이루어야 했는데, 무시하고 폐쇄해 잡초만 무성하도록 만들었다. 여기에 현대 교육이 당면한, 문제를 일으킨 근본 원인이 도사렸고, 이것은 그대로 현대 교육이 해결해야 할 과제

---

13) 『교육 철학』, George R. Knight 저, 앞의 책, p.59
14) 『존 듀이의 생애와 사상』, 앞의 책, p.49.

이기도 하다. 본래의 인간성과 인류 사회는 그런 것이 아니다. 루소는 본래성을 회복하기 위해 위대한 외침인 "자연으로 돌아가라"[15]라고 하였지만, 이제 이 연구는 그 본래의 바탕 본성인 **"창조 본체로 돌아가라."** 그 길을 교육이 앞장 서 개척하고 가르쳐 인류 영혼을 빠짐없이 깨우칠 수 있도록 위대한 사명을 불살라야 하리라.

---

15) "루소는 『에밀』을 통해서 모든 사상의 출발점인 자연인을 전면적으로 실현하는 방법을 제시하였다. 자연인이란 문화와 사회제도에 의해 타락하기 이전의 善한 인간을 뜻한다. 자연성을 상실한 타락한 인간과 부패한 사회제도를 개선하고 혁신하는 일이 어른들의 의무라고 말했다."-『에밀』, 앞의 책, p.6.

제7장 지식 편중 교육

교육은 주지하다시피 인간을 가르침의 대상으로 하고 인간을 바람직한 인격체로 육성하는 데 있다. 이 말은 교육은 자연을 대상으로 하고 자연을 탐구하도록 하는 것이 주된 목적이 아니란 뜻이다. 그런데도 현대의 교육 체제는 자연에 관한 지식을 가르치는 것을 주된 목적으로 삼고 있고, 교육 과정도 대부분 자연을 대상으로 한 지식으로 채워져 있다. 여기에 현대 교육이 처한 **"지식 편중 교육"** 의 문제점이 있다. 편중(偏重)은 한쪽으로 치우치는 것으로, 치우치면 균형을 잃게 된다. 그리고 그렇게 쏠려버리면 모두의 존립이 위협받는다. 편식은 건강을 해치고, 편협과 편파는 분쟁을 불러일으키며, 편향은 진실을 왜곡하는 온상이다. 교육이 편중되면 그렇게 교육받은 인간이 세상을 바라보는 가치관과 진리를 판단하는 데 있어 편파를 조장해 인류 사회를 분란 짓는 주동자가 되고 만다. 여기서 **"지식 편중 교육"** 현상은 다른 교육적 요소들이 있는데도 불구하고 무시하거나 간과하고 가치성을 더는 재고하지 않았다는 뜻이다. 인간은 정신과 육체로 이루어져 있는데도 학교에서는 육체를 통한 교육은 등한시하고 정신을 통한 교육에 치중하고 있다. 정신 교육을 통해 정신만 발달시키면 결과가 어떻게 되겠는가? 교육을 통해 바람직하게 성장하는 인간이 아니고, 기형적인 모습이 된다. 몸과 마음은 하나이므로 육체 교육도 중요하다고 강조해도, 그것만으로서는 부족하다. 정신과 육체를 조화시키고자 한다면 당연히 그렇게 할 수 있을 텐데, 편중된 것은 이유가 어디에 있는가? 도산 안창호 선생은 "주지주의(主知主義) 교육에 휩쓸려 지식에 편중한 교육 실태를 지적하고, 건전인격(健全人格)의 내용으로서 도덕적 덕성과 동시에 강건한 신체를 기를 것을 강조하였다."[1] 하지만 지적 편중성의 문제를 해결하기 위해 다른 교육 요소를 더해 다양화하는 것은 편중된 현실에 대해 우선적인 대안이기는 하지만, 그렇게 가미하는 것만이 전부는 아니다. 선현들의 노력이 있어 지금은 智·德·體를 조화시킨 교육이 학교 현장에서 시행되고 있기는 하지만, 마치 바닷속으로 강물이 흘러드는 것처럼 전체적인 패턴에는 큰 변화가 없다.

"우리 사회에서 국민 건강이 아무리 위협받는다고 해도 지식 교육을 통해 육성된 화이트칼라의 비중은 늘어가는 추세이고, 특히 이 나라는 옛날부터의 문관 우위 전통과 부합하여 고등학교 1학년만 되어도 도시락 두 개씩 싸 들고 새벽같이 학교에 가서 저녁 늦게까지 공부에 매달린 실정이다."[2] 정말 조선조는 지식 교육에 편중한 대표적 사례라고 할 수 있다. 조선조에서 권력을 독점하고 사회를 지배한 양반 문화의 전통은 숭문(崇文), 즉 경학적 도덕관 이외의 다원적 가치관을 수용하고 존중하는 여유와 인식 방법을 갖지 못했다.[3] 유교적 진리 이외의 다른 영역은 천시하였다. 이런 조선 사회가 온당하였다고 할 수 있을까? 편중된 식견으로 무장한 조선의 지식인들이 아무리 이상적인 국가 건설을 부르짖어도 현실은 조

---

1) 『도산 사상』, 안병욱 저, 삼육출판사, 1979, p.57.
2) 『한국의 전통 무예』, 임동규 저, 학민사, 1990, p.6.
3) 『태권도 철학의 구성 원리』, 앞의 책, p.119.

선 사회를 차등화하고, 자신들의 신분을 유지한 결과를 이루었을 뿐이다. 중세 시대의 "스콜라철학은 교육의 실제적인 방향을 급진적인 지적 교육, 지적 도야에 치중한 서양의 대표적 사례이다. 그들의 교육 목적은 논쟁력의 계발, 지식의 체계화, 지식 체계의 숙달 등에 중점을 둔 탓에 개인의 창의성, 또는 개성의 존중 등은 생각 밖에 두었다. 그래서 이런 교육으로 육성된 학자들은 논의를 위한 논의, 입증의 정밀에만 열중하여 논리의 번잡성이 이루 말할 수 없었다. 그래서 후세의 학자들은 스콜라철학을 일컬어 번쇄(煩瑣) 철학이라고 불렀다."4) 또한 "프랑스의 뇌 생리학자 쇼샤르 박사는 프랑스의 지적 편중 교육이 가져온 결과가 오늘날과 미래의 인류에 있어 최대의 위기를 초래하고 있다"5)라고도 지적했다.

이런 위기를 극복하기 위해서는 전인교육(全人敎育)이 대안이라고 할 수 있지만, 전인교육의 중요성을 선각들이 각성하고 강조하지 않아서 편중된 것은 아니다. 전인교육의 필요성을 유발한 지식 교육이 그런 필요성마저 발붙이기 어려울 정도로 강력한 힘을 발휘한 것이다. 문제를 지닌 실존주의마저 "전인교육을 강조하여 지식의 주입이 교육의 주된 임무가 되어 있음을 비판하고, 인간은 지적 생활만이 그의 존재를 뜻하지 않고, 정서 생활을 포함한 모든 측면의 생활이 그의 존재를 의미한다"6)라고 하였다. 이런 측면이라면, 지식 편중 교육의 문제는 인간 교육에 필요한 다양한 필수 요소가 모자란 것이라고 할 수 있다. 이런 문제를 해결하기 위해 "존 로크는 영국의 전통에 따라 유용한 신사를 양성함에 교육의 목적을 두

---

4) 『교육사 신강』, 앞의 책, p.193.

5) 『법화경과 신약 성서』, 민희식 저, 불일출판사, 1987, p.192.

6) 『교육의 철학적 이해』, 앞의 책, p.278.

고, 기본적인 요소로서 신체적, 도덕적, 지적인 면을 두루 갖출 것을 제안하였고, 그중 등한시된 체육의 가치를 부각해 '건전한 신체에 건전한 정신이 깃든다'라고 한 유명한 말을 남기기도 하였다. 로크는 體·德·智가 다 중요하다는 견해를 견지하였는데, 덕육론을 살펴보면, 덕육의 목적은 자신의 욕망을 억제하고 이성에 따라 행동해야 하는 데 있다. 즉, 의지의 도야에 중점을 두어 정욕을 억제하고, 아동에게 자연으로부터 주어진 도리에 합치되는 행동을 할 수 있도록 하는 데 있다. 그리고 지육론에서는 필요성의 격을 낮추었는데, 지육의 목적은 다만 신사에 필요한 교양을 의미했다. 미덕·지혜·품행 정도였다. 그러므로 로크에게 지식은 오직 德을 높일 수 있는 수단에 지나지 않았다."7)8)

그렇다면 편중 문제의 현실적 해결책은 무조건 지식 편중 교육이 잘못되었다고 비판만 해서는 안 되고, 다른 요소들이 중요하다고 강조만 해서도 안 되는 것이, 인간 교육에 있어서 꼭 필요한 智·德·體와 그곳에 전인적인 요소를 조화시킬 수 있는 제3의 통합 관점 확보가 필요하다. 비교해서 필요성의 경중을 따질 것이 아니다. 인간 교육의 통합적인 목적에서 이것도 필요하고 저것도 필요하므로 무엇 하나라도 빠지면 목적 달성이 어렵다는 취지이다. 통합 관점과 목적이 무엇인지는 이후로 밝혀야 할 과제이지만, 따로 논 각각의 교육 요소를 통합할 수 있는 그 무엇을 앞세워야 하나에만 치중한 교육, 곧 지식 편중 교육이 홀로선 교육 방식으로서는 원대한

---

7) 『교육사 교육 철학 연구』, 앞의 책, pp. 142~143.

8) "학교 교육의 중요 임무는 지식의 전달, 즉 지식을 획득하기 위한 교육에 대해서는 누구나 의심하지 않는다. 그러나 로크는 그의 「교육론」에서 지육은 주된 일이 아니라고 못 박았다."-『존 로크의 교육사상을 이해한다』, 김규성 저, 학문사, 1993, p.140.

교육 목적을 달성할 수 없고, 아무리 노력하고 추구해도 자체로서는 무익할 따름이라는 결론에 도달할 수 있도록 해야 한다. 예를 들어, "지육은 외적 사물을 명석 판명하게 분별 비판해서 진상을 바르게 알아낼 지능과 기능에 관한 정신을 계발하는 교육이고, 덕육은 공동의 인륜적 세계를 이루어 낼 도덕적 인격체가 갖추어야 할 인간의 내적 심전을 바르게 밝히며, 원만하고 조화롭게 가꾸는 (교화·수신) 교육임에",9) 이들은 각자 고유한 가치와 역할을 가져 침범할 수 없다. 인간성을 완성하고 인간을 인간답게 육성하기 위해서는 이것도 필요하고 저것도 필요한데, 어느 하나가 없는 인간 모습을 상상해 보라. 인간으로서 인간답게 구실을 할 수 없다. 독식과 침범은 파멸을 부르며, 교육 결과의 실패를 조장한다.

"지식 편중 교육"은 삶의 가치와 행복과도 동떨어졌나니, 이런 현대 교육의 문제가 인류 역사상 지속적이었던 것은 결코 아니다. "고대인들에게 있어서 철학은 삶의 의미를 추구하거나 일상적 삶을 지혜롭고 행복하게 사는 문제와 분리되지 않았다. 그런데 17세기 이후 서양에서 학문의 분화와 더불어 근대 학문이 등장하면서 철학은 점차 지혜의 문제보다는 지식의 문제에 관심을 돌리고, 그것을 자신의 본분으로 삼기 시작했다. 여기서 지식이라는 것은 세계에 대한 과학적 지식을 말하고, 철학이 관심을 가진 지식의 문제는 과학적 지식을 우리가 어떻게 알게 되는지의 문제였다."10) 이런 역사 내력 추이에 지식 교육이 왜 일체의 전인교육 요소를 빨아들인 블랙홀이 되었는가에 대한 이유가 있다. 철학에서 추구한 지혜적 지

---

9) 『기로에 선 인류의 철학적 성찰』, 앞의 책, p.368.
10) 『최신 교육학 개론』, 앞의 책, p.90.

식 곧 形而上學적, 정신적 가치는 눈으로 확인하기 어렵고, 실체가 없으며, 노력해서 구했다고 해서 어떤 보장을 확신할 수 있는 것도 아니다. 끝까지 믿음을 요구한다. 반면에 자연을 통해 얻는 과학적 지식은 정반대이다. 현실적으로 유용할 뿐 아니라, 현세적으로 구할 수 있는 이득이 확실하다. 그래서 자연 과학적 학문 탐구가 득세하게 되었고, 그렇게 해서 구한 지식은 인생적 가치와, 그렇게 해서 성취해야 할 궁극적 목적과 거리가 먼 방향인데도 편중 현상이 심화하였다. 이유가 이러할진대, 짱구는 못 말린다고 이유 불문인 편중 블랙홀을 빠져나오기 위해서는 대등한 이득 또는 보장 가치를 설정해야 한다. 정신과 인생의 추구 가치는 자연을 통해 구한 지식의 이득, 보장 가치와 차원이 다른 영혼의 궁극적 귀의처를 지침하고, 영광을 안기며, 영생과 복락을 보장한다는 사실을 지혜를 다한 방법으로 제시하고 논거를 둬야 한다. 백 년 동안 쌓은 재물은 하루아침에 날아가 버릴 티끌이지만, 삼 일 닦은 수행은 천 년의 보배(불교)라고 하였다. 지식 교육의 허망함과 정신 가치의 본질성을 확실히 실감할 수 있게 해야 한다. 그러기 위해서는 지식 교육 이외에도 지식 교육이 갖춘 체제 정립 이상으로 독자적인 정신 도야 원리와 교육 내용, 과정 시스템을 구축해야 한다. 이것이 지식편중 현상을 극복할 대안 대책이다. 자연을 아는 지식은 자연을 탐구하면 되지만, 인간성을 완성하는 길은 그런 방법으로 개척되는 것이 아니다. 인간의 영혼을 영원의 세계로 인도하는 수단은 다양하기만 하다. 그래서 덕육과 체육은 인류가 궁극적인 본원 세계로 나아갈 수 있게 하는 공통 기반이다. 디딤돌로서의 지극한 도달 수단이다. 지육만으로서는 안 된다. 지육은 수단이고, 인간 본질과 떨어져 있다. 이것이 지식 교육의 한계성이다. 인간은 머리 작용을 활성화하는 것만으로 궁극의 길에 도달할 수 없다. 그것은 인생길을 이끄는 핵심 동력이 아니다. **"지식 편중 교육"**의 문제점과 한계성을 분명하게 인식할 때, 인류는 전인교육 요소를 활성화할 수 있는 새로운 교육 원리에 따라 만 영혼이 참된 인생 가치를 추구하고, 영생을 보장받는 목적을 성취하게 되리라.

제3편

교육 인식론

진리란 무엇인가란 진리를 어떻게 인식할 것인가란 문제와 연결되고, 이것은 다시 진리를 어떻게 가르칠 것인가란 교육 문제와 연결된다. 인식 루트의 결정이 교육하는 방법론을 결정한다. 인식론으로 진리가 무엇인가를 밝혀내면, 어떻게 알게 되었는가와 어떻게 알 수 있게 할 것인가란 가르침(교육)의 문제를 해결할 수 있다. 인식론은 진리와 지식의 근거와 본질에 관한 탐구인 만큼, 교육은 지식의 획득과 진리의 추구를 최소한의 조건으로 한 불가분의 관계에 있다. 그래서 인식론은 교육에 직접 의미 있는 원리를 제공한다.

제8장 개관

범사에 걸쳐 보다 높은 정신 경지에 도달했던 지성들은 한결같이 神은 유일하고, 道는 하나이며, 理와 氣는 일원이라고 하였다. 하지만 그런 본원 실체를 바라본 진리적 관점은 다양하기만 하고, 그로써 구축한 세계관이 난립한 이유는 무엇인가? 정말 본원 실체가 주장처럼 다양하고 神의 모습이 제각각이어서인가? 그렇지 않다고 한다면 그 이유는 어디에 있는가? 바로 본원 실체를 그렇게 판단하게 한 인식적 조건이 문제이다. 본원 자체가 문제가 아니다. 인식적 조건이 지닌 제반 작용의 영향임에, 이것이 세계관의 다양화와 난립한 원인이다. 본원에 대해 심대한 차이를 일으킨 것이라면 교육도 이런 인식의 영향력에 관해 무관할 수 없다. 특히 교육은 인식 자체를 중요한 수단으로 삼아야 하는 시스템인 만큼, **"교육 인식론"**은 논거 펼침 전체가 **"위대한 교육 원리"**를 정립하는 기반이다. 지성들이 밝힌 '인식론'은 교육 원리를 밝히는 중요한 수단이고, 인식 원리를 밝히는 것은 교육 목적을 달성하는 필수 조건이다. 하지만 규명 조건을 갖추기 위해서는 세계 구조와 본성을 밝히는 것이 관건인 만큼, 앞의 논거를 통해 진리적 과제를 해결했기 때문에 본편을 펼치게 되었다. 이전까지의 **"세계교육론"** 성격이 가치 지향적이었다면, 지금부터는 더 실질적이다. 선천이 처한 한계적 인식 이론을 극복하고자 하는 것은 교육 영역은 물론이고 세계의 원리성 구축에도 큰 영향을 끼친다. 인식 원리는 인식하는 대상에 따라 인식 방법이 달라지므로, 인식 원리를 정립하는 것은 제 세계관은 물론이고 제 교육 방법까지 결정한다. **"교육 인식론"**은 본체 규정→인식 원리 정립→교육 방법 결정으로 나아가는 것이 필수 절차이다. 지식론, 진리론, 존재론을 포괄하여 궁극적인 우주론에까지 이른다.

인간이 세계를 어떻게 아는가 하는 문제는 세계는 무엇으로 구성되어 있는가 하는 '존재론' 못지않게 중요한 진리 탐구 과제이다. "2500년에 걸친 방대한 서양 철학사의 핵심을 한 문장으로 표현한다면, '인간이 세계에 관한 올바른 앎을 얻은 과정'이라고 요약된다. 여기서 포함된 세 가지 계기 즉, 인간-인식(앎)-세계를 해명하는 것이 철학의 과제이다. 초기 그리스의 자연 철학자들은 먼저 세계를 문제 삼았고, 소크라테스와 스토아철학, 중세 철학과 신학은 인간을 알고자 했으며, 17세기부터는 데카르트를 선봉으로 인식론의 시대가 개막되었다. 하지만 주체의 자명성을 전제로 한 근대 인식론은 19세기에 접어들면서 위기를 드러내 19세기 후반에는 주체의 동일성이 의문시되었고, 곧이어 견고하다고 여긴 대상의 동일성마저 흔들렸다."[1] 이것은 그렇게 맞이할 수밖에 없는 당연한 결과이다. 지난날은 존재의 본질을 확실히 규명하지 못한 상태였고, 그런 상태에서 선택한 인식의 방법은 제약된 한계가 있었다. 그러니까 세계의 생성 본질이 제공한 知에 대해 인식의 갈래 루트를 특성에 맞게 개척하지 못했다. 통상 知→앎(인식)→지식이란 일반적 인식 이론에 머무르고 말아, 知→行(의지)→각성 루트에 관해서는 관심

---

1) 『사람이 알아야 할 모든 것, 철학』, 남경태 저, 들녘, p.545.

이 부족했고, 知→본질(의식)→직관은 특정 종교에서만 넘나든 비밀 루트에 속했다. 무엇보다도 존재의 본질을 규명하기 이전에 인식의 주체성을 성급하게 내세운 것은 인식 이론을 정립하는 데 있어 난해한 억측을 낳았다. 닭이 먼저냐 달걀이 먼저냐고 하는 것처럼, 본질을 정확하게 규명하기 위해서는 본질적 실체와 인식과의 차이를 없애야 하고, 인식 이론이 정확하기 위해서는 인식 원리를 결정하는 존재의 본질을 드러내야 하므로, 인식론 정립은 그만한 때를 기다려야 했다. 이런 조건은 차치하고서라도 대상을 파악하고 알고자 하는 인간과 세계, 혹은 존재, 혹은 물 자체 사이에는 인식이 매개되는 근본적인 조건 설정이 전제되어 있다. 헤엄 만으로는 태평양을 건너 목적지에 도달할 수 없는 것과 같은 절대적 조건이다. 인간은 아무런 절차도 없이 곧바로 세계적 진상을 파악할 수 있는 것이 아니란 뜻이다. 이런 현실적 조건 탓에 우리는 진상이 가진 본래 모습을 사실과 다르게 판단할 수 있다. 여기에는 주어진 인식의 제약과 그로써 구축한 인식 이론이 영향을 끼친다. 다시 말해, 색안경을 썼다면 색안경을 통해 본 모습대로, 오목 렌즈를 통했다면 그렇게 축소된 모습으로 제반 사물을 판단했다는 뜻이다. 그런데도 인식의 매개 역할과 절대적인 영향력을 모른다면? 인식의 제약성을 간과한 것이 선천 인식론의 문제이다. 인식의 바탕 위에서 구축된 선천 세계관은 언젠가는 허물어지고, 인식 원리의 견고성 위에서 재정립될 때를 기다려야 했다.

이런 인식의 세계 완성 역할 탓에 철학에서는 존재론, 가치론과 함께 인식론이 중요한 탐구 영역을 차지했다. 존재와 가치도 중요하지만, 그것을 진리로써 확증하고 완성하는 것은 결국 인식이다.

이런 인식에 관한 문제를 다룬 "인식론(epistemology)은 진리, 혹은 지식을 뜻하는 희랍어 episteme와 학문, 혹은 이론 체계를 뜻하는 logos의 합성어이다. 에피스테메(episteme)는 의견이나 견해를 뜻하는 독사(doxa)에 대비되는 개념으로서 불변하는 확고한 진리, 혹은 지식을 의미한다."[2] "지식의 본질, 원천, 그리고 정당성을 연구하는 철학의 분야로서 무엇이 진리인가? 그리고 우리가 어떻게 알게 되는가와 같은 질문에 대해 답을 찾고자 했다."[3] "안다는 것은 바로 인식한다는 것과 같아, 인간의 앎(지식)과 관련한 문제를 다룬 것이 인식론이다."[4] 그래서 인식론을 정립하는 것은 교육론을 정립하는 보다 선행된 해결 과제이다. 진리란 무엇인가는 진리를 어떻게 인식할 것인가란 문제와 연결되고, 이것은 다시 진리를 어떻게 가르칠 것인가란 교육 문제와 연결된다. 인식 루트의 결정이 교육하는 방법론을 결정한다. 인식론으로 진리가 무엇인가를 밝혀내면, 어떻게 알게 되었는가와 어떻게 알 수 있게 할 것인가란 가르침(교육)의 문제를 해결할 수 있다. "인식론은 진리와 지식의 근거와 본질에 관한 탐구인 만큼, 교육은 지식의 획득과 진리의 추구를 최소한의 조건으로 한 불가분의 관계에 있다. 그래서 인식론은 교육에 직접 의미 있는 원리를 제공한다. 교육되었다는 것은 알게 되었다는 것과 동의어로 쓰일 만큼, 교육은 근본적으로 지식을 추구하고 획득하는 활동이다. 인식론은 이런 교육의 핵심 활동인 지식의 본질, 원천, 획득 방법을 밝히는 일을 한다."[5] 단지 그렇게 전달하고 가

---

2) "인식론=진리 혹은 지식에 관한 학문.-『교육 철학 및 교육사의 이해』, 신차균·안경식·유재봉 공저, 학지사, 2006, p.365.

3) 『교육 철학』, George R. Knight 저, 앞의 책, p.29.

4) 『로크의 정부론』, 한국철학사상연구회 기획, 김성우 글, 김학수 그림, 삼성출판사, 2007, p.23.

르치게 한 인식 루트가 획일화된 것이 문제일 뿐…… 지식의 획득 경로는 활성화되었지만, 德의 획득 경로와 초월 知의 획득 경로까지 다양화시키지는 못했다. 인식은 교육의 중요한 원리적 수단인데, 교육이 이런 인식론이 처한 제약성을 극복하지 못하고 휘둘리게 되면 교육의 위대한 목적 달성이 어렵다. 교육은 정당한 인식 원리를 적용해야 정상화된다. 교육의 필요성에 따라 인식 원리를 명료하게 해야 한다. 그리고 교육자는 인식 원리를 100% 숙지해야 한다. 인식 원리의 지침을 따라, 혹은 대상에 따라 다양한 교육 방법을 병행해야 하나니, 그렇지 못하면 백 가지 지혜 가르침이 무익하다.

인식 원리를 능동적으로 정립함으로써 교육 원리를 추진해야 한다. 지식을 가르치는 수단 원리로서가 아니라, 인식 원리 자체를 교육 원리 위에 정초해야 한다. 지식, 지혜, 기능, 道, 본체, 法, 神을 막론하고 무엇을 어떻게 가르칠 것인가 하는 것을 개안된 인식 원리 위에 두어야 한다. 그렇게 하지 못하고 선재적으로 선입견을 품은 자가 제반 대상을 가르치게 되면, 그런 안목에 따라 진리 세계가 무차별적으로 재단되어 버린다. 존재한 실체 대상은 다양한데 인식 경로와 이론은 무식할 정도로 일관되어 있어, 어차피 선천 인류가 궁극의 세계로 나가고, 하나님의 나라로 인도되기 위해서는 새로운 인식 이론의 정립이 불가피하다. 그래서 **"교육 인식론"**에서는 앎과 진리 문제, 그리고 이것을 가르치는 기초인 인식 원리의 문제를 해결해야 했다. 그렇지 못하면 어떤 결과를 초래하게 되는가? 존 듀이는 진리란 무엇인가에 대해 지극히 기능적인 진리관을 수립하였다. 그는 진리란 "경험의 결과로 수정할 수 있고, 변화할

---

5) 『교육 철학 및 교육사의 이해』, 앞의 책, p.318, 366.

수도 있는 상대적이며, 영원불변한 절대적 진리란 성립할 수 없
다"6)라고 하였다. 이처럼 진리와 세계를 단명하게 본 자가 교육을
통하여 인류에게 어떻게 더 영원한 가치적 지침을 주고, 교육 이념
을 실현할 교육 원리를 제시하길 기대하겠는가? 그가 말한 경험을
통한 교육 작용 원리는 그렇게 판단하도록 한 인식의 제약성이 낳
은 선천 교육관의 결과 소산이다.

---

6) 『현대 교육고전의 이해』, 앞의 책, p.14.

제9장 인식의 방법

1. 존재 방식과 인식 방식

어떤 대상들이 존재하는 방식은 다양하다. 원자, 세포, 사물, 인간, 정신, 관념, 道, 세계, 우주, 神 등등. 존재하는 형태를 묻는 것이기 때문에 존재한 특성에는 차이가 있다 해도 일괄해서 존재론(存在論)으로 일컬을 만하다. 존재론은 논리학, 윤리학, 인식론 등과 함께 철학의 중요한 영역으로서 "존재 그 자체, 즉 모든 실재의 기본 특성에 관한 이론이나 연구이다. 그래서 존재학(存在學)이라고도 불리고, 모든 존재자가 존재자인 한 공통으로 지니는 것, 존재자가 존재자로서 지니는 근본적인 규정을 고찰하는 形而上學의 한 부분이다."[1] 과연 모든 존재자의 존재 방식을 초월해서 공통으로 지닌 무엇이 있다면 그것은 존재 이전의 그 무엇인 우주론 또는 창조론으로 귀결되리라. 하지만 이상적인 존재론의 규정 목적과 달리, 현실적으로는 누구도 존재 일반의 공통분모를 찾지 못했다. 形而上學에 속한 존재론은 자연이나 정신 등의 특수한 존재자가 아닌, 모든 존재자가 공통으로 지닌 근본적인 무엇을 고찰한다고 하였는데, 여기서 자연, 정신, 관념, 道 등을 특수한 실체로 분류하고, 존재론에 포함하지 않은 것은 그 자체가 선입된 존재 판단 기준이다. 이

---

1) 다음 백과사전, 존재론.

유는 다름 아닌 각각의 존재 방식에 적합한 인식 방식을 매치해서 적용하지 못한 탓이다. 존재가 가진 특성에 따라 존재한 방식은 다양하기만 한데, 인식하는 방식이 맞춤형으로 방법을 세우지 못했다. 지난날은 관념, 마음, 의지, **理氣**, **道**, **神** 등이 정상적인 실체 범주로부터 제외되었다. 존재한 실체 방식을 추적할 인식 루트를 개척하지 못한 탓이다. 그렇다면 과연 무형의 정신 작용을 포함해서 뭇 존재가 실체라는 사실을 확인할 수 있는 근거와, 가진 실체적 특성을 초월해서 공통으로 지닌 무엇은 정말 존재하는가? 세상 하늘 아래 근거 없는 존재가 어디에 있는가? 그 기준이 곧 만상을 있게 한 '본질'이다. 이것이 뭇 존재의 존재 방식을 결정하였다. 뭇 존재가 존재인 것을 가늠하는 판단 기준이고, 존재자가 가진 실체적 특성을 초월한 공통분모이다. 진리에는 진리의 본질이 있고, 정신에는 정신의 본질이 있으며, 사물의 본질, 인간의 본질, **神**의 본질이 있게 된다. 사물의 본질은 사물이 가진 실체로서의 결정성을 있게 한 그것이고, 우주 운행의 규칙성은 규칙성을 있게 한 그것이 우주의 본질이다. 현상은 지극히 분열적, 인과적, 상대적인데, 그런 특성을 결정한 것이 현상의 본질이다. 이에 선천의 지성들이 그토록 궁금하게 여기고 규정하기를 원한 뭇 존재자의 존재 방식을 한마디로 말한다면 본질과 함께한 존재자, 혹은 본질 위의 존재자, 혹은 존재+본질의 합성이다. 이것이 창조로 인한 뭇 존재자의 본 모습이다. 그런데 선천의 지성들은 창조를 간과하고 본질의 존재성을 존재론 자체에서 제외한 탓에 존재로 간주한 영역이 반 토막 나버렸다. 존재를 판단한 인식 방식도 존재 방식에 초점을 맞추지 못해 억측을 무릅쓴 결론을 내렸다. 존재 방식에 따라 인식 방식이 강구되어야 하고, 세계이면 세계, 사물이면 사물, 인간이면 인간, 神이면 神이 존재한 특성 방식에 따라 인식 방식도 달라야 하는데, 본격적으로 태동한 근대 인식론은 이런 진리적 과제를 해결하지 못하였다.

근본적인 문제는 고대로부터 관심을 가지고 추구한 존재론에 있다. 알다시피 "철학에서 추구한 근본적인 물음은 앎이란 어떻게 가능한가? 지식은 어떻게 얻어지는가? 진리란 무엇인가였고, 이런 물음과 탐구가 가능해지려면 먼저 존재에 대한 전제가 필수이다. 그래서 존재론은 인식론에 선행한다."[2] 존재론이 답을 주어야 인식론이 해결될 텐데, 고대로부터 지금까지도 사실상 존재는 어떤 조건도 없이 존재한 탓에 존재하는 것으로 당연하게 여겼고, 존재자를 파악하는 관건이 인식론에 쥐어져 있다 보니 정확한 답을 얻지 못한 악순환을 거듭했다. 고대 그리스의 철학자들은 자연과 세계에 관해 물었지만, 피상적인 설에 그쳤고, "중세 철학을 특징지은 보편자-개별자 쟁점은 사물 존재의 존재 방식에 관한 문제였다. 이때는 이성과 신앙에 대해서도 쟁점을 가졌는데, 이것은 인간의 존재 방식에 대한 과제이기도 하다."[3] 하지만 대상이 神이든 세계든 인간이든, 존재자의 문제를 해결하기 위해서는 창조가 기본적인 조건인데도 神을 갈구한 중세 시대에서조차 문제점에 착안하지 못했다. 이런 숙제를 안긴 존재론의 기반 위에서 "데카르트에서부터 19세기의 근대 철학은 인간이 세계를 어떻게 인식하는가? 그리고 인식 주체로서 인간이 지니는 특성은 무엇인가에 대해 관심을 가지고 인식론을 펼쳤다. 데카르트(1596~1650)는 진리를 물으려면 무엇보다

---

2) 『사람이 알아야 할 모든 것, 철학』, 앞의 책, p.432.

3) 위의 책, p.228.

먼저 확고한 인식의 토대가 필요하다고 판단했지만",4) 본질적인 전제 방식을 간과한 인식 이론은 그 위에 어떤 정교한 인식 수단과 방식을 동원해도 부실함을 면할 수 없다.5) 인식은 확실해야 하지만, 인식론을 완성할 수 있는 근본적인 조건은 없었다. 역사상으로 간과한 것에 그친 것이 아니라 근본적인 실체로서 인정하지 않고 애써 존재 영역에서 제거하고자 했다는 것은 큰 문제이다. "전통적으로 철학자들은 실재가 존재하기 때문에 관념이 존재할 수 있다는 점에서 실재를 더 근본적이고 확실한 것으로 여겼다. 플라톤이 그랬고, 아리스토텔레스도 마찬가지였으며, 중세 철학자들은 아예 실재를 神의 속성으로 떠받들기까지 했다. 실제로 실재는 관념과 비교해 존재론적 우월성을 가진다. 그러나 로크-버클리-흄으로 이어진 영국의 경험론자들은 관계를 역전시켜 우리에게 주어진 가장 확실한 것은 관념밖에 없다는 점을 강조하였다."6) 하지만 존재론을 확실하게 규정하지 못한 상태에서(본질을 밝히지 못함) 인식론으로 전환한 것은 서양 철학에서 심대한 문제를 일으켰다. 하이데거가 지적했듯, "인식과 존재는 따로 놀 수 없고",7) 그렇게 되도록 방치하면 안 되는데, 끝까지 대책을 마련하지 못했다. 존재론-인식론-본체론으로 나아가야 이것을 종합한 진리론을 완성할 수 있지만, 그들의 전통 속에서는 실마리를 풀 지적 자산이 없었다. 경험론이 오히려 관념론이라고 할 만큼, 존재 자체와 동떨어진 실체 개념을 구

---

4) 위의 책, p.229.
5) 존재론을 확실하게 규정하지 못하고(본질을 밝히지 못함) 인식론으로 전환한 것은 서양 철학의 한계임.
6) 위의 책, p.307.
7) 위의 책, p.433.

축하였다.

경험론자들도 인정하였듯, 실재는 따로 있고, 그런 실재를 경험함으로써 생겨난 것이 관념이라고 하였다. 이것은 분명 실체와 인식이 따로 논 것이다. 버클리는 새뮤얼 존슨의 천박한 비아냥거림을 감내하면서까지 "존재는 지각되는 것이다"라고 주장하였다. 흄은 상식을 거슬러 가면서까지 자아와 인과성이 허구라고 강변하였다.8) 존재는 인상이고 관념의 산물이라고 못 박았다. 이것은 지적한 대로 존재 방식과 인식 방식의 차이이고, 존재 방식을 인식 방식이 따라잡지 못한 결과이다. 존재 방식과 인식 방식이 어긋났다. 일치시켜야 존재와 인식이 일체 된다. 답은 제시했지만, 현실적으로는 선행된 과제 해결이 급선무였고, 이런 문제를 해결하지 못한 서양 인식론은 이 연구에 새로운 과제를 넘겨야 했다.

무엇이 문제인가를 진단해 본다면, 영국 경험론의 선구자인 "존 로크(1632~1704)는 인간이 지식을 습득하는 경험에는 두 가지 형태가 있는데, 한 가지는 감각(sensation)이고, 또 하나는 반성(reflection)이라고 하였다."9) 하지만 우리가 그렇게 보고 듣고 만지는(五感) 감각을 통하여 존재에 관한 정보를 파악하는 것은 존재의 겉모습만 보고 본질을 파악하지 못하는 한계가 있고, 그것을 주된 인식 작용인 반성을 통해 수용한다고 했지만, 감각(인식 수단)+반성(인식 작용)의 합작물은 누가 보더라도 알고자 하는 고유의 존재 방식을 정확하게 판단할 수 있는 인식 방식이 아니다. 그런데도 더하여 버클리(1685~1753)는 감각 경험을 인식론의 근본으로 여겨

---

8) 위의 책, p.307.
9) 『체육 철학』, 김대식 외 2인 공저, 앞의 책, p.46.

사물은 사람에 의해 감지됨으로써 존재한다고 주장하였다. 존재 자체는 온데간데없고, 존재 실상의 주도권을 인식 수단인 감각 경험으로 넘겨버렸다. 흄은 이렇게 감각을 통한 경험 지식이 우리의 인식 작용 속에 어떻게 자리 잡게 되는가를 상세하게 설명하였다. "인간의 마음은 인상(impression)과 관념(idea)의 두 기능을 지니고 있다고 보고, 이 두 개념의 차이는 그것들의 생생함(vividness)의 정도에 있다. 즉, 보고 듣고 느끼고 미워하고 욕망하는 것 등은 우리가 대상으로부터 바로 생생하게 느끼는 것으로 인상에 해당하고, 이 인상을 반성할 때 비로소 관념을 갖게 된다."10) 하지만 인상은 지극히 주관적이며, 무엇보다도 중요한 것은 제반 인식 작용은 마음, 곧 사고 작용의 산물이지 존재 자체의 정보를 찾은 상태가 아니다. 그래서 경험론의 인식 방식은 존재 방식과 동떨어졌다. 제한적인 인식 수단을 통해 받아들인 정보를 사고적인 추론으로 조작하였다. 그렇게 해서 구축한 존재에 대한 관념을 마치 존재 자체를 대체시키고 투영시킨 실체인 것처럼 믿었다.11) 존재가 아닌 인식에 초점을 맞춘 결과이다. 주객이 전도되었다. 사고 작용을 통해 궁극적인 본질 세계로 나가기 위해서는 정신 작용의 심오한 루트를 파고들어야 했다. 즉 사물, 존재, 현상은 감지→인상→반성→관념→실체 인식이고 본질, 道, 神은 의식→직관→자각→깨달음→통찰 인식이다. 이것은 존재가 가진 특성에 따른 인식 방식으로서, 양 갈래인 것 같지만, 모든 존재자는 결국 본질을 함유한 탓에 궁극적인 인식

---

10) 위의 책, p.47.

11) 스코틀랜드의 데이비드 흄은 정신과 육체를 경험의 1차 자료인 인상들, 또는 자각들의 다발이라고 보는 인식론을 내놓았고, 영국의 버트런드 러셀은 중성적 실재를 감각물이라 규정하고, 정신과 물질은 감각물의 논리적 구성물이라고 주장함.-다음 백과, 경험론.

루트는 후자의 길을 따라야 한다.

불교의 「성유식론」에서도, "모든 것은 오직 의식으로 존재할 뿐이다"라고 하여, 서양의 경험론과 비슷한 논거를 펼쳤다. 집착의 대상은 우리의 의식이 만든 것이 맞다. 하지만 존재 일반까지 그러한 것은 아니다. 이런 존재 방식과 인식 방식의 차이를 극복하기 위해서는 의식(인식)이 존재 자체 속으로 파고들 필요가 있다. 인식은 존재의 본질(진리)을 드러내는 수단 역할이 아니다. 인식 자체가 존재의 본질 구조를 표출하는 일체 방식이 그것이다. 그렇다면 모든 것은 의식으로 존재하는 것이 아니다. 의식은 존재한 본질의 내면 얼굴이라고나 할까? 그렇게 해야 존재와 인식 간의 차이를 메운다. 존재와 인식 방식을 일치시키는 방법은 존재가 어떻게 존재하게 되었는가 하는 창조 방식을 따르는 것이다. 정말 존재는 어떻게 창조되었는가? 쪼개고 쪼개어 다시는 분할할 수 없는 원자들이 결합한 방식으로 천지 만물과 우주가 존재하였는가? 그것이 맞는다면 물질을 거대한 입자가속기에 넣어 빛에 가까운 속도로 충돌시키면 물질은 물론이고 천지자연과 우주의 비밀까지도 속속들이 밝혀낼 수 있으리라. 하지만 그런 방법은 존재 자체가 생겨난 창조(인식) 방식과 일치하지 않기 때문에 실패하였다. 인식 수단을 찾지 못한 칸트는 강력하게 주장하길, "물 자체는 현상의 원인이며, 현상의 근거에 존재하면서 우리의 감성을 촉발하는 것이라고 하여, 물 자체로서의 대상이 존재한다는 것을 명백하게 인정하였는데도, 물 자체는 우리의 감관(感官)의 바깥에 있는 대상으로서 우리에게 주어져 있다. 그러한 物이 자체에 있어서 무엇인가에 관해서는 아무것도 모른다. 아는 것은 감각 기관을 촉발함으로써 우리의 안[內]에 생기는 표상을 하는 데 불과하다. 그래서 物, 그 자체에 있어서 무엇인가는 우리로서는 전혀 알 수 없다"12)라고 하였다.

"세상 만물은 눈에 보이지만, 세상 만물의 공통적인 요소(본질)는 눈에 보이지 않는다."13) 존재는 존재하는 것만으로 존재하는 것이 아니고 본질에 바탕을 둔 구축물로서, 존재한 방식도 창조된 피조체는 결정적, 분열적 인과적이지만, 창조를 이룬 본질체는 통합적, 초월적, 통시적이다. 노자는『도덕경』에서 바탕이 된 道만을 말하지 않고, 말미암은 德도 함께 논거를 두었다. "道는 우주 만물에서 유래한 하나의 큰 理의 법칙이고, 德은 만물과 사람이 각기 道에서 얻는데, 이를 德이라고 한다. 따라서 道는 사물의 形而上의 원리를 초월한 것이고, 德은 개별 사물의 성질로서 形而上의 器와 분리되지 않는다"14)라고 하였다. 이것은 창조 방식 원리와 존재 방식 원리를 함께 구성한 것이다. 연결한 관계성도 밝혔다. 왜 道는 사물의 形而上 원리를 초월한 것인가? 道에 근거해 천지 만물이 창조된 탓이다. 큰 理의 법칙을 결정하기 이전이다. 그런데도 서양 인식론은 바탕이 된 道의 形而上學성을 간과하고, 道가 개별 사물화된 德의 결정된 특성만 보고 인식론 운운한 결과, 인식 방식이 존재 방식과 멀어져 존재한 본질과 거리가 생긴 뜨인 돌(관념적 실체성 구성)이 되어버렸다. 道는 창조로 인해 결정된 德을 함께 말하지 않을 수 없었다. 德만 내세운 현상 일원론도 문제이지만, 道 자체도 어떤 우주론, 창조론, 생성론, 본체론, 진리론을 성립시킬 수 없었다. 무자식이 상팔자이다. 道의 진정한 존립 가치는 창조로 이룬 道

---

12)『칸트 철학사상의 이해』, 한단석 저, 양영각, 1983, pp. 298~299.

13)『사람이 알아야 할 모든 것, 철학』, 앞의 책, p.24.

14)『남명 조식의 교학 사상』, 한상규 저, 세종출판사, 1990, p.51.

의 化, 곧 德에 있었다. 정말 천지 만상은 아르케의 결합체인가? 아니면 통합 본체로부터의 분열체인가? 결합체라면 언급했듯, 입자가 속기로 충돌시켜 쪼개면 본 모습을 알 수 있으리라. 하지만 아르케는 또다시 더 작은 아르케의 연속이다. 피조체인 분열적 특성만 드러낼 뿐이다. 그렇다면? 하나님의 천지 창조 역사는 그렇게 결합과 나뉨 방식으로 이루어진 것이 아니다. 하나님의 뜻에 따라 하나가 다양화되었다. 그것이 제각각 생성으로 드러났다. 하나가 삼라만상으로 나뉜 최초의 갈림길 시점과 동기는 하나님이 전체적으로 통괄한 창조 목적과 일관한 계획에 따른 뜻에 있다. 모든 존재 본질 규정의 궁극적 귀결은 오늘날 하나님이 이 땅에 강림해서 계시한 창조 본의를 통찰하는 데 있다. 창조 뜻과, 그렇게 해서 결정된 존재 방식 절차를 따른다면, 뭇 존재자의 특성에 따라 인식 방식과 절차를 추적할 수 있어 인류를 모든 진리 가운데로 인도할 수 있다. 교육은 모든 존재로 나아갈 길을 개척하고 지침해야 할 위대한 사명을 지닌 만큼, 창조 방식에 근거한 인식 방식의 일치 노력이 선천에서 가로막은 인식적 장애물을 모두 걷어내리라.

2. 인식 작용과 절차

영국의 경험론이든 칸트의 선험론이든 대상에 대해 인식의 주체성을 내세운 것은 모래 위에 집을 지은 것과 같은 인식 이론이다. 앞에서는 어떤 대상이 존재한 특성에 따라 인식 방식이 결정되고 마련되어야 한다고 했는데, 그러기 위해서는 그것보다도 더 선행된 창조 방식의 절차를 따라야 인식 작용이 정상화되어 인식한 정보 자체가 존재의 본질을 드러냄은 물론이고, 일체된 경지로까지 도달할 수 있다. 결코 인식과 본질은 따로 놀 수 없다. 이미 그렇게 창조되었고, 그렇게 해서 함께 존재하고 있으며, 일체될 수 있는 조건을 인간은 특별히 갖추었다. 인식과 존재 간의 바람직한 기대 상태는 인식한 진리 자체와 일체되는 것이고, 그를 통해 본질화되는 것이다. 그리고 이것은 더 나아가 나를 준 창조주 하나님과 하나 되는 길이기도 하다. 그런데도 지금까지는 인식과 존재 간의 거리를 좁히지 못하고 따로 논 관계로 존재와 인식, 인식과 진리, 진리와 神이 일체 되지 못했다. 동양에서는 깨달음을 통해 일부 길을 개척하기는 했지만, **"인식 작용과 절차"**를 원리적으로 밝힌 인식론을 정립하지는 못한 상태이다. 동양이든 서양이든 문제는 인식 방식은 존재 방식에 의해, 존재 방식은 창조 방식 절차에 따라 결정되는데, 지난날은 창조 본의가 드러나지 못한 관계로 창조 방식과 존재 방식이 밝혀질 수 없는 근본적인 한계가 있었다. 더욱 선행된 조건인 창조 방식과 존재 방식을 규정하지 못한 기초 위에 집을 지은 인식론의 모습을 상상해 보라. 그것은 우려가 아니고, 정말 온갖 세계관에 문제를 일으켰다. 창조 단계와 과정은 그렇게 해서 지어진 존재를 판단하는 절대 기준 역할을 하는데, 이것을 간과하거나 무시한 상태에서는 사물과 세계를 판단하는 인식의 첫 출발점과 기준이 유동적이고 제각각이다. 예를 들어, "조선조 성리학의 논쟁은 氣와 理의 관계에 대한 논쟁이라고 해도 과언이 아니다. 거칠게 정리하자면, 주기론은 현실과 자연을 중시한 경향이고, 주리론은 이념과 도덕을 중시한 경향이다."[15) 세계가 理와 氣로 이원화된 것은 창조된 절차상 창조 본체인 理가 존재 본체인 氣로 이행된 것으로 당연시된 구조이다. 이것은 理氣란 본질적 요소뿐만 아니고, 세계 전체가 그와 같은 존재 방식으로 구조화되어 있다. 그런데도 문제는 사전 창조 방식을 이해할 수 없는 선천 지성인들에게는 세계 구조를 설명하는 데 있어 곤혹이 따른다. 창조 절차를 모른 상태에서 억지 일원론에 치중하여 모순이 있어 보이는 이원론을 비판한 것이다. 알고 보면 서양 인식론도 존재와 인식이 이원화된 실정인데, 그렇게 구조화시킨 이유를 알아야 한계를 극복할 수 있다. 살펴볼진대, 주리론은 形而上學적인 바탕 본체 역할에 치중하여 말미암은 氣와의 관계성을 밝히지 못한 문제를 지녔고, 주기론은 그렇게 선재한 본체 역할을 인정하지 않았다. 氣 일원론을 주장한 김시습은 당대 성리학의 이분법적 세계관을 비판하고 평등한 세계관을 구현하려고 하였고, 이런 입장이 후대의 서경덕과 율곡에게로 이어졌다.16) 평등한 세계관 구현이라고 했지만, 이것은 그렇게 판단할 수밖에 없는 당대 세계 본질의 분열상과 인식 조건을 드러낸 것이기도 하다. 양론은 모두 창조 절차에 있어 피상성을 면치 못했고, 그대로 인식 작용에 문제를 일으켰다. 이것은 본인이 처한 진리적 환경 안에서는 인지할 수 없는, 존재한 진상과는 별개로 주어진 인식의 문제이다. 모두 진리성을 걸치고 있어서 절대성을 양보할 수 없었다.

이와 비슷한 인식 절차를 따른 서양의 사례로서는 아리스토텔레스와 플라톤의 생각이다. "여러 가지 측면에서 대조를 이루지만, 특히 본질적인 차이는 플라톤과 달리 아리스토텔레스는 학문의 가능

---

15) 『한국철학의 이 한 마디』, 김경윤 저, 청람미디어, 2003, p.114.
16) 위의 책, 위의 페이지.

성을 마련하기 위해 굳이 이데아라는 변화하지 않는 보편자를 감각 세계의 저편에 내세울 필요가 없다고 본 점이다."17) 그것은 맞는 말이다. 플라톤이 말한 변화하지 않는 보편자는 창조되었으므로 존재한 감각 세계 안에 내재해 있다. 하지만 무엇이 문제인가? 세상과 존재 안에 함께하고 있다고 해서 바탕이 된 이데아가 존재 저편에 존재하지 않는 것은 아니다. 결과적으로 아리스토텔레스는 창조 절차의 첫 출발점을 존재 자체에 둠으로써 저편 이데아의 본체적 실체를 간과한 인식 작용상의 문제를 지녔다. 그리고 플라톤도 저편 이데아가 존재 안에 내재한 창조 절차를 밝히지 못했다. 가장 근본적인 창조 작용과 단계 절차를 무시하고 간과한 탓에 저편 이데아는 진리로서 확증될 수 없고, 존재 안의 이데아는 끈 떨어진 연처럼 되어버렸다. 존재하기는 하는데, 실존 근거를 확보할 인식 루트가 단절되었다. 첫 단추를 잘못 끼운 인식 상의 오류 관점이다. 괴테는 호흡에는 날숨과 들숨의 기능이 다 같이 중요하다고 한 것처럼, 철학함에도 분석과 종합의 양 기능이 대등하고 필수적인 것으로 인정해야 하는데, 서양 철학의 일반적 경향이 분석에만 매달려 있다는 것은 극히 기형적이고 비정상적이다.18) 창조된 절차와 단계를 알아야 세계의 이원성 구조를 조화시킬 수 있는데, 인식 상으로 단절되니까 편향성을 넘어 오히려 대립한 결과를 초래했다.

이처럼 간과한 창조 절차로 인해 서양 인식론은 존재 이전의 창조 과정을 무시하고 생성과 경험을 인식의 첫 출발점으로 삼으므로 세계관 형성에 큰 오류를 범하였고, 칸트조차 불가능하다고 여긴

---

17) 『지식의 통섭)』, 앞의 책, p.18.
18) 『오늘의 철학적 인간학』, 진교훈 외 공저, 경문사, 1997, p.18.

물 자체의 인식 문제에 대해 동양의 선현들은 사고적 유추를 통해 서나마 물 자체의 실체성을 추적하였다. 세계 본질적인 조건 속에서 근원적인 본질체를 인식하는 것이 불가능하다는 결론은 같다. 하지만 인식 상의 조건과 상관없이 실체성을 논리적으로 추적하고 언어로써 표현하기는 하였다. 유교에서 말한 "理와 氣는 하나이면서 둘이고 둘이면서 하나이다(一而二 二而一)"라고 한 명제가 그것이다. 왜 이런 이상한 논리가 있는가? 현상적 질서 안에서는 성립할 수 없다. 그렇다면? 현상 논리를 초월한 본체 논리이다. 이 말은 인식을 초월하고 생성을 빠트린 논리란 뜻이다. 생성 이전과 생성 이후를 구분한 논리이다. 理와 氣가 하나이면서 둘이라고 한 것은 하나가 둘로 이행된 창조 결과를 말한 것이고, 둘이면서 하나라고 한 것은 창조 결과의 원인을 추적한 창조 본체의 실체성을 시인한 것이다. 그래서 전체 본의는 결국 理와 氣와의 초월적인 동시 존재 방식을 통해 천지 만물이 어떻게 존재하게 되었는가 하는 창조 방식과 원리를 시사했다. 하지만 문제는 역시 생성을 빠트린 초월 논리라 인식할 수는 없다. 그렇더라도 역설적으로 창조로 인해 결정된 것이 생성으로 드러난 것이 현 시공간에서 확보한 존재의 실존 방식인 탓에, 그렇게 더해진 생성 과정을 빼고 보면 존재의 원 상태인 본질로서의 모습을 인식이 아닌 사고로서 가늠할 수 있다. 그런 순수한 존재 본체 상태가 바로 "一而二 二而一"이란 명제이다. 현대 사회에서 득세한 무신론자들이 神을 거부하고, 혹은 노자가 말한 道가 신비화된 이유도 마찬가지이다. 실체 자체와 인식 사이의 차원적인 차이 탓에 실존 사실을 부정한 것인데, 앞으로 논할 바 인간의 사고 작용인 이성의 한계성과 그를 통해 이룬 인식 작용의 불완전성을 생각한다면, 이런 장애를 극복하는 데는 불교가 택한 현 질서의 부정이란 역설 방법이 있다. 어차피 분열적인 질서 안에서는 본체로 접근할 수 없으므로 현재 인식 가능한 현상적 질서를 부정하는 사고적 유추를 통해 현실 앞에 가로놓인 인식의 장애를 초월하는 것이다. 생성으로 드러난 일체의 현상적 구분과 존재와 질서를 남김없이 제하고 나면 생성이 시작되기 이전에 생성을 일으키고 존재를 있게 한 본체 모습을 엿볼 수 있다. 이것을 인식적으로 확증하기까지는 선천 세월과 창조 목적이 분열을 완료해야 하는 때를 기다려야 했지만…… 모색하면 합당한 길을 찾을 수 있고, 기다리면 때가 도래하는 법인데, 아예 神을 부정하고 바탕 본체(道)를 온전한 실체로 인정하지 않은 것은 선천 지성이 저지른 세계관적 오판이다. 창조 절차를 무시하고 세운 집이 선천 세계관이고, 서양 인식론의 출발 시점이다. 그들의 눈에 보이는 것은 사전 창조 절차와 본질을 제한 사물뿐이고, 존재 안에서 요구하는 본질적 조건은 존재 안에서 자체 조달이 가능하다고 여긴 탓에 세계 안에서 현상 일원론 천국을 건설하고, 인식 방식도 사물의 본질을 규명하는 데로 국한하였다.

인간은 분명 안으로 자기 자신을 느끼는 동시에 밖으로 세상을 바라본다. 여기서 밖으로 세상을 바라보는 인식으로서는 오감이 주효하다. 그렇다면 안으로 자기 자신을 느끼는 인식 수단은? 당연히 의식이라고 할 수 있는데, 서양인들은 안으로 자신을 느끼는 것은 인식 수단을 제한 대상으로 지적하고 영혼이 자신을 확인한다고 여겨, 이런 인식 작용을 주관적이라고 여긴 것이 문제이다.19) 그래서

---

19) 『동양의 도덕 교육 사상』, 앞의 책, p.1.

내부 본질을 인식할 수 있는 길을 차단하고, 안으로 자신을 느끼는 인식 작용은 감각 기관을 통해 받아들인 외부 정보를 처리하는 사고 작용으로 돌려버렸다. 이런 일련의 사고 작용 절차를 인식 작용으로 대처하므로, 서양 인식론은 내부 본질을 인식하는 길과는 거리가 멀게 외부 사물을 인식하는 외곬 길로 치달았다. 흄이 제기한 인상과 관념은 이렇게 받아들인 외부 사물에 관한 정보를 처리하는 사고적 절차 과정이다. "인상은 대상에 관한 일차적 느낌, 생생하고 뚜렷한 지각이며, 관념은 원초적인 인상을 분석하고 해석한 결과라고 말한 것이 그것이다."[20] 흄이 내세운 인식 이론 추적은 대상이 모두 사물에 국한된다. 내면의 자아의식을 밝히고자 한 이론이 아니다. 사물에 초점을 둔 인식 작용의 절차 문제는 칸트에 이르러 본질성이 적나라하게 노출된다. "칸트는 『이성의 한계 내에서의 종교-1793』란 책을 저술하고, 종교적 의식을 비판적으로 탐구하였다."[21] 하지만 사실은 이성이 가진 한계 안에서, 이성의 한계 사실을 모르고 종교의 본질성을 판단한, 이성 자체의 한계성을 적시한 것이다. 이성은 종교 진리의 제반 본질성을 판단하는 인식 수단으로서 유효하지 않았다는 뜻이다. "칸트는 당초에 감성에 의하여 대상이 주어지고, 오성이 그것을 사유함으로써 인식이 성립한다고 생각했다."[22][23] 오성으로 명명한 매우 고차원적일 것 같은 선입견을 주는 정신 작용은 감성이라는 지극히 국한된 인식 루트를 통해 제

---

20) 『사람이 알아야 할 모든 것, 철학』, 앞의 책, p.300.

21) 『종교 철학의 체계적 이해』, J. 헤센 저, 허재윤 역, 서광사, 2001, p.17.

22) 『칸트 철학사상의 이해』, 앞의 책, p.140.

23) "인식이 성립되기 위해서는 우선 감성에 의하여 대상이 직관으로 주어지고, 오성이 그것을 사유하는 것이 필요하다. 내용 없는 사상은 공허하고, 개념 없는 직관은 맹목적이다."-위의 책, pp. 15~16.

공된 대상을 자체 사고 법칙에 따라 정교하게 분류하고 정리하는 작업 이외에는 아무것도 아니다.24) 경험으로 포착한 대상에 대한 정보가 깊은 인상 형태든, 직관한 것이든, 단편적인 지식 형태로서는 포착한 대상의 본질을 파악할 수 없으므로 난립한 다양한 정보는 통일해야 해, 그런 작업 과정을 오성으로 이름 붙인 정신 작용으로 종합해야 했다는 뜻이다. 이런 과정을 다시 정리하면, 사물의 본질은 즉각 인식함을 통해 직시되는 것이 아니고, 오성이란 사고 절차를 거쳐 종합해야 한다는 것이다.25) 감각을 통해 받아들인 인식을 오성을 통해 개념화할 때 비로소 인식이 경험으로 정착된다. 존재 자체가 아닌 외부로부터 받아들인 정보를 처리해야 하므로 취하게 되는 **"인식 작용 절차"**이다. 문제점을 지적한다면, 그렇게 해서 종합된 사물의 본질이란 사실상 관념의 조작 결과물이 되어버리고, 본질 자체와는 거리가 멀어져 사물의 겉모습에 해당한 피조체의 결정적 특성만 스케치할 뿐, 이면의 사물을 결정한 창조 본체는 파고들지 못했다. 칸트가 흄의 경험론적 인식 이론이 잘못된 形而上學이라고 비판하면서, "인간의 인식 능력 속에 선천적 형식이 존재한다"26)라고 선언했지만, 더 중요한 것은 선천적 형식이 무엇이든지 간에 자체 형식이 왜 선천적으로 주어졌는가 하는 사실 자체이다. 인간의 인식 능력 속에 선천적 형식이 있었다는 것은 선천적 본질이 선재했다는 것이다. 이것은 존재 자체의 창조 정보를 찾을

---

24) 칸트는 인식을 감성과 오성으로 나눔.

25) "감성은 감각 기관을 통해 주어진 자료를 받아들이는 능력인데, 이것은 인식 일부일 뿐, 인식 전체가 아니다. 감성이 받아들인 감각 자료를 정신 안에서 개념화했을 때 비로소 인식이 완성된다. 이때 개념화하는 기능을 바로 이성이 담당함."-『사람이 알아야 할 모든 것, 철학』, 앞의 책, p.331.

26) 위의 책, p.14.

수 있는 중요한 판단 근거이다. 그런데도 칸트는 관심을 안으로 돌린 것이 아니고 외부 사물을 판단하는 인식 작용을 수단화함으로써 물 자체를 인식하는 문제와는 영영 거리가 멀어졌다. 인간의 사고 작용 속에 온갖 경험을 초월해 사물을 인식하게 하는 자체의 선천적 형식이 존재한다는 경이로운 창조의 비밀에 대해 칸트는 근본적인 의문을 제기하지 않고 아전인수격으로 해석하였다.

또한, 칸트는 "감성과 이성을 전혀 별개의 인식 능력이라고 생각한 이원론적 입장에서 출발해 감성은 대상을 직관하는 것이고, 오성은 대상을 사유하는 것이라고 하였다. 사실상 직관은 감성이 감각을 통해 받아들이는 외부 정보에 대한 인식과 달리 내부의 동기로부터 촉발되는 정보를 찾는 메커니즘으로서 구분할 수 있어야 하는데, 말만 바꾸어 전자의 기능을 대신한 것이 문제이다. 물론 직관도 인간이 가진 사고 작용 중 한 가지이기는 하지만, 직관은 감각 기관을 통해 받아들이는 인식 작용과는 전혀 인식 방식을 달리한다. 그런데도 서양 인식론의 대성자인 칸트는 직관이란 고차원적인 정신 작용 메커니즘을 단순하게 외부 사물을 인식하는 수단으로 전가해 버렸다. 칸트는 대상에 대해서는 인식의 주체성을 확립했다고 자찬했지만, 정작 그것을 가능하게 한 주체 작용인 인식의 선험 작용을 수단화함으로써 세계적 진상을 창조 이후의 세계로만 치닫게 한 반쪽짜리 인식론을 세웠고, 세계인에게도 반쪽에 해당한 세계적 관점을 제공하였다. 이 어찌 온전한 눈이라고 할 수 있겠는가? 장애를 운명적으로 안긴 인식론일 뿐이다. 그러니까 칸트는 물 자체가 존재한다고 했지만, 그곳에 이르는 인식 수단은 제공하지 못했고, 정작 지침한 인식 방식은 사물의 본질에 있다 보니, 이후의 추이는 물 자체의 실존성을 부인한 결과를 초래하였다. 그래서 마하 같은 이는, "물 자체를 버리고, 현상의 배후에는 아무것도 남아 있지 않다는 현상주의(phenomenalism) 입장을 가졌다. 세계에는 감각적인 요소밖에 존재하지 않아, 인간이 인식할 만한 것은 대상의 지각적인 드러남(현상)으로 충분하고, 감성에 의해 지각된 음·열·색 및 공간과 시간이 세계의 궁극적 구성 요소가 되며, 그 이외의 것이 존재한다는 생각은 어리석은 것이다. 그는 누구도 인식하는 것이 불가능한 대상이 존재한다는 사실을 어떻게 알 수 있는지 실증하는 것이 불가능하다고 주장했다."27) 극단적인 물 자체 거부 사상은 엄연한 창조의 단계적 절차 과정을 보지 못한 인식 작용의 장애 현상 결과가 초래한 독단주의이다.

"헤겔의 『정신 현상학』은 인간의 의식이 여러 경험을 통해 진리에 이르는 과정을 흥미진진하게 그려 보인다"28)라고 하지만, 그들이 말한 진리는 본질적인 요소가 아니고 개념화된 정합성 요소가 다분하다. 벌써 책의 제목부터가 정신 본질학이 아닌 "정신 현상학"이다. 의식이 여러 경험을 통해 도달할 수 있는 목적지는 현상을 있게 한 본질 세계밖에 없다. 서양 사상은 다 그런 것이다. 서양 문명의 전체 본질이 현상 세계의 분열 질서를 벗어나지 못했다. 애써 마련한 인식 수단이 사물의 본질 특성을 추적하는 데 적합하도록 정교하게 조직되었다.

하지만 그것만이 궁극 세계로 나가는 전부가 아니고, 그곳만이 세계를 이룬 궁극적 요소가 아닌 바에는 다른 길과 다른 요소도 있

27) 『그림으로 이해하는 현대 사상』, 발라스 듀스 저, 남도현 역, 개마고원, 2003, p.94.
28) 『헤겔의 정신 현상학』, 한국철학사상연구회 기획, 강순전 글, 김양수 그림, 삼성출판사, 2007, p.37.

게 되는데, 단지 오감으로 감지할 수 없도록 숨겨졌고, 실존 체제가 차원을 달리하고 있어 접근하기가 어려웠던 것뿐이다. 당연히 **"인식 작용과 절차"**가 다르고 구분할 수밖에 없는데, 이것을 지성들이 아직 해결하지 못했다. 앞에서 물 자체 또는 궁극적 본질체는 인식적 측면에서는 결코 인식할 수 없다고 했지만, 천지가 창조된 절차를 따른다면 천만년 감추어진 비밀의 통로를 찾아낼 수 있다. 그 길은 인식의 첫 시작을 창조 절차의 어떤 단계에서부터 출발시키는 가에 달렸다. 즉, 관념론자들에게 진리란 우주의 본질 속에 본래부터 존재하는 것이었다. 이렇게 되면 경험론자들이 인식의 첫 시작을 백지상태에서 출발한 것과 인식 방식의 전개 양상이 전혀 달라진다. 우주의 본질 속에 본래부터 존재하는 것이 진리인 탓에 당연히 진리는 경험에 우선하며, 주로 경험과는 독립되어 있다. 다양한 경향을 지닌 관념론자들은 지식을 획득하여 확장하는데 직관, 계시, 그리고 합리성에 대부분 의존했다. 이런 방법이 관념론의 기본적인 인식론적 입장인 관념으로서의 진리를 가장 잘 다루는 방법이다.[29] 그러면서도 관념론자들은 진리가 우주의 본질 속에 왜 본래부터 존재한 것인지의 이유에 관해서는 설명하지 못했다. 곧, 선천 인식론의 한계성이다. 이것만 설명할 수 있으면 숨겨진 미로를 찾아낼 수 있는데, 바로 천지가 본의에 따라 창조된 절차를 따르는 것이다. "관념론의 가치론은 形而上學적인 견해에 확고히 근거를 두고 있다. 만약 궁극적 실재가 세계를 초월하여 존재하고, 정신의 원형인 절대적 자아가 존재한다면, 우주는 소우주와 대우주의 견지에서 생각할 수 있다. 이런 측면에서 보면, 대우주를 절대적 정신의 세계로

---

29) 『교육 철학』, George R. Knight 저, 앞의 책, p.60.

생각할 수 있고, 반면 지구와 감각적 경험들은 아마도 소우주-궁극적 실재인 절대적 정신의 그림자란 관점에서 생각할 수 있다고 하였다."30)

진리가 우주의 본질 속에 본래부터 존재한다는 인식은 천지가 그렇게 선재한 본체 바탕으로부터 지어진 창조 방식을 정확하게 초점 잡은 것이다. 하지만 그렇게 한 단계적 절차를 따라 나뉜 절대적 자아와 궁극적 실재로서 세계를 초월해 존재하고, 세계와의 관계에서도 대우주와 소우주로 구분한 것까지는 맞지만 왜 우리가, 혹은 세계가 대우주인 절대적 자아의 본체 바탕을 그대로 물려받은 소우주인지에 대해서 알 수 있는 길이 없어 대우주와 소우주를 창조한 절차에 따라 연결하지 못한 것은 관념론이 지닌 인식 상의 문제였다. 소우주는 궁극적 실재인 절대적 자아의 그림자(플라톤의 이데아설)로 단정했다. 이것이 관념론자들이 넘어서지 못한 세계적 인식 관점으로서의 한계이다. 그런데도 이것은 절대적 자아에 거의 근접한 상태이기 때문에 본의에 근거한 창조 절차를 따르면, 인류 앞에 궁극적인 실재로 나가는 길을 틀 수 있다. 관념론자들이 인지한 그대로 궁극적 실재, 절대적 자아 자체는 인간이 가진 인식 능력으로서는 파악할 수 없다. 그러나 초월적 실재는 그렇게 고고한 절대적 바탕 본체(무극)를 근거로 천지와 인간을 창조하였기 때문에, 그렇게 사랑으로 마련한 창조 본체[태극]가 이행되어 우리와 동떨어지지 않고 함께해 존재한 바탕 본질을 구성하였다. 그래서 우리는 본래부터 진리를 갖춘 내면의 본질을 성찰하는 직관적인 인식 방식을 취하면, 그로부터 인출된 본질적 정보를 구할 수 있고, 의식

---

30) 위의 책, p.60.

밖으로 끌어낸 직관적 정보들을 이성적 사고로 통찰하면, 개념화된 진리 인식으로 정착시킬 수 있다. 본질 차원에서는 모든 것이 두루 소통되나니, 그 루트가 천지 만상은 물론이고 절대적 자아로까지 이어진다. 대우주와 소우주가 창조 역사를 매개로 하나가 되고 일체 된다. 존재한 본질이 인식된 진리와 합일하므로 神人[天人] 합일과 만물 일체의 길이 열린다. 하나님이 우리 안에서 역사하고 계심을 실감할 수 있다. 이것은 창조 절차에 따라 존재 방식과 인식 방식이 일치한 탓이다. 이런 창조 절차에 따른 인식 방식의 문제는 동양의 주자학자들이 간파한 바 있다.

"주자(회암)는 일찍이 사람이 공부해야 할 내용은 오직 마음과 理뿐이라고 하였다. 마음은 비록 몸을 주재하지만, 실제로는 천하의 理를 모두 관장한다. 理는 비록 만사(萬事)에 흩어져 있지만, 그것은 결코 개인의 마음 바깥에 존재하는 것이 아니다. 理와 만사는 각각 나누어지고 모이는 마음의 두 측면을 가리킬 뿐이다. 그런데도 후세의 학자들에게 마음과 理를 둘로 분리시키는 폐단을 초래하도록 만들었고, 본심만을 추구하고 물리(物理)를 소홀히 한 잘못을 저지른 것은"[31] 창조된 절차를 명기하지 못해서이다. 마음은 창조 본체와 소통하는 본질체이다. 마음은 천하의 理를 관장하고 우주를 포유한다. 理는 만사에 흩어져 있지만, 하나인 마음에 의해 관장된다. 왜 흩어진 理가 마음에 의해 관장되는가 하면, 하나인 본체 바탕으로부터 천지가 창조되고 理化되어서이다. 그래서 心理와 物理는 다른 것이 아니다(心卽理-왕양명). 이런 초월적인 논거 인식은 하나님의 창조 본체가 만물화로 이행한 상태이기 때문에, 결국은

---

31) 『주자와 왕양명의 교육 이론』, 장성모 저, 성경재, 2003, p.138.

하나님이 절대적인 神으로서 초월적인 동시에 창조된 시공간 안에서 내재한 존재 형태와 방식에 대한 유교식 표현이다. 유교 학자들은 모든 일과 사물, 곧 마음의 이치와 사물의 이치를 깊이 탐구하다 보면 어느 순간 체계적인 세계관이 형성되며(깨달음), 대상과 내면을 여러 가지 측면에서 궁구하여 구체적인 정보를 인출하고 깨달음을 통해 꿰뚫음으로써 앎을 완성한다고 하였다.32) 이것 역시 유교식 인식론이다. 그러고 보면 서양의 감관적 인식 방식이든, 동양의 직관적 인식 방식이든, 이렇게 해서 얻은 정보를 종합적으로 통찰하는 것은 이성을 통한 논리적 절차이다. 하지만 얻게 되는 결과는 다르다. 전자는 사물의 결정적 특성을 구분해 내는 것이고, 후자는 본질의 통속적 특성을 꿰뚫어내는 것이다. 인식 방식에 차이가 있다. 이성을 통한 종합적인 통찰 절차는 같이 거치지만, 같은 기차를 타도 방향에 따라 부산에 도착하기도 하고 서울에 도착하기도 하는 것처럼, 전자는 같은 경험과 직관 절차를 거쳐도 외부의 사물을 향하고, 내면의 본질을 향한 도달처는 달랐다.

언급했듯, 칸트는 "자기의식의 선험적 통일은 직관에 주어진 다양성을 종합하는 것을 전제하고 있다. 다시 말하면, 자기의식의 선험적 통일이 가능해지려면 직관의 다양성이 종합되어서 한 의식 속으로 들어오는 것이 필요하다"33)라고 하였다. 그렇다면 인식의 절차상 직관은 일차적이고 종합한 논술은 이차적이다. 직관은 직접적이고 논술은 이성적 사고를 거친 과정이다. 거친 절차는 같은 데도 동양은 직관적 인식 방식을 통해 내면적인 의식 세계로 파고들어

---

32) 『이황의 성학십도』, 한국철학사상연구회 기획, 조남호 글, 신명환 그림, 삼성출판사, 2007, pp. 77~78.
33) 『칸트 철학사상의 이해』, 앞의 책, p.136.

수직적이고, 차원적인 본질 세계를 개척했지만, 서양은 "감성적 직관 없이는 어떠한 인식도 성립할 수 없다고 단정함으로써 인식 수단으로서는 정말 물 자체를 인식할 수 없고, 오직 현상만 인식할 수 있는 길을 열었다. 과연 어디서부터 길이 어긋난 것인가? 감성적 직관 없이는 어떤 인식도 성립할 수 없다고 단정한 데 있다. 감성적 직관 이외에도 의식적 직관이 있다. 이런 사실을 모르고 사물의 존재 방식을 사전에 한정하고 단정하므로 인식 방식이 덩달아 고착되었다. 칸트도 예외성을 고려하여, "만일 인간이 감성적 직관 이외의 다른 직관, 즉 知的 直觀(intellektuelle Anschauung)의 능력을 갖추고 있다면, 인간의 인식은 현재와는 전혀 다른 것이 될 것이다. 그럴 때 우리는 물 자체에 관한 인식을 가질 수 있을 것이다. 그러나 그것은 인간에게는 허용되지 않는 것이다. 우리는 비감성적 직관, 즉 지적 직관이라는 개념을 생각할 수는 있지만, 그것이 어떠한 것인가는 결코 이해하지 못한다. 神은 지적 직관을 가질 수 있을 것이다. 그러나 인간에 있어서 유일하게 가능한 직관은 감성적 직관이며, 우리는 결코 이 한계를 넘어설 수 없다."[34] 이런 단정과 가정은 서양 신학이 제공한 절대적, 초월적, 인격적 신관의 영향 탓이다. 창조 절차를 무시한 한계성 인식이다. 창조주 하나님이 천지 창조 역사와 함께 우리의 존재 본질 속에서 함께하고 역사하고 있는데, 그렇게 무소부재한 하나님을 안타깝게도 칸트는 만 가지 제약성을 초월하여 직시할 수 있는 안목을 가지지 못했다. 칸트는 감성적 직관 없이는 어떠한 인식도 성립할 수 없다고 했지만, 하나님이 역사한 神의 계시가 있지 않은가? 성경은 하나님이 이 땅에 함

---

34) 위의 책, p.189.

께하고 인간의 영혼과 함께하므로, 그렇게 살아 있는 숨결과 주재하고자 하는 의지와 전하고자 한 말씀을 직관이란 인식 수단을 통해 수용하고 받든 것이다. 지적 직관은 결코 전능한 神만이 가진 초월적 인식 권능이 아니다. 인간은 하나님으로부터 창조된 탓에 그것은 비밀스럽게 연결된 탯줄이고, 정신 작용 시스템으로 구축된 소통로이다. "왜 초감성적인 사물, 가령 영혼이라든지 세계 전체의 본질이라든지 神 등은 경험적으로 인식할 수 없는가?"[35] 이유는 칸트가 제한한 감성적 직관보다도 오히려 그가 규정한 오성적 카테고리가 문제이다. 오성을 통한 판단으로 원래 현상계에만 타당한 카테고리를 초감성적인 곳까지 적용하려고 한 종래의 形而上學이 근본적으로 오류에 빠졌다고 단정한 것이다. 하지만 사실은 그렇게 지적하는 것 자체가 칸트의 오류이고, 서양 인식론의 한계이다. 인식의 선험적 카테고리를 잘못 해석한 탓이고, 또 다른 근본적인 이유는 창조 본의를 알지 못한 탓이다.

영국인들이 취한 경험론적 입장도 결론적인 양상은 다를 바 없다. 칸트는 인간에 의해 경험되지 않는 지식도 존재한다고 주장했지만, 그것은 경험적 지식의 일부분을 인정한 것이기도 하다. 그는 "궁극적인 지식이 획득되는 수단은 경험에 의한 것이다"[36]라고도 하였다. 로크는 "모든 지식은 경험을 통해서 발생한다"[37]라고 하였는데, 모든 지식에 대해 칸트가 수정을 가한 것이다. 하지만 경험은 인간이 받아들인 정보를 사실로써 확증 짓는 인식적 절차인 것만은 분명하다. 단지 창조된 시공간 안에서 이루어진 고차원적인 본질

---

35) 『교육 철학』, George R. Knight 저, 앞의 책, p.60.

36) 위의 책, p.60.

37) 『체육 철학』, 오진구 저, 앞의 책, p.147.

생성의 인출 작용 원리를 인지하지 못한 것뿐이다. 그러니까 로크는 창조 절차에 대한 사전 인식 없이 백지와 같은 상태에서 감각을 통해 얻는 경험을 지식을 얻는 유일한 수단으로 삼았고, 칸트도 여기에 일부분 동조했다. 이런 입장에 선 진보주의자들은 "지식은 경험과 결합하여야 한다"[38]라고 한 교육 원리를 제시하였고, 듀이는 경험이 교육의 수단이자 목적이라고까지 했다. 정말 인생과 배움의 과정에서, 혹은 사물 현상과 삶의 과정에서 경험을 통해 진리와 가치와 사실성을 인식하는 작용 역할은 중요하다. 하지만 백지설 같은 경험론적 인식 원리와 경험을 통한 진리의 증험 작용은 다르다. 인식의 출발선상에 대한 차이는 있지만, 경험론자가 취한 인식 수단인 경험은 외부 지식을 획득하는 수단에 불과하지만, 사실상 누구나가 반드시 겪어가는 인식 절차인 경험은 내부 본질을 생성시키는 촉발 요인이 되기도 한다. 그 경험이 체험적이든, 사고적이든, 지식과 창조에 관한 정보는 내면의 본질 속에 잠재된 상태인데, 이것을 다양한 경험 과정을 통해 가시화하는 것이다. 본질은 생성하는데, 이것을 삶의 과정에서 다양하게 의지화된 경험적 조건 구성으로 촉발하고, 각성한 의식을 통해 지혜로 인출함에, 이것이 곧 본질의 창조 정보와 특성과 구조를 함축한 살아 있는 진리[道] 획득이 된다. 경험으로 생성된 창조 본질에 관한 정보를 직시하면, 이것이 바로 진리성을 함유한 지혜가 된다. 그러므로 감각으로 지식은 얻을 수 있지만 본질성을 함유한 지혜까지는 얻기 어렵고, 사실상 경험이 지닌 인식 작용 역할은 우주의 생성 원인에 대해 결과를 통찰하는 고차원적인 사고 작용 절차이다. 경험했다고 해서 즉시 배

---

38) 『교육 철학이란 무엇인가』, G. F. 넬러 저, 정희숙 역, 서광사, p.2008, p.75.

움이 되거나 앎이 되는 것은 아니다. 경험 과정은 그렇게 겪은 과정에 대해 주어진 결과를 확실한 사실로써 증험하는 데 있고, 그렇게 증험한 사실을 통해서 깨달음을 얻고 판단을 한다. 경험 역시 생성된 결과를 직시해서 전에는 알지 못한 새로운 사실을 발견하는 정신 작용 절차를 따른다. 본질을 생성시킨 결과로서 획득하게 된 지혜 통찰 과정이 경험이다.

우리가 겪는 수많은 경험과 직관한 인식은 존재한 본질이 생성하는 과정에 있어서 당장 결론적인 통찰로 이어질 수는 없다. 존재한 본질과 의식 속에 깊숙이 잠재하는 것인데, 이것이 일정 기간 잊혔다가 또 다른 경험의 순간 각성한 의식 세계로 되살아나 직관한 깨달음의 형태로 표출되었을 때 비로소 온전한 진리 인식으로 정착한다. 그러므로 경험은 지식의 원천이 아니다. 경험하지 못한 진리는 확신할 수 없다는 데 문제가 있다. 사실적인 진리는 선재하지만, 그것을 확인하기 위해서는 경험이 필요하다. 그렇다면 진정한 지식과 진리의 원천은 어디에 있는가? 당연히 천지를 있게 한 창조 본체이다. 경험은 그렇게 해서 지어진 존재의 바탕 본질을 생성으로 촉발시킨 요인이고, 생성으로 확정한 결과를 통해 지혜를 획득하는 고도의 정신 작용 절차이다. 이처럼 새롭게 마련한 인식 절차를 따를 때, 이후에 가일층 궁극으로 나가는 길이 쉽게 되리라. 콜럼버스가 신대륙을 발견한 것처럼, 만 인류를 새로운 차원 세계로 안내할 수 있으리라.

3. 인식 방법

베이컨은 데카르트와 함께 종래의 스콜라적 편견인 '우상'을 배척하고 새로운 과학과 기술의 진보에 어울리는 새로운 인식 방법을 제창, 실험에 기초한 귀납법적 연구 방법을 주장한 영국 경험론의 비조(시조)로서 근대 철학의 개척자로 알려진다. 그는 바른 지식을 갖기 위해서는 경험과 관찰을 중히 여기는 경험론이 필요하다고 생각하였다. 사물을 하나하나 확인하여 마지막으로 근본 원리를 찾아내는 방법, 곧 귀납법이 가장 바른 학문 방법이라고 하였다. 우리의 감각이 경험하는 바대로 세계를 사고하고 점진적으로 상향하여 가장 일반적인 공리에 도달할 수 있다고 여겼다. 어떤 사건의 연쇄가 과거에 항상 일어났다면, 그것이 미래에도 일어날 것이라는 가정이 귀납법을 타당하게 만드는 토대가 된다. 철학은 인간의 행복을 위해서만 이용되어야 한다고 생각한 베이컨은 과학의 모든 부분, 특히 자연과학 연구의 토대를 마련해 주었다. 곧, 자연 세계를 탐구하는 방법을 제시한 것인데, 그의 방법대로 정말 우주 안에 숨겨진 자연법칙과 원리를 발견하였고, 이에 고무된 인간은 神이 자연을 정복할 수 있는 지식을 주었다고 굳게 믿었다. 이후로 서구 사회에서는 그가 제기한 방법대로 자연 세계를 탐구하는 데 인생을 바친 수많은 과학자를 배출하였고, 그들의 노력으로 인류 문명은 획기적으로 변화하였다. 베이컨에 따르면, 진리에 이르기 위해서는 세 가지 단계를 거쳐야 한다. 첫째, 편견 없는 자료수집(관찰, 실험) 둘째, 귀납을 통한 일반화와 가설 획득 셋째, 가설로부터 새로운 관찰, 실험 결과를 연역적으로 끌어낸 뒤, 실제 경험 자료와 비교해서

가설을 정당화하는 과정이다.39) 자연을 탐구하는 방법이 그렇다는 뜻이다. 방법(方法)은 길이다.

베이컨은 인류 앞에 자연 세계로부터 진리를 구하는 길, 곧 인식하는 방법을 제시한 철학자였다면, 인류 역사에는 다른 방법을 통해 다른 세계로 나가는 길을 지침한 이들도 있었다. 예수그리스도는 인간과는 차원이 다른 실존자인 하나님과 소통하고, 그분 아버지에게로 나갈 수 있는 길을 트기 위해 목숨까지 바쳤다. 부처가 알다시피 열반 시 자신은 단지 길을 가리키는 자일 뿐이라고 하였다. 부처는 자신이 몸소 체득한 깨달음의 의미는 무엇인가? 수행으로 도달한 무상정등각(無上正等覺)은 다름 아닌, 현 실존 체제와는 차원이 다른 궁극에 이르는 길을 가리킨 것이다. 하지만 문제는 主 예수와 부처는 베이컨처럼 도달하고 성취할 길의 목적과 방법을 논리적으로 정연화시키지 못했다. 결론은 있는데 과정이 없다. 그렇다면 당대의 당사자가 이루지 못한 이론화 작업을 후세 사람들이 복원하였는가? 그런 이론화 작업의 한 중심에 **"인식의 방법"** 제시가 있다. 깨어 있는 覺者와 지성들은 신념 어린 목소리로 지상→천국(예수), 마야(환상의 세계를 만드는 힘)→브라만(우파니샤드), 업의 세계→니르바나의 세계(부처님), 현상계→물 자체(칸트)가40) 존재한다고 했지만, 정작 순간마다 걸어온 길은 소실하였고, 혹은 논리적인 유추는 하였지만 직접 인식할 수 있는 길을 트지 못했다. 神, 브라만, 니르바나, 물 자체란 실체와 세계가 존재하지 않아서가 아니다. 문제는 그곳으로 나가는 길이다. 선각들은 분명 道를 구했

---

39) 『위키 백과』, 프랜시스 베이컨.

40) 『칸트와 불교』, 김진 저, 철학과 현실사, 2000, p.48.

고, 神과 만났으며, 열반의 세계에 도달했다. 하지만 미처 방법론을 구축하지 못한 탓에 존재와 도달한 사실을 확인할 수 없게 된 것은 잘못이다. 그런데도 현재의 진리적 현실은 어떠한가? 예수, 부처, 칸트와 후세에 그들 길을 추종한 신앙인, 覺者, 지성들이 문제를 해결하였는가? 기대할 것이 없다. 절대적인 실체와 초월적인 세계는 현실 존재(세계)와 따로 놀았고, 칸트는 공식적으로 그곳으로 나아가는 길을 폐쇄했다. 원하는 바는 베이컨이 마련한 자연탐구 방법론처럼 초월 세계도 그렇게 나갈 수 있는 방법을 제시해야 했다. 니르바나, 이데아, 물 자체, 천국은 결코 전설적인 세계가 아니다. 존재한 현상 세계와 구분되는 차원 세계이다. 이처럼 불가피한 세계의 이원적 구조를 확인하고 넘어가야 현상 세계와 다른 초월 세계를 인식할 수 있는 방법론을 모색할 수 있다. 그렇지 못하면 인간에게 본유된 인식의 능력과 특성이 한쪽으로 몰린다. 예를 들면, "칸트는 직관을 통하여 들어설 수 있는 감성적인 경험 대상과, 직관으로 인식할 수 없는 물 자체계를 구분하였다."[41] 바로 잡는다면, 칸트처럼 이성을 통한 직관적 통찰 작용도 있지만, 대상에 따라서는 본질 의식으로 현 존재의 제약성을 초월한 직관 작용도 있다. 따라서 선현들이 엿본 초월 세계를 인식하고 도달하기 위해서는 대상과 세계부터 구분해야 했고, 그다음은 인류를 그곳으로 안내할 수 있는 인식론적 방법을 정형화해야 했다. 세계를 주장하고 직시하는 것만으로는 안 된다. 여기에 새로운 인식론 정립의 사명 과제가 있다. 자연 세계를 탐구한 방법론으로써 이면의 창조 본질과 바탕인 본질 뿌리를 파고들지는 못한 만큼, 창조를 있게 한 본질 세

---

41) 위의 책, p.48.

계를 탐구하는 것은 선천 인류가 개척한 인식론적 방법과 일군 지혜를 총동원해야 하는 지적 과제이다.

인간이 인식하는 지각의 대상에는 사물만 있는 것이 아니다. 그런데도 일반적으로는 "사물을 하나의 통일체로써 보편적인 대상인 것으로 간주하였다. 그리고 이 통일체를 그대로 받아들인 것을 진리라고 주장했다. 이런 판단이 잘못되었다는 사실을 늦게나마 알고, 통일체가 아니라 관계임을 밝혀야 한다고도 했지만",42) 중요한 것은 천지가 창조된 단계적 절차를 모르면 대상 세계가 통일체가 아니라 이원적으로 구분된 특성을 가졌다는 사실을 알 수 없다는 사실이다. 그 근거는 대상이 지닌 특성에 따라 인식 방법을 구분하지 못한 데 있다. 즉, 인간의 인식 능력 가운데는 '직관'이 있는데, 이것을 대상이 지닌 특성에 따라 활성화할 수 있는 방법론으로 이론화하지 못했다. 인식 대상과 인식 방법이 조화를 이루지 못해 혼선을 빚었다.

종교 영역에서는 비합리적이고 직접적이고 근원적인 확실성을 요구하고, 철학에서는 사고 작용(추리와 논증) 때문에 주어지는 합리적인 확실성을 요구한 것이 그것이다. 철학이 形而上學적인 비본질 영역을 탐구하면서 사고 작용의 추리와 합리적인 논증을 인식 방법으로 택한 것은 철학이라는 학문이 관념론의 한계를 벗어나지 못한 이유이다. 철학이 사물의 본질을 명확히 한 것 이외에 초월적인 영역을 파고드는 데는 한계가 있다. 종교 영역은 세계의 근원과 근본에 대한 진리적 가르침으로서 세상의 인식으로서는 비합리적이고 신비적인 것이 맞는데, 오히려 직접적이고 합리적이며 근원의

---

42) 『헤겔의 정신 현상학』, 앞의 책, p.60.

확실성을 이루려고 한 것은 한마디로 인식 대상에 대해 진리를 증명하는 방법이 잘못 적용되었다는 말이다. 종교 진리는 세상 진리를 인식하는 방식으로서 합당하지 않다. 그런데도 무언가 다른 방법론을 마련하지 못한 것이 선천 종교의 문제이다. 진리라고 여겨 굳게 믿는 것도 중요하지만, 목적을 완전히 달성하지 못한 것은 만인이 그곳으로 나갈 수 있는 보편적인 길(인식 방법)을 마련하지 못한 데 있다. "세계에서 경험적 지식은 일반적으로 기본적인 원천으로 보지만, 직관적 지식은 인간 경험의 한계성을 뛰어넘을 수 있다는 분명한 장점이 있는 이상",43) 직관적인 지식과 능력은 인식 대상과 맞게 매치시켜야 한다. 어떻게? 사물에 대한 인식 방식은 서양 인식론이 개연화시킨 상태이므로, 미개척 분야로 남아 있는 초월적인 본질 영역을 직관 방식과 일치시켜야 한다.

이런 점에 착안한 선각자로서는 페스탈로치가 있다. "그는 아동 자신의 직접 경험 또는 직접 체험을 교육의 기본 원리로 삼으면서 모든 인식이 직관에서 출발하며 직관이 인식의 절대적 기초라고 생각했다(직관 원리). 그는 직관을 외적 직관과 내적 직관으로 구분했다. 외적 직관이란 감각 기관을 통해 외계의 인상을 받아들이는 것을 말하고, 내적 직관이란 자신 마음의 눈으로 세계의 본질을 체험하는 것을 말한다."44) 페스탈로치가 인간이 가진 인식 능력을 확실하게 구분한 것은 진일보한 인식론이다. 하지만 그렇게 구분한 것은 아동이 자신의 직접 경험을 목표로 삼은 교육 방법상의 원리 적용 일환이라는 데 있다. 초월적인 본질 대상을 인식하는 방법과는

---

43) 『교육 철학』, George R. Knight 저, p.36.
44) 『교육 철학 및 교육사의 이해』, 앞의 책, pp. 280~281.

거리가 있다. 그런데도 마음의 눈으로 세계의 본질을 체험하는 내적 직관력을 기르는 것은 페스탈로치 자신은 물론이고 후대의 교육자들이 교육 방법론과 원리로서 구체화해야 할 과제이다. 미비할진대, 이 연구가 반드시 이루어야 한다. "인간에게는 직관의 능력 (Kraft der Anschauung)이 있다는 사실을 알고, 선천적인 내적 능력을 키워낼 수 있는 방법론"45)을 교육이 계발하고 배양해야 한다. 직관은 분명 내재한 본질을 진리로써 인식하고 표출하는 인식 방법이므로, 이런 직관적 원리와 방법을 교육 현장에 적용하면, 논리적인 사고력을 기르는 데 주력한 기존 교수 방법에 있어 일대 변화가 예상된다. 물론, 그런 사고력 배양도 중요하기는 하지만, 교육의 궁극적 목표가 보편적인 영혼의 구원에 있다면, 영생을 보장받을 수 있는 초월자와의 교감길도 터야 한다. 그런 인식 기반을 교육은 사명감을 가지고 직관력을 배양함으로써 마련해야 한다. 그 사명이 왜 중요한지, 이 연구가 강조하는 것인지 이유를 아직도 모르겠는가? 현대판 노아의 방주는 전설의 아라랏산에 걸쳐 있는 것이 아니다. 직관력을 배양하는 것이 영원의 세계로 나갈 수 있고, 차원의 강을 건널 수 있도록 하는 구원의 배이다. 직관력 배양 방법이 **"위대한 교육 원리"**의 진리적 과제임에, 앞 권의 "전인 교육론"에서도 다루었지만, 다음 권에서는 더욱 구체화할 것이다. 그것을 지금 요약한다면, 직관력은 창조적 사고력을 양산하는 보고(寶庫)로서, 이같은 인식 능력을 배양하기 위해서는 온몸과 의식을 동원해야 한다. 다시 말하면, 지식 편중인 현재의 교육 체제를 전면 재편성해야 한다. 그렇다고 어떤 특별한 방법이 있는 것은 아니다. 이상화에 그

---

45) 『한국 교육철학의 새 지평』, 앞의 책, p.212.

친 전인교육 실태를 개혁해서 실질적으로 조화시키면 된다. 교육 현장에 적용 가능한 직관력의 양성 방법과 필요성 문제는 권을 달리한 "수행 교육론"에서 논거를 둘 것이다.

앞으로 해결해야 할 교육적 과제는 그렇다손 치더라도 인식할 대상이 지닌 특성에 따라 왜 인식하는 방법이 달라야 하는지에 대한 이유는 명확히 하고 넘어갈 필요가 있다. 즉, 자연 또는 현상적인 질서는 분열적, 규칙적인 탓에 논리적인 이치, 합리적인 사고 과정, 그리고 관찰, 실험, 귀납적인 방법을 통하면 일정한 법칙성을 찾아낼 수 있지만, 이면의 본질성은 본래적, 통합적인 탓에 잠재된 특성을 직관하는 방법이 주효하다. 논리적이고 규칙적인 이치 추적 방법은 초월적인 본체를 인식할 수 없는 절벽에 도달한다. 수단을 동원하면 80일이든 90일이든 세계를 일주할 수 있지만, 달은 걸어서도 배를 타도 비행기로도 안 된다. 중력을 벗어날 수 있는 우주선을 쏘아 올려야 한다. 특히 하나님은 진리의 성령으로서 현존하므로 때와 장소를 가리지 않고 인식할 수 있는 방법이 요청된다. 시공간 어디서부터도 교감하는 방법? 인간은 이런 특성이 있는 하나님과 통할 수 있는 능력을 본유하였는데, 그것이 곧 직관력이다. 늘 깨어 있음과 믿음이 문제일 뿐…… 그래서 지난 역사를 돌이켜 보면, 선각들은 차원 세계에 도달하는 방법으로서 대상과 일치하는 인식적 돌파구를 찾기 위해 진력하였다고 할 수 있다. 부족하나마 인류의 영혼을 저편으로 실어나를 수 있는 항로를 개척하고, 구원의 배를 건조하고자 하였다.

플라톤 철학이 제시한 이데아란 세계는 결코 가상(可想)이 아니다. 실재한 본체계이다. 그리고 플라톤은 이런 본체계에 관한 지식을 생득적으로 알고 있다고도 하였다. 우리가 아는 모든 지식은 경험의 잔영 내지 '상기'라고 할 수 있다. 인간의 영혼은 신체 속으로 들어가기 전에 모든 것을 알고 있었다. 그런데 들어가자마자, 그러니까 창조된 순간 영혼의 지식은 감각적 정보에 의해 오염되기 시작했다고 했다. 이것을 본의에 근거해서 다시 해석하면, 오염된 것이 아니고 창조된 탓에 정보를 잃어버렸고, 감각적인 인식 루트를 통해서는 초월지를 파악하는 데 제한이 있어 존재함과 함께 지식의 획득 경로를 다시 개척해야 했다. 즉, 내면 본질이 간직한 생득적 정보를 캐내는 방법을 마련해야 했다. 고기는 낚는 것이고 금은 캐는 것처럼 차이가 있는데, 플라톤은 이런 인식 방법을 구체화하지 못했다. 생득적 지식은 이성을 통해서만 가능하다고 했지만,[46] 이것은 플라톤이 관념론 철학자로서 지닌 한계이다. "플라톤에 의하면, 감각적 지각은 사물의 진상을 알려주는 것이 아니고, 개념적 사유만 진실재(眞實在), 즉 이데아의 진상을 파악하게 하며, 보편타당한 지식을 준다고 믿었다. 감각적 지각을 폄하하고 개념적인 사유 가치를 드높인 실정인데, 이것은 비교할 것이 아니다. 감각적 지각은 사물이 가진 특성을 인식하기 쉬운 것인데, 이데아와 개념적 사유를 매치시킨 것이 문제이므로, 이런 방법의 제공이 결국은 중세의 스콜라철학(scholasticism)에서 보편자 논쟁을 불러일으키고, 실재론에 대립하는 유명론을 산출케 했다."[47] 바로 잡는다면, 감각적 지각은 사물의 진상을 우리에게 알려주는 것이 아니라고 해서 부정할 것이 아니다. 단지 분열적 인식을 따라 진상을 점차 제공한다.

---

46) 『서양 교육 사상사』, 앞의 책, p.33.
47) 『철학 서설』, 최해갑 저, 진학사, 1976, p.21.

진상을 파악하는데 인식 상 어려움이 있다는 것이고, 개념적 사유는 직관적 방법으로 대치해야 했다.

이런 사유적 전통을 이어받은 중세 스콜라철학의 집대성자 아퀴나스는 그 같은 사유적인 방법을 통해 초월적인 하나님을 우주론적으로 증명하고자 하였다. 즉, "우리는 일련의 원인의 끝에 있는 결과를 보고 있다. 그런데 어떤 것도 스스로 자기 자신의 원인일 수는 없다. 만일 그렇다면, 현존할 수 있으려면 먼저 현존하지 않아야 했고, 현존을 주기 위해서는 현존하고 있어야 할 텐데, 이것은 명백히 모순이다. 그리고 이차적 원인을 추적하면서 무한히 소급해 올라가는 것은 제일 원인을 부정하는 셈이 되고, 결과는 제이 원인도 부정하는 셈이 된다. 왜냐하면, 제이 원인이 제일 원인 없이는 있을 수 없기 때문이다. 그래서 제일 원동자에 해당한 하나님은 존재한다(『신학 대전』, 1부 2문)"48)라고 결론지었다. 아퀴나스는 애써 증명하였고 논리적 귀결이 틀림없다고 해도, 누구도 그런 증명 방법을 통해 하나님의 살아 있는 모습은 볼 수 없다. 다가설 수도 없다. 인식할 수 있는 방법적 해결책이 전혀 없다. 그의 개념적 추적 방식대로라면, 왜 세상에는 제일 원동자가 존재해야 하는 결정 조건이 있어야 하는가? 제일 원동자를 필연으로 요청하기 이전에 요청을 있게 한 결정적 조건을 먼저 해명해야 했다. 우리가 가진 존재 조건으로서는 왜 어떤 것도 스스로 자기 자신의 원인이 될 수 없는가?

절대적인 조건 이유란? 창조되어서이다. 결정적인 필연 조건은 바로 피조체가 지닌 조건이다. 피조체라면 당연히 결정적인 조건을

---

48) 『아퀴나스의 신학대전』, 앞의 책, pp. 28~29.

초월해서 스스로가 모든 원인 자체인 제일 원동자, 그러니까 창조주 하나님은 애써 논거를 두지 않더라도 피조체적 조건과 세트로 확인된다. 원인의 원인을 무한대로 소급해야 하는 분열적 조건은 창조된 현상 세계가 지닌 결정 조건이다. 그리고 이런 조건을 구성한 것은 사고상, 관념상의 논거 조건이기 이전에 필연화된 세계적 조건이며, 세계의 요청 조건은 결국 창조가 이룬 결정 조건이다. 이것은 본의를 밝혔을 때 해결할 수 있는 문제이지만, 이런 사고적 논거 방법이 하나님의 초월적인 실체성을 추적하는 완벽한 인식 방법은 아니란 사실이다. 유한한 인간의 인식 세계로서는 무한하고 무소부재하고 무시간적인 하나님의 실존성을 다 담아낼 수 없다. 그래서 영광의 모습을 보기 어려운 문제가 있지만, 선각들은 최선을 다해 인식할 수 있는 방법론을 개척하였다. 땅속의 지하수를 개발하기 위해서는 한두 번의 시추로 성공하길 기대할 수 없다. 하지만 한 가지 분명한 사실은 그렇게 해서 뚫어보고 없으면 그곳을 재차 뚫지는 않는다는 것이다.

세상에는 우리와 같은 존재만 있다면 서양의 철학자들이 정립한 인식 이론과 방법만 있어도 된다. 그런데 생각과 달리 초월적인 본체와 절대적인 神이 존재한다면? 이 단계에서 우리는 본체와 神이란 초월적 인식 대상을 구분하지만, 이것은 잘못이다. 하나님은 바로 그런 본체성을 몸으로 구성한 본체자이다. 이 같은 동일체를 道, 태극, 梵 등으로 부른 것은 선천 하늘에서 하나님의 몸된 본체가 드러나지 못한 상태에서의 화신된 모습이고 이름일 따름이다. 이 같은 신관을 수용할 수 없다면 선천의 어떤 종교, 세계관, 사상, 진리로서도 인류 사회를 통합하고 하나님의 품 안으로 인도할 보편적인 구원 목적을 달성할 수 없다. 기존 신관, 진리관, 신앙관을 버려야 하나니, 그리하면 버려지는 것이 아니고, 구원의 하나님이 그 이상의 것을 채워 주리라. 우리가 믿고 손을 놓아야 하나님이 굳세게 붙들고 있다는 것을 확인할 수 있다. 데이비드 흄이 경험을 떠나서는 어떤 인식도 불가능하다고 하면서 받아들인 정보를 인상과 관념으로 구분한 것은, 사물에만 국한된 것이다. 내면의 본질 세계를 인식하기 위해서는 기존 방법을 과감히 버려야 한다. 그렇지 못하다면? "경험론자들은 자연과학의 실증성을 중시하는 경험과 관찰로 철학을 구성하려 하였지만, 그것은 形而上學을 전면적으로 부정하는 결과를 낳고 말았다. 이런 문제점을 간파한 칸트는 새로운 견해로서 자연과학이 성공한 소이가 실험적 방법에 있다고 생각하고, 그것을 形而上學에 도입하려 하였고, 후인들은 이것을 위대한 독자성이라고 칭송하였다."[49] 하지만 알고 보면 초점이 방법상 크게 어긋났다. 그 이유를 알아야 칸트가 구축한 인식론을 딛고 더 높은 차원 세계를 바라볼 수 있다. 그 너머에 정말 차원을 달리한 동양의 불교가 개척한 수행을 통한 깨달음적 인식 방법이 있다.

불교가 진여(眞如) 본성을 보기 위해 성불을 희구하고 깨달음을 얻고자 한 것은, 보고자 한 초월적 본성과 인식 방법이 조화를 이룬 상태이다. 수행으로 도달한 고차의 정신 경지인 깨달음을 객관적인 정신 작용 형태로 표현한 것이 직관력을 양성하는 방법이다. 깨달음도 인간이 지닌 인식 능력으로써 사고 작용의 한 과정에 속한다. 그런 능력과 방법은 쓰임새가 따로 있었다. 과학자들은 "우주 일체의 존재를 구성하는 기본 요소(실체)가 존재한다고 전제하고,

---

49) 『칸트 철학사상의 이해』, 앞의 책, p.82.

단단한 궁극적 실체(알맹이)를 찾아내어 현상 세계의 원리를 밝히고자 하였지만, 불교의 覺者들은 그 같은 실체론적 사유를 한마디로 부정했다. 현상 세계에서 불변의 실체를 찾고자 하는 것은 파초나무 안에서 재목이 될 만한 단단한 것을 구한다거나, 물거품이나 아지랑이 안에서 불변의 실체를 구하는 것과 같은 것이라고 하였다."[50] 왜 그러한가? 다시는 분할할 수 없는 기본 실체를 전제한 것 자체가 잘못이고, 궁극적 실체를 찾으려고 접근한 인식 방법 역시 대상이 가진 특성과 초점이 어긋났다. 불교가 과학자들의 실체론적 방법을 헛된 꿈으로 보고, 불교식으로 말해 '空'한 것이라고 한 것은, 현상적 질서를 인식하는 방법을 통해서는 실상과 형태를 파악할 길이 없는 현상 이전의 본질체인 것을 직시한 것이다. 그런 궁극적 실상을 불교에서는 "하나 중에 일체 있고, 일체 중에 하나 있어, 하나가 곧 일체이고, 일체가 곧 하나이다"[51]라고 하였다. 한마디로 일체가 구분 없는 통합체요, 생성이 있기 이전의 본질체이다. 이런 하나와 일체성은 현실적인 조건으로서 空하다고 표현할 수밖에 없다. 이처럼 空한 실상을 어떻게 인식할 수 있는가? 인간의 본성 속에 본질로서 내재하면서 온갖 연기를 일으킨 근원인 空性을 수행을 통한 깨달음으로 직관해 내는 것이다. 그래서 의상의 법성게는 바로 창조 논리이고 초월 논리이다. 초월 본체의 구조와 특성을 알아야 걸맞은 인식 방법을 세울 수 있다. 왜 생성을 제한 초월 논리가 필요한지, 또 그렇게 표현할 수밖에 없는지, 가려진 차원막을 감각 기관을 통한 경험과 논리, 그리고 이성적인 방법으로

---

50) 『불교의 무아론』, 앞의 책, p.65.
51) "一中一切多中一, 一卽一切多卽一."-신라 의상의 법성게.

서는 어렵고, 직관적 방법이 주효하다. 불교가 인류의 지성사에서 특별히 수행 문화를 일으켜 깨달음을 중시한 것은 궁극으로 나아가기 위한 세계 본질의 구조와 특성이 그러하기 때문이다. 그것은 결코 창조된 피조 세계, 현상 세계를 탐구하기 위한 방법이 아니다. 바탕이 된 본질 세계, 근원 된 창조 세계로 나가기 위한 심오한 인식 방법론이다. 부처는 깨달음을 얻은 覺者로서 위대한 길을 중생을 위해 설교하다가 열반에 들었지만, 중생들은 그 佛法의 세계를 얼마나 이해하는가? 불교는 神을 전제하지 않은 무신론 종교가 아니다. 내로라한 覺者들이 神을 부정하는 것은 진정한 佛法의 본질을 각성하기를 포기한 것이다. **진정으로 깨달아야 할 것은 佛法 속에 본유된 창조 실상의 법체성을 확인하는 데 있다.** 그리해야 선현들이 쌓은 불교적 유산과 각성한 法의 지혜를 기반으로 부처가 열반한 하나님의 나라로 나아갈 디딤돌을 마련할 수 있다. **부처는 다름 아닌 2600여 년 전에 창조주 하나님이 인도인과 동양의 백성을 구원하기 위해 법신, 보신, 응신으로 화신한 보혜사 진리의 성령이다.** 그 法의 씨앗을 석가모니 부처가 뿌린 이래 그것이 성장하여 창조 본체로서 결실을 볼진대, 佛法은 바로 하나님의 창조 지혜를 대신해서 만 영혼을 깨우치고 하나님에게로 인도하는 구원 역할을 담당하리라. **"교육의 위대한 원리"**가 부처의 깨달음 속에 있고, 차원의 강을 건널 인식 방법이 佛法의 가르침 속에 있다. 이것을 알아야 하나님이 창조주로서 역사상 지상의 어디서도 함께하지 않은 적이 없었다는 사실을 깨닫게 되리라.

제10장 **인식의 특성**

1. 인식 자체의 제한성

　우리는 자신의 눈으로 세상을 보고 자기 생각으로 정세를 판단하는 것 같지만, 사실은 온갖 정보를 전달하는 TV, 뉴스, 신문, 인터넷, 동료와의 대화 등이 영향을 끼친다. 그런 매체는 직접적이지 못할 뿐 아니라 선택되고 편집되기까지 한다. 보도의 공정성이 문제가 되고, 사건의 중심에 있는 사람이 여론몰이한다고 비판하는 이유도 여기에 있다. 민주주의란 제도는 다수결의 원칙에 기초한 만큼 국민 대다수가 생각하는 민심과 여론 형성은 한 국가의 정치 권력을 교체시키기도 하는데, 이 같은 판단이 정보 전달 매체에 따라 휘둘릴 수 있다는 것은 무엇을 뜻하는가? 우리는 정말 어떤 사실을 깨달아야 하는가? 자신의 눈과 자신의 안목으로 세상을 보는 것이 아니라 전달된 매체를 통해 세상을 보고 있었다는 사실을…… 설마 그럴 리야? 그러나 만약 우리가 대하는 정보 속에 무언가 의도된 목적이 숨어 있고, 사실과 다른 무엇이 있다면 여태껏 옳다고 판단한 진실은 어떻게 되는가? 우리의 인식과 존재 사이에도 이 같은 문제가 있다고 하였는데, 이런 경우는 거의 무의식적으로 행해지고, 집단적인 안목인 탓에, 이것을 일컬어 **"인식 자체의 제한성"**이라고 지칭한다. 우리가 대하는 정보가 일률적이지 않고 조작될 수 있다는 것은 차치하고서라도 인간이 가진 인식 능력 자체에 제한성이 있다는 사실은 일찍이 들어 보지 못한 말이다. 그것도 그럴 것이, **"인식 자체의 제한성"**은 인간이라면 누구나가 타고나면서부터 지닌 사전 결정성인 탓에 더더욱 그러하다. 우리는 왜 눈과 귀가 2개씩인지에 대해 그 이상의 가능성은 제기하지 않는 것처럼…… 선천적으로 앞을 보지 못하는 아이가 태어났다면 그 아이는 누가 말하지 않는 한 자신의 신체 기관에 사물을 보는 눈이 있다는 사실을 알지 못하리라. 이런 인식 자체의 제약성은 인간이 존재하기 이전인 창조 과정에서 이미 결정된 사항이므로 선천 인류는 누구도 인식 작용 내부에 처진 결정 가림막을 알아챌 수 없었다. 드러난 정신 작용, 사고 작용, 인식 작용, 그것이 무궁한 활성화의 전부이고, 마음만 먹으면 세상 존재를 모두 파악할 수 있다고 자신하였다. 인간은 창조된 피조체로서 정신 작용은 하나님의 뜻을 받들게 되어 있는 영혼의 수신체란 사실을 알지 못했다. 지적한 바 플라톤은 벽밖에는 볼 수 없는 시커먼 동굴 속에 속박된 죄수들을 상상해 보라고 하였다. 손발이 묶인 죄수들은 동굴 밖으로부터 비친 그림자만 볼 수 있다. 무엇이 그들의 손발을 묶어 놓았고, 동굴 벽에 비친 그림자, 그것을 실재하는 것으로 착각하게 만들었는가?[1] 이런 비유는 우리의 인식이 창조와 함께 선천적으로 제약되었다는 관점에서 재해석할 수도 있다. 플라톤은 아마도 이런 문제를 간파하고 탁월한 비유를 한 것이겠지만, 당시는 지금과 같은 본의 조건을 갖추지 못한 것이 문제이다. 즉, 현실적으로 죄수가 그림자를 실재로 착각한 것은 처음부터 바깥세상을 볼 수 없도록 묶어 놓은 손발 탓인데,

---

1) 『교육 철학』, George R. Knight 저, 앞의 책, p.58.

이것이 창조와 함께 주어진 인식의 결정 조건이다. 즉, 인식 자체의 제약성이다. 이 연구가 이런 문제를 다루는 것은 묶인 손발을 풀어주어야 죄수가 밝은 참 세계로 나갈 수 있듯, 제약된 결정 실상을 밝혀야 선천 인류가 발견하지 못한 세계관적 오류를 바로잡을 수 있다. 현실과는 차원이 다른 세계로 나아가 진정한 빛(진리)의 세계를 맞이할 수 있다. 선천에서는 일부 覺者들이 노력을 기울여 쇠사슬을 풀어주려고 시도해도 실패하고 말리란 예측까지 언급하지 않은 것은 아니다. 그만큼 선입견과 고정관념도 인식 자체의 제약성과 함께 걷어내야 할 인류를 참세계로 인도하는 과정에서의 해결 과제이다. 그런 문제는 다시 다룰 것이지만, 과연 누가 인류 역사상 굳게 묶인 인식 자체의 쇠사슬을 풀 수 있는가? 오늘날 이 땅에 강림한 보혜사 진리의 성령이다. 그분이 굳게 잠긴 창조문을 열고 무지를 일깨워 인류를 모든 진리 가운데로 인도하리라.

알다시피 "인식론은 지식의 본질, 원천, 그리고 정당성을 연구하는 철학의 분야이다. 이런 창구를 통해 무엇이 진리인지, 우리가 진리를 어떻게 알게 되는가에 대해 답을 찾으려 했다."[2] 그래서 역사상 데카르트는 나름대로 판단할 기준을 세웠다. 그는 무엇보다도 "확실하지 않은 것은 지식이 아니라고 생각했다. 확실성은 지식의 필요 충분 조건으로서 지식의 기준은 확실성이다. 근원적인 기준은 지식이 의심하려야 의심할 수 없고, 일반적 기준은 지식이 명석(clear)하고 판명(distinct)한 것이다."[3] 이런 영향을 받은 듀이는 그의 저서 『정확성의 탐구』에서 "진리란 정확한 것, 실험된 것, 입증

---

2) 위의 책, p.29.

3) 『지식이란 무엇인가』, 정대현 저, 서광사, 1990, p.15.

할 수 있는 것"[4])이라고 하였다. 이런 판단과 세운 기준은 현 질서 체제 안에서 누가 보더라도 이의를 제기할 자가 없다. 보편타당하고 객관적으로 적용 가능한 정의이고 기준이다. 하지만 그 같은 기준이 창조로 인해 결정된 인식의 틀 탓이라고 한다면, 이후의 양상은 자못 심상해진다. 창조된 것, 결정된 것은 꼭 맞아떨어지고 진리성 여부를 판가름하는 역할을 톡톡히 하겠지만, 표면화되어 있지 못한 바탕 본질은 인식할 수 없는 제약성도 결정하여 버린다. 그래서 결정된 인식 틀로서는 확실하게 명석하고 판명한 것만을 진리로서 인정할 수밖에 없다. 천지는 창조되고 결정된 탓에 존재는 예외 없이 명석하고 판명하다. 그렇게 판단한 인식 작용에 무슨 가림막이 가렸단 말인가? 천지는 창조되고 결정되었지만, 생성으로 드러나지 못한 것도 있지 않은가? 도상에 있고 잠재된 것이 어떻게 명석하고 판명할 수 있는가? 더군다나 세상에는 그렇게 결정되지 않은 예외자로서 창조 역사를 주관한 하나님이 존재하지 않는가? 천지가 명석하고 판명한 것은 창조로 인한 결정성 탓인데, 그렇지 못한 하나님은 인식할 근거가 없다. 우리가 당연하다고 여긴 인식 기준은 창조로 인해 결정된 인식 틀에 의해 세워진 부차적인 기준이다. 창조로 결정된 탓에 우리가 가진 사고 작용도 그런 결정성만 인식할 수 있다. 결정되지 않은 본질 영역과 창조 이전의 역사는 인식할 근거가 생성되지 못한 탓에, 그리고 생성되지 못한 것은 인식할 수 없는 인식 자체의 제약성 탓에, 인식할 수 없는 상황이다. 이런 사실을 확인하고 참작해야 논리적으로나마 제약된 인식의 장애물을 걷어내고 조건을 갖춘 창조 방정식을 풀 수 있다. 이것은

---

4) 『학문과 예술』, 현대인강좌 편찬회, 박영사, 1962, p.179.

다음에 재차 논거를 둘 기회를 얻기로 하고, 이런 인식의 선천적 결정성 문제는 칸트도 일단은 엿보았다고 할 수 있다.

　칸트가 인식적으로 문제의식을 느낀 것은 종래의 합리론이나 경험론이 다 같이 대상을 우리의 주관에서 독립하여 존재하는 것으로 생각하고, 인식은 이 대상을 있는 그대로의 모습으로 파악하여야 한다고 여긴 것이다. 이렇게 되면 우리의 인식은 모든 경험에서 생기는 것이고, 경험적으로 주어진 것을 넘어서 그 이상을 인식하려고 하면 오류에 빠진다고 한 흄의 주장처럼, 인식 작용은 대상과 경험이라는 수단에 의존하고, 그렇게 해서 제공된 정보에 휘둘릴 수밖에 없다. 따라서 칸트는 무엇보다도 먼저 인간의 인식 능력인 이성이라는 것을 새로 검토하지 않으면 안 된다고 생각하였다. 즉, 이성은 무엇을 어디까지 인식할 수 있는가? 이런 문제의식으로부터 이성 능력 자체의 비판이라는 과제가 칸트에게 주어졌고, 또 비판철학이라는 칸트 철학이 태어났다. 그것은 분명 인식이라는 것에 대한 사고방식의 전환이며, 코페르니쿠스적 전회이다. 그것은 다름 아닌, 우리의 인식 속에 선천적인 형식이 있고, 우리가 대상이라고 부르는 것이 사실은 주관적인 인식 형식에 의하여 질서 있게 구성된다고 한 사고방식이다.

　칸트는 인식하는 정보가 일부 감각을 통해 주어진다는 사실을 부정하지는 않았지만, 종래와의 차이점은 인간이 지닌 인식 능력 자체에 선천적인 인식 형식이 있다는 것이다. 이로써 마치 전쟁터에서 고지를 탈환하는 것처럼, 대상이 가진 인식의 주체성 깃발을 대상으로부터 빼앗았다. 그래서 명명한 선천적 인식 형식이 이 연구가 논하고자 하는 인식 자체의 창조적 결정성인가 하고 살펴보니까 거리감이 큰데 새로운 문제의식이 있다. 인간의 인식 작용 속에는 왜 경험을 초월한 선험적 인식 틀이 있다고 한 것인지 궁금했는데, 알고 보니 그것은 인간이 지닌 이성 작용으로서의 주관적인 인식 형식 틀이었다. 말 그대로 주관적인 사고 작용이고, 관념 작용이며, 각자의 경험이 영향을 미친 그 무엇이다. 이것은 이제 막 생성된 본질성을 포착한 직관 작용과는 다르다. 이성 작용은 사고 작용이고 종합, 판단, 논거 작용을 거친 부차적인 형식 작용이다. 주어진 것을 사고적으로 통찰하는 인식 작용이므로 창조 이전의 선재 본질을 인출하는 작용과는 상관이 없다. 그것은 선재적인 인식 형식이라기보다는 인간이 지닌 사고 작용의 일환이다. 칸트는 어쩌면 인간은 자체적으로 지닌 사고 능력이 있다는 것을 선천적 인식 형식으로 이름 붙인 것인지도 모른다. 그리고 그런 인식 능력은 정신 작용을 가진 인간이기 때문에 개발 정도에 따른 차이는 있어도, 객관적인 능력이라고 할 수 있지만, 능력을 갖추고 쌓아 올린 선천적 카테고리 형식은 그야말로 주관적이라는 데 있다. 카테고리는 원리도 능력도 사고 기능도 아닌, 지극히 관념적인 틀이다. 칸트가 연구실에서 심사숙고한 관념의 구성물이다. 애써 구안한 12범주인데, 그런 범주 틀은 칸트 자신조차도 범주에 따라서 만사를 인식하지 않는 것처럼, 형식적인 틀은 있지만, 그것은 사람마다 걸어온 길이 다르듯, 생각과 가치관에 따라 천차만별하다. 인식 이론에 제약을 더한 관념의 상을 쌓아 올린 것에 불과하다. 개인마다 제각각인 사고 작용으로서의 인식 형식을 어떻게 인식론으로서 정연화시킨 것인가? 형식 틀이 절대적인 것처럼 의뢰하도록 하였는가? 베이컨이 경고한 종족의 우상(울고 있는 새) 오류를 되풀이 하는가? "정신은 인식을 가능하게 하는 기본적인 기능을 선천적으로 가지고 있을진 대",5) 그것은 인간이 가진 인식의 능력이지 정신이 지닌 형식은 아 니다. 사고 작용으로 친다면 감성과 오성 작용 이외에도 여러 가지 정신 능력이 있다. 이런 능력이 선험적이라고 할진대, 선험성은 인 간이 창조와 함께 결정된 존재자로서의 본질 규정 틀인 것은 맞다. 이런 이유로 우리는 경험했기 때문에 지식을 얻는 것이 아니고, 정 신 자체가 인식할 수 있는 기본적인 사고 기능인 사고 추이로 지식 (진리)을 얻는다. 이때 인간 정신의 내부에서 인식을 가능하게 하는 기능이 활성화된다. 이 연구는 칸트가 제기한 인식의 선험 작용을 통해서 인간 창조의 비밀을 엿보고자 했지만, 결론적으로는 그런 기대를 저버렸다. 그 이유는 자체 문제에 대한 비판보다는 인식 자 체의 제약성 이유를 알면 절로 해명된다.

그렇다면 우리에게는 왜 인식 자체에 제약이 있는가? 인간은 어 떻게 원인에 따른 결과를 미리 알 수 있는가? 인간이 지닌 인식 수 단을 초월해서 물 자체를 인식할 수 있는가? 시공간을 초월해서 하 나님과 교감할 수 있는가? 한마디로 불가능하다. 왜 인식할 수 없 고 초월할 수 없는가? 그런데 이 같은 일이 처음부터 그렇게 된 것 으로 생각하면 오산이다. 창조되기 이전에는 초월할 수 있었다. 아 니 가능과 불가능이란 구분조차 없었다. 창조로 결정된 탓에 불가 능한 것이 생겨났고, 덩달아 가능한 것도 구분되었다. 창조 역사가 가능한 것과 불가능한 것을 결정하였다. 그 기준이 무엇인가? 창조 된 것은 가능하고, 창조되지 않은 것은 불가능하다. 또한, 창조로 결정된 것은 국한되고, 바탕이 된 본질은 그런 결정성을 초월한다.

---

5) 『사람이 알아야 할 모든 것, 철학』, 앞의 책, p.332.

그래서 사실상 창조로서 결정된 것만 존재하는 것이 아니고, 비결정적인 본질체도 존재한다. 창조된 존재는 결정된 분열 질서를 따름에, 이런 질서만 존재한다면 굳이 인식 자체의 제약성이라고 할 것까지는 없겠지만, 바탕이 된 본질체는 그런 분열 질서를 초월하기 때문에 인식 자체가 제약된 것이다. 제약으로 국한되면 어떻게 되는가? 당신과 나 사이에 저 바다가 없었다면 애타는 이별만은 없었을 텐데…… 본질과 존재 사이에도 이별이 없다. 여기서 이별은 인식의 제약성이다. 분열 질서를 따른 창조의 결정성 탓에 본질과 떨어지고, 본질 작용을 인식할 수 없는 영역이 국한되었다. 인식이 미치는 범위가 현상계로 한정된다. 주자학에서는 말하길, "인간의 기질지성은 본연지성이 기질 안에 들어와 있는 것으로서, 기질의 청탁 때문에 性의 발현이 영향을 받는다"6)라고 하였다. 그들은 인간의 본성을 크게 본연지성과 기질지성으로 나눈 바, 본연지성인 창조 본체가 창조로 인해 기질지성으로 존재화되어서이고, 이때 비결정적인 본연지성이 인간 본성으로 존재화함과 함께 바탕이 된 본성도 기질지성으로 국한되었다. 이런 이행 과정에서 인간의 인식도 초월성이 국한되었다. 하지만 국한 이전의 理, 즉 본연지성은 그렇지 않다는 점에서 창조로 결정된 기질지성의 국한성이 확연하게 구분된다.

그렇다면 창조의 결정성에 따른 인식 자체의 제한성은 우리가 사물을 보고 판단하는 관점의 형성에 어떤 영향을 끼치는가? 분열하는 질서를 따르다 보니 드러나지 않으면 볼 수 없고, 경험하지 않으면 볼 수 없지만, 본질 자체가 그런 것은 아닌데, 이것을 볼 수

---

6) 「주자의 교육사상에 관한 고찰」, 앞의 논문, p.45.

없고 알 수 없다. 그러니까 사실은 본질이 생성하는 것이 모든 사물의 근거가 되고, 생성하지 않으면 인식할 수 없으며, 그런 내면 작용을 모르는 탓에 경험을 인식의 근거로 삼았다. 인식의 첫 출발을 백지상태로 잡은 것은 고스란히 인식의 제약성으로 가려진 단면이다. 인식이 미치지 못한 제약 단면을 우리는 노자가 말한 道를 통해 엿볼 수 있다. 즉, "道는 천지와 만물이 존재하기 이전의 궁극적 실체이므로 가시적인 현상을 有로 볼 때, 그것은 無라고 할 수밖에 없다. 道는 초월적인 존재이므로 인간의 감각적·지각적 인식이나 이성적 인식으로는 파악할 수 없다. 경험 이전이요, 만물의 근원이란 뜻이다. 有 이전의 것으로서 언어적으로 표현할 수 없다."[7] 적어도 이전까지는 이렇게 설명하였다. 하지만 누가 제대로 이해하였는가? 하나님은 전지전능하므로 우리가 모르는 모든 것을 알고, 모든 것을 창조할 수 있다는 말과 같다. 道가 초월적이라고 전제한 것은 이후의 모든 상식을 거스른 존재 방식이 가능하다는 말이다. 그렇게 전제한다면, 道는 인간이 가진 어떤 인식 수단을 동원해도 파악할 수 없는 것이 맞다. 경험 이전이고 만물의 근원인 탓이라고도 하였지만, 여기에는 무엇이 빠져 있는가? 창조이다. 왜 천지와 만물이 존재하기 이전의 실체는 無라고밖에 할 수 없고, 존재한 천지와 만물을 일괄해서 有라고 하는가? 有에 대한 無로서의 대비는 바로 창조로서 결정된 존재와, 창조 이전의 비결정 본체와의 대비이다. 창조된 존재는 결정된 탓에 인식할 근거도 생성되고, 인식 가능한 대상이다. 有로 구분하였지만, 無로 지칭된 구분은 그렇지 못한 탓에 인식할 수 없는 제약성의 단면을 나타내었다. 존재하지 않

---

7) 『동양 윤리사상의 이해』, 앞의 책, p.163.

은 것이 아니다. 하지만 인식 자체가 지닌 제약성인 탓에 인식 상으로 無로 처리될 수밖에 없다. 그렇다면 정말 존재하는데도 불구하고 인식 자체의 제약성 탓에 인식할 수 없는 경우는 어떤 세계적 조건 안에서인가? 창조되지 않은 것, 생성하지 않은 것이다. 창조주 하나님이 그러하고, 모든 존재의 바탕체인 道, 태극, 空, 梵, 一圓相 등이다. 나아가 현상계에서 존재하면서도 분열하지 않은 것도 역시 그러하다. 이것은 자신도 모르게 가려진 제약성인 탓에 가려졌다는 사실을 모른 채 드러난 부분 그것만 진상이고 전부인 것으로 착각을 일으킨다. 보지 못한 부분을 반영하지 못한 판단 상의 오류이다. 경험론의 백지설 같은 것이 그러하다. 이런 현재의 인식 상황은 분명 진상과 다르다. 온전히 시작점과 도착점을 거꾸로 판단했다. 오귀스트 콩트(1798~1857)는 인간은 경험적 사물의 상호 관계를 인식할 뿐이며, 원인과 실체는 인식할 수 없다는 전제하에 역사상 과학이 발전한 경로를 신학적→形而上學적→실증적이란 3단계로 구분하였다. 왜 그 원인과 실체를 인식할 수 없는가? 이것은 역설적으로 인간이 가진 인식의 제약성을 드러낸 상태이다. 그런 사실을 모른 채, 콩트는 전제한 인식 기준으로 세계관을 재단하였다. 하지만 결과는 역시 제약된 부분을 그대로 드러냈다. 그렇게 구분한 3단계는 사실상 세계 본질의 분열성 정도를 투영시킨 인식이다. 다시 이해한다면, 세계의 본질이 분열한 시점이 초창기인 탓에 인식할 근거가 온전하게 생성되지 않아 모호한 신학적 단계로 판단하였고, 점차적인 생성 과정을 따라 形而上學적 단계, 마지막 3단계는 분열을 완료하여 세계를 판단할 수 있는 인식적 근거가 생성되었으므로 실증할 수 있는 세계적 조건을 구성한 것이다. 이것은 곧 우주의 생성 본질이 거대한 전환점을 맞이했다는 뜻이기도 하다. 그런데도 '아' 하고 '어' 하고는 다르듯, 사물의 생성 과정을 드러난 것만 전부로 알고 그로부터 인식의 출발점으로 삼은 것은 명백한 오류 인식이다. 이런 세계 본질의 생성 과정을 거꾸로 인식하고 본 말을 전도시킨 것이 경험론자들에 의해 적나라하게 투영된다.

우리는 현존하는 존재자로서 분열하는 시공간을 초월할 수 없는 것처럼, 우리가 겪는 경험 역시 분열 질서를 초월할 수 없다. 오히려 분열 질서를 충실하게 따른 것이 경험이다. 우리가 지닌 인식 질서도 마찬가지이다. 분열 질서를 따른다기보다는 따를 수밖에 없도록 창조되고 결정된 탓에 인식 상 진상과는 다른 제한성이 있다. 감각을 통한 경험 창구는 부분적인 정보만 제공하여 전체를 볼 수 없게 한다. 경험론에 기초한 "로크의 철학은 인간이 가진, 혹은 갖게 되는 관념의 최초 단계를 규명하고자 한 것이다."[8] 그런데 그는 생경한 말을 했다. 먼저 주장한 데카르트의 본유관념은 없다고 하면서 우리의 마음을 아무런 성질도, 관념도 없는 백지상태로 가정했다. 이런 바탕 위에 백지를 채워 나가는 주동 요인이 바로 경험이고, 경험은 모든 인식의 기초라고 주장하였다.[9] 이것은 정말 무엇을 잘못 본 것인가? 본유관념을 잘라버린 것은, 분열하는 제약성을 지닌 경험이란 창구를 통해서는 인간이 존재하기 이전의 본질 형성 상태를 볼 수 없다는 뜻이다. 즉, 경험론은 자동차의 제조 과정을 무시하고 시승자가 시동을 건 첫 순간이 자동차가 존재한 순간으로 삼은 것과 같다. 고전적 경험주의의 완성자라고 할 수 있는

---

8) 「존 로크의 체육 철학에 나타난 경험과 단련의 문제」, 김철 저, 원대 논문집, 19집, p.486.
9) 『사람이 알아야 할 모든 것, 철학』, 앞의 책, p.252.

흄도 모든 지식은 경험에서 나온다는 경험주의 논제를 일관성 있게 고수하였다. 중세 시대에 유명론자들이 "존재하는 것은 개별자일 뿐, 보편자 같은 것은 없다고 한 인식 전통을 이은 것이다."10) 존재하지 않기 때문에 경험할 수 없는 것이 아니고, 인식할 수 없으므로 보편자가 존재하지 않는 것도 아니다. 이런 결과를 낳은 정확한 이유는 볼 것을 볼 수 없게 된 **"인식의 제약성 자체"** 탓이다. 그런데도 그런 사실을 모르고 세상의 생성 질서와 인과 법칙을 거꾸로 판단하였다. 제약된 결과 현상으로서 "외부 대상에 관해 알 수 있는 것은 그 대상의 본질이 아니고, 그것으로 인해 마음속에 생겨난 관념이 되어버렸다."11) 본질 뿌리를 볼 수 없게 된 결과이다. 하지만 이런 경험적 결과는 그대로 세계와 인식의 진상 상태를 투영한 것인 만큼, 제약된 인식 자체의 실상만 알면 가려진 장애물 상태 그대로 그 너머에 있는 세계의 본질 실상을 꿰뚫어 볼 수 있다.

하지만 우리의 인생은 한 가지 고비를 넘겼다고 해서 꽃길만 펼쳐지는 것이 아니듯, 살아가면서 쌓아 올린 관념의 상은 인식 자체의 제약성으로 인해 굳어진 세계상인데도 그렇게 안목 자체에 잘못이 있다는 사실을 깨닫지 못한다면 영원히 그것이 사실이고 진리이며 전부를 차지한 세계라고 확신한다. 편견, 고집, 아집, 독단, 광신의 실수를 한 몸에 안고서도 인류 문화사에 끼친 폐단과 악영향을 공헌인 것으로 착각한다. 선현들이 말한 "지식론의 역사를 살펴보면, 플라톤은 지식을 변하지 않은 대상으로 삼았고, 데카르트는 의심하려야 의심할 수 없는 것을 필요조건으로 하였으며, 칸트는 지

---

10) 『지식이란 무엇인가』, 앞의 책, p.33, 253.
11) 위의 책, p.253.

식이 종합적이지만 필연적이다고 하였고, 흄은 외부 세계에 대한 지식을 확언하지 않았다."12) 도대체 누구의 설이 옳은 것인지를 질문하는 것도 중요하지만, 더욱 궁금한 것은, 왜 이 같은 견해 차이가 생기는가 하는 것이다. 지식이 정말 각자가 주장한 말대로 갈래지어져서인가? 모든 것은 결국 제각각 형성한 관념으로 진상을 투영한 결과 모습이다. 진리의 본래 모습이 그런 것이 아니라면 무엇이 잘못된 것인가? 인식 수단과 관념으로 형성한 인식의 틀이 진상과 다른 정보를 제공한 탓이다. 칸트의 선천적 카테고리는 이런 것이다. 관념이 진상을 굴곡시킨 주된 원인이다. 이런 문제를 영국의 경험주의 철학자 베이컨이 이미 지적하였다. "주저인 『신기관 -Novum Organum』에서 인간의 지식 행위를 방해하는 마음의 우상을 논하였다. 여기서 우상이란 그대로 내버려 두면 인간을 거짓으로 말려들게 하는 마음의 경향성을 일컫는다. 이런 우상을 베이컨은 4가지로 구분해서 정의하였다(종족, 동굴, 시장, 극장). 그중 종족의 우상(the idol of the tribe)은 인식 자체의 제약성과, 그리고 동굴의 우상(the idol of the cave)은 관념상의 편견과 관련이 깊다. 즉, 종족의 우상은 인류라고 하는 종이 보편적으로 지닌 선입견을, 동굴의 우상은 개개인이 지닌 독자적인 편견을 지적한다."13) 인식의 제약성에 대한 무지가 안긴 선물이라고도 할 관념의 허구성을 보아야 참빛을 밝히려는 자의 노력을 인정한다. 하지만 명백한 근거를 제시하지 못한 탓에 지난날의 선각자들은 참진리를 말하고도 세상의 편견 앞에서 거부당하거나 핍박받아야 했다.

---

12) 위의 책, p.69.

13) 『서양 교육 사상사』, 앞의 책, p.218.

그렇다면 앞으로 주어질 진리상의 과제는? "17세기 서구 사회를 지배한 사상은 대륙의 합리주의와 영국의 경험론이다. 먼저 합리주의는 사물에 대한 참된 지식은 오로지 이성적 이해나 분명하고 논리적인 사고를 통해 가능하다고 보았고(데카르트, 브루노, 스피노자), 경험주의는 참된 지식은 감각 인식을 통해 나타나고, 경험만이 그것을 증명하는 유일한 방법이라고 하였다(베이컨, 홉스, 로크)."14) 서로가 유일한 인식 방법이고 수단이라고 하는 데 대해, 합리주의는 이성을 통한 사고적 접근에 제한이 있고, 경험주의는 결정된 분열적 질서를 따르는 데 제한이 있다고 지적했다. 그런데도 칸트는 이런 인식 자체의 문제를 직시하지 못하고 절충한 종합안을 내놓았지만, 이것은 근본적인 해결책이 아니다. 제한성을 드러내지 못한 것은 선천 안목으로서의 한계이다. 관념론이 아니고 본질론이 있었으니, 이것도 아니고 저것도 아닌, 그들의 제약성을 극복할 제3의 관점에 근거해야 종합이 아닌 인식론의 진정한 통합을 기도할 수 있다. 그리해야 인류가 숱한 세월 동안 쌓아 올린 우상의 편견을 타파하고, 관점의 자유와 차원성을 획득하여 진정한 하나님의 세계를 바라볼 수 있다. 그런 길을 개척하는데 인류가 모두 동참해야 하나니, 그러지 못하면 영원히 차원적인 창조 세계와 하나님의 나라에 이를 수 없다. 반드시 건너야 하고 도달해야 하나니, 그것이만 인류가 하나님과 함께할 수 있는 보편적 구원의 길이다.

---

14) 위의 책, pp. 219~220.

2. 서양 인식론 한계성

서양 철학의 시조에 해당한 소크라테스가 남긴 사상과 행적 하나하나는 서양인들은 물론이고 후세의 인류에게 의미심장한 메시지를 던진 위대한 성인이다. 소크라테스는 제자 플라톤처럼 자기 생각을 저술로 남긴 것은 없지만, 플라톤의 눈에 비친 그의 생각과 신념과 태도는 근본부터 세인과는 차원이 다르고 심오하였다. 소크라테스는 보편적 진리, 혹은 절대적 진지(眞知)를 발견하기 위한 노력을 개인의 일로 보지 않고 인류 공동의 작업으로 생각하였다. 그렇게 생각했다는 것은 절대적 진지가 존재한다는 것을 믿었다는 것이고, 그런 진리를 발견하려고 노력한 것은 인류를 구원하는 중대한 사명이라고 여겨서이다. 바로 하나님의 보편적인 구원 목적을 선지한 것이다. 성인은 그만한 자격이 있어야 한다. 하나님의 뜻을 깨닫고, 하나님의 뜻과 소통하면서 그것을 세인에게 전하는 것을 소명으로 삼았다는 뜻이다. 그래서 인생적 본질과 도달한 정신 의식은 한마디로 한 차원 높은 단계에서 세계를 바라본 것이다. 본인은 깨달아 알고 있는데 세인이 모른 무지 상태를 안타깝게 여기고, 아테네의 거리에서 청년들과 문답적인 대화를 통해 억견을 음미하였고, 그 일을 통해 만인이 지니고 있다고 여겨진 보편적 진리를 승인하도록 지도하였다. 그는 분명 우리와는 차원이 다른 정신적 경지의 소유자로서 자신이 확인한 보편적 진리를 전하기 위해 근본적인 교육 원리를 적용하였다. 즉, 인간은 원래부터 보편적 진리의 싹을 내심에 지니고 있다. 다만 그런 사실을 깨닫지 못해 싹을 가꾸지 못하고 있을 따름이다. 그러므로 인간이 보편적 진리에 도달하자면 먼저 자신의 무지부터 깨달아야 한다. 이런 근본적인 인식에 근거해서 소크라테스는 세인이 무지 상태를 깨달을 수 있도록 대화법, 혹은 산파술을 적용하였다.15) 이런 사상을 보면 그는 인류의 어떤 성인들 못지않게 하나님의 창조 뜻을 엿보았고, 깊숙하게 근접했으며, 온전히 휘어잡았다고 할 수 있다. 세계 안에 차원이 다른 경계막이 있다는 사실을 꿰뚫고, 그것을 보지 못하는 무지 상태를 직시했으며, 적합한 교육적 방법을 동원해 해결하고, 인류 공동의 사업으로 여긴 것은 합당한 자격을 가진 성인으로서의 사명 의식이다. 여기서 소크라테스가 지적한 세인의 무지 상태는 배우지 않고 가르침을 받지 못한 지적 무지가 아니다. 본래부터 그런 것이 아니고, 진리가 존재하느냐 안 하느냐의 문제를 떠나서 이미 존재한 무엇이며, 그같은 진리의 싹을 내심에 지니고 있는데, 이런 사실을 깨닫지 못한 무지 상태이다. 이것은 차원이 다른 진리적 대상에 대해서 그것을 바라보는 인간의 인식 방법과 관점에 관한 것이다. 플라톤이 동굴의 비유를 통해 세계의 진상 상태와 인간과의 사이에 대해 시사점을 남겼듯, 스승 소크라테스는 그보다 더욱더 근본적이고 본질적인 세계의 차원 상태와 깨닫지 못하는 무지 상태를 지적함으로써 인류중 누구도 예외가 될 수 없는, 그야말로 인류 공동의 진리 해결 과제를 시사하였다. 우리 중 누구도 내심에 있는 보편적 진리의 싹을 볼 수 있는 조건을 갖추었는데도 보지 못하는 상태에 있다면, 그실존 상황은 어떻게 될 것인가? 그런데도 지금까지 누가 이 같은 무지로 가로막힌 실존 상황을 직시하였는가? 소크라테스 이래로 수많은 사상가가 세계와 진리에 대해 말했지만, 곁가지를 친 것에 불

---

15) 위의 책, p.25.

과하고, 밝힌 진의를 이해하지 못했다. 인류가 처한 보편적 무지 상태를 한 치도 개선하지 못하고, 답보 상태를 벗어나지 못했다. 이것이 단적으로 서양 인식론이 한계성을 지닌 이유이다. 세상을 바라보는 안목이 볼 것을 보지 못하는 무지 상태에 있고, 스스로가 무엇을 모르고 있는 것인지조차 모른다면, 그 위에 구축한 세계적 관점과 그렇게 해서 건설한 현대 문명이 어떻게 되겠는가? 그런 우주론 안에서 호흡하고 있는 뭇 영혼과 인류 역사의 미래는? 그래서 소크라테스가 "너 자신을 알라"라고 외친 화두 이래 오늘의 인류 사회가 필연적으로 해결해야 할 진리적 과제는 인간 자체가 처한, 보아야 할 것을 보지 못하고 있는 인식적 무지 상황과 정신적 안목을 일깨우는 것이다. 그것이 곧 인간이 처한 인식의 한계성 상황이다. 모른 채 지상에 온갖 것을 건설한 문명적 무지 상황을 극복하는 것이다.

그렇다면 소크라테스는 알고 있는데 세인이 모른 무지는 정말 무엇이고, 소크라테스는 지적했는데 아직도 대다수 인류가 깨닫지 못하는 근본적인 원인은 무엇인가? 남의 눈에 있는 티는 보면서 자기 눈에 있는 들보는 보지 못하는 인식적 상황과, 이런 상태가 문명적으로 만연된 것을 일컫는다. 불교는 이런 無明[무지] 상태를 벗어나기 위해 차원이 다른 안목(깨달음)을 구한 종교답게, "진리에 어두운 중생과 진리를 깨달은 성자와의 차이를 설명하고 있다. 곧, 성상체용(性相體用)이다. 인간이 가진 안목으로 볼 수 있는 현상계는 相에 해당하고, 중생이 가진 눈으로는 볼 수 없고 성자만이 볼 수 있는 본체계는 性에 해당한다. 범부는 현상인 相만 보고 본체인 性은 보지 못하지만, 성자는 현상과 본체인 性을 한 번에 다 아울러 본다. 이것이 소크라테스가 갖춘, 세인과는 다른 한 차원 높은 깨달음 안목이다. 원인에 대한 진단을 정확하게 내렸다면, 그런 무지를 벗어날 대비책도 본질적일 수 있다. 문제는 보편적 진리, 혹은 절대적 眞知의 존재 여부가 아니고, 볼 것을 보지 못하는 안목이 문제라는 것, 인간은 이 같은 차원적 관점을 확보하기 위해(깨달음) 수행과 교육적인 노력을 기울여야 한다고 역설했다. 인류가 처한 무지적인 실상은 참으로 곤혹스럽다. 무지에 처한 자도 이해하기 어렵고, 깨달은 자도 설명하기 어렵다. 이유는, 목적은 한 가지지만 서로가 바라보는 실상 세계가 다르고, 알아차릴 수 있는 세계적 조건이 구성되지 못해서이다. 그러니까 서로가 틀린다고 하고, 혹은 서로가 맞는다고 했다. 하지만 알고 보면 정작 서로가 인식한 대상과 지침한 관점이 다르다. 표면적으로는 일체가 통일적이고, 일률적이고, 하나인 실체를 지칭하는 것으로 간주한 상태인데, 알고 보면 분명한 차이가 있다. 사실은 서로가 경험한 대상과 근거한 질서 기준이 다르다. 깨달은 자는 존재한 현상계와는 차원이 다른 본체계를 설명하고 있는데, 세인은 그런 세계를 본 적도 들은 적도 없어 자신이 경험하고 확인한 현상적인 분열 질서에 근거하다 보니까 이해할 리만무하다. 대책은 본체계를 볼 수 있는 눈을 다시 가져야 하는데(깨달음), 현재 가지고 있는 눈만으로 보니까 무지를 벗어날 수 없다. 성인도 사면초가인 상황은 마찬가지이다. 자신은 본체계의 실상을 엿본 차원 안목을 획득했지만, 이것을 이해시킬 인식적 근거가 현상적 질서 안에서는 없다. 그래서 기껏 동원한 방법이라는 것이 현상의 엄밀한 질서를 부정하는 방법이었지만, 세인의 안목에 비친 본체계는 허무맹랑한 실체이고, 그나마 유보된 것이 신비주의 정도이다. 결국, 창조 본의를 알지 못한 선천 하늘에서는 서로가 서로에 대해 차원적인 거리감을 좁히지 못하였다.

이 같은 세계적인 관점의 차이를 문명사적으로 비교한다면, 동양은 한 차원 높은 본체계, 즉 깨달음 관점을 확보한 문명이고, 서양은 현상적 질서 안에 머물러 있어 본체계를 이해하지 못한, 그야말로 無明에 찬 문명이라고 할 수 있다. 아직도 옳다고만 여기고 있는 만큼이나 서로가 지닌 관점의 격차는 여전한데, 동양 문명도 차원적인 장벽을 헤어나지 못한 상태이지만, 특히 서양 문명은 그렇게 해서 인류 사회에 끼친 폐해가 심히 우려되는 상태라, 원인을 찾아서 대책을 마련해야 한다. 이것을 이 연구가 서양 문명이 운명적으로 취한 인식 수단의 한계성으로부터 구하고자 한다. 한마디로 서양 문명은 그렇게 문명을 건설한 인식 수단부터 재정비하지 못하면 현상 일원론이란 한계성의 늪에서 빠져나올 수 없다. "그리스 이후의 철학적 전통과 기독교 신앙을 전제로 수립한 칸트 철학이"[16] 왜 인식이 현상계 이상을 넘어설 수 없다고 선언한 것이지, 그리고 神의 본체적 특성을 파고들지 못해 무신론 사상이 판을 치도록 만든 것인지에 대한 이유를 감각과 이성을 통한 인식 수단의 한계성을 통해 찾아야 한다. 먼저 감각을 통한 인식 수단은 밝힌 바대로 자체가 현상계만을 볼 수 있는 안목으로 제한된다. 이런 사실을 모른 무지가 아직도 서양의 진리계에서 다수 영역을 확보하고 있다. "존 로크는 도대체 지식이란 어떤 것인가 하는 데 대한 설명보다는 인간의 지식이 어떻게 습득되는가를 분석하는 데 치중하고, 그에 대한 답으로서 모든 지식은 감각 경험의 사실 관찰로부터 나

---

16) 『칸트 철학사상의 이해』, 앞의 책, p.2.

온다고 하는 인식 이론을 세웠다."17) 그런 판단이 인식 대상을 한 정한다는 사실도 모른 채…… 이런 제안이 선천적 관념의 존재를 부인하는 데서부터 발단되었다는 것은 감각적 수단의 한계성을 단 적으로 증명하는 것이기도 하다. 그렇게 해서 형성한 인식 이론인 "경험론은 지식이 감각을 통해 얻어지고 사람들은 시각, 청각, 후 각, 촉각, 미각에 의해 그들 주변에 세계의 모습을 형성한다는 관점 이다."18) 감각적 인식 수단은 외부의 정보만 수용하고, 내부의 본 질적 정보와는 등을 돌린 한계성이 역력하다. "실재론자들은 우리 가 감각적 경험을 통하여 세계의 자연 질서를 지각할 수 있고, 그 로부터 실재를 느낄 수 있는 기능적 유기체라고 하였다."19) 인식 수단을 통한 순기능적 역할을 누가 뭐라고 하지는 않는다. 문제는 세계는 그렇게 감각적 경험으로 보는 실재 세계만 존재하는 것이 아니란 사실이다. 감각적 인식 수단은 세계의 본질적 실상을 파악 하는 데 있어 정보를 제공하지 못한 것이 되고, 그런 결과는 판단 한 실재 세계의 기능적 유기체관에 대해 그늘을 드리운다. 장님이 코끼리 다리를 만져보고 기둥 같다고 하는 것처럼, 감각적 수단을 통해 판단한 선천의 세계관적 규정과 개념은 오류의 전면적 수정이 불가피하다. "콩트에 의해 인도된 19세기 프랑스의 실증주의자들 은, 지식은 감각적 지각(sense perceptions)과 과학적 탐구에 기초를 두어야 한다는 태도를 보이면서 形而上學적인 세계관이나, 혹은 경 험적으로 검증할 수 없는 요소를 포함한 세계관을 적극적으로 배제 했다. 인간의 감각을 초월하는 어떤 실재에 대한 부정적인 태도는

---

17) 『교육사 교육 철학 연구』, 앞의 책, p.144.

18) 『교육 철학』, George R. Knight 저, 앞의 책, p.32.

19) 위의 책, p.68.

프래그머티즘, 행동주의, 과학적 자연주의, 분석적 운동을 포함한 많은 현대적 사상 영역에 영향을 끼쳤다."20) 확산된 만큼이나 수습해야 할 과제도 크다는 뜻인데, 도대체 누가 무엇을 배제한다는 것인가? 뭐(똥) 묻은 개가 뭐(겨) 묻은 개 나무란다는 속담처럼, 오류 투성이인 경험론 관점을 기준으로 참 실상을 내친다는 것은 주객이 전도된 현상이다. 인간이 가진 무지의 전형적인 실존 상태이다. 자기 탓을 남 탓으로 돌린 인식의 한계성 상황이고, 뿌리를 버리고 가지만 취한 실정이다.

큰 무지의 정확한 핵심 요인은 본체계를 볼 수 없다는 사실에 있다. 그것이 진리 세계를 판단하는 데도 단정으로 일관했다. "시·공간을 초월한 절대적 진리는 없으며, 진리의 기준은 오로지 우리의 실생활에서 유용성에 있다(실용주의)"21)라든지, 혜강(최한기)이 그의 『氣學』에서 내세운 "무형지리를 버리고 유형지리를 탐구하라고 한 캐치프레이즈 등이 그러하다. 여기서 유형지리(有形之理)란 구체적 사물과 현상 세계의 원리를 가리키고, 무형지리(無刑之理)란 주자가 설정한 인문적 우주론(理氣적 본체론)에 곧바로 들이댄 칼날이다."22) 왜 이런 판단을 하고 왜 이런 결론을 내린 것인가? 차원이 다른 본체계를 볼 수 있는 수단과 안목을 확보하지 못한 인식의 한계성이 낳은 독단이다. 서양의 근대 역사를 살피면, 유물론의 복음을 설교한 선교사(?)들을 만나는데(라메트리, 뷔히너, 헤켈 등등), 그들은 사상적 씨할아버지인 소크라테스가 그토록 강조했는데도 아랑곳없이 애써 보편적 진리를 거부한 반항아들이다. 정신적인

---

20) 위의 책, pp. 161~162.

21) 『서양 교육 사상사』, 앞의 책, p.365.

22) 『종교 철학의 체계적 이해』, 앞의 책, p.336.

것, 본질적인 것을 부정하고, 물질만이 세계의 유일한 존재라고 여겨 철저한 유물론자=철저한 무신론자란 공식을 정형화했다.23) 현상계에서 유일하고 절대적인 존재와 진리는 성립할 수 없는 법인데, 유물론자들만 특별히 이 같은 조건 상황을 극복했단 말인가? 천지를 있게 한 근원 된 창조 조건과 어긋나니까 세계관적 대립과 분란을 조장했다.

한계성이 역력한 탓에 서양의 사상가들은 감각적인 인식 수단의 문제점을 해결하고자 이성 작용을 통한 사고적 유추로 눈길을 돌렸다. 하지만 그런 인식 수단에도 한계성은 도사렸다. 앞서 논거를 둔 대로 사고적 인식과 추리적 논거는 사전에 결정된 분열 질서를 따른 탓에 분열 질서를 초월해 존재한 창조 본체의 통합성, 완성성, 선재성을 인식할 수 없는 한계성을 지녔다. 서양 인식론은 감각 수단과 함께 사고 작용을 통한 인식 수단을 하나 더 확보하기는 했지만, 창조로 인해 세계에 가로 놓인 본질적인 문제와 한계성을 극복할 근본적인 대책은 마련하지 못했다. 그런 문제 해결의 초점은 차원을 달리한 본체계를 볼 수 있는 깨달음적 안목을 확보하는 것이다. 그러기 위해서는 걸맞은 인식 수단을 마련하고, 선행 조건을 해결해야 인류가 선천 하늘에서 극복하지 못한 한계 조건인 무명 상황을 벗어남은 물론이고, 서양 인식론의 새로운 정립 방향을 모색할 수 있다. 이런 요청에 근거할 때, 서양 인식론은 지금까지 도대체 무슨 오류를 저지른 것인가?

알다시피 플라톤은 이원론자로서 "굳이 눈에 보이지 않는 이데아가 실재한다고 주장한 이유는 개별자들의 공통점을 찾아 존재의

23) 위의 책, p.336.

위계를 세우려 했기 때문이다. 또 데카르트가 본유관념이라는 장치를 공들여 만든 이유는 인식의 기초로서 神의 존재를 전제할 필요성이 있었기 때문이다."[24] 존재의 위계=사고적 이치 질서=한순간에는 하나의 인식만 성립할 수 있다는 현상계의 결정 질서이다. 논리적인 절차상 모순이라는 것도 결국은 사고 질서에 근거한 판단이다. 이런 사고를 통한 논리 절차를 따른다면, 현상계는 현상계가 가진 존재 조건만으로서는 현상계의 존재 이유와 근원을 설명하거나 현 질서 체계와 부합하는 논거를 펼칠 수 없다. 현상계는 반드시 현상계 이외에 제3의 근원 질서를 요청하고 있고, 그렇게 궁극적 원인을 필요로 하는 구조로 조건화되어 있다. 그렇지 않으면 현 존재의 시원은 설명할 수 없고, 조건을 무시해 버리면 자체 설정한 논리 질서와 어긋난다. 즉, 모순이란 판정 딱지가 붙는다. 플라톤이 현실적 질서 조건(상식)으로서는 무리인 것을 알면서도 세계를 이원적으로 구조화한 이유도 여기에 있다. 지성을 갖춘 자 누구라도 논리적으로 따진다면, 현상적 조건은 반드시 현 존재의 조건 이외의 필연적 조건이 있어야 한다. 이를 정당화하기 위해 플라톤은 일단 "감각을 통해 받아들인 지식은 불확실하고 불완전한 것이라고 전제하고, 참된 지식은 이성에서만 나오는 것이라고 하며, 그 이유는 사물의 물질적인 구체적 형태를 넘어서 있는 순수한 정신적 형상을 분별하는 능력이기 때문이라고 하였다."[25] 이처럼 플라톤은 감각을 통한 인식 수단의 불확실성을 지적하면서 이성 만능적인 지식론을 내세우기는 했지만, 알고 보면 이성은 정신이 가진 명철한

---

24) 『사람이 알아야 할 모든 것, 철학』, 앞의 책, p.254.
25) 『교육 철학이란 무엇인가』, 앞의 책, p.42.

사고적 분별력이지 지식을 산출하는 근원은 아니란 사실이다. 본질이 곧 진리를 생성시킨 근원이고, 이성은 그렇게 해서 인출한 진리성을 분별하는 사고 작용이다.26) 사고(이성 작용)를 통해 진리성 여부를 분별하고 가늠하는 것은 수단이지 근원이 아니다. 그리고 인식 수단의 한계란 결정된 분열 질서를 따른다는 데 있다. 그래서 분열 이전에 존재한 본체계는 인식할 수 없다. 사고적 절차(논리)를 통해서는 앞에서 말한 세계의 시공간적 분열 질서를 초월한 창조 본체의 통합성, 완전성, 선재성을 파악할 수 없다. "성 아우구스티누스는 참된 진리는 인간의 영혼 속에 있다는 진리의 선재설을 주장하고, 인간의 과업은 잠재된 진리를 명백하게 하는 일이라고 하였지만",27) 그런 진리의 선재성은 이성을 통한 사고 절차를 따라서는 확인할 길이 없다.

인간 본성은 이미 결정적이고 타고난 것이라고도 하는데(천성), 이런 사실은 어떻게 확인할 수 있는가? 진리의 선재성, 본성의 타고남, 창조 역사의 완전함은 모두 인간이 상식적으로 실감하고 있는 분열 질서를 거스른 인식이다. 아버지가 존재하기도 전에 아들이 먼저 존재할 수는 없다. 이런 판단은 우리가 지닌 이성 작용으로서 가늠한 엄격한 분열 질서를 따른 것이다. 아퀴나스가 神의 존재 사실을 논증한 방법도 이 같은 사고 절차를 따랐고, 그중에는 완전성을 통한 神의 존재 논증 방법이 있다. 즉, "현실의 불완전함은 완전함을 전제하기 때문이라고 하면서 논증을 시작한다. 비록 우리가 불완전함을 시간상으로 먼저 알고 그것을 토대로 완전함을

---

26) 본질과 이성과 진리와의 관계.
27) 『서양 교육 사상사』, 앞의 책, p.150.

나중에 인식할지라도 실상은 완전함이(논리적으로) 먼저 존재하고, 그것의 일부만 반영한 불완전함이 나중에 존재하게 된다. 아퀴나스는 이와 같은 방식으로 완전함 자체가 먼저 존재하고(선재), 그것이 바로 神(하나님)이라고 했다."28) 이런 논거 방식을 객관적으로 놓고 보면, 논리적으로는 완전함이 불완전함보다 선재해야 불완전함의 존립 근거를 확보할 수 있다. 이치적으로도 불완전한 사실을 아는 것은 이미 완전함이 무엇인지 알고 있기 때문이기도 하다. 적어도 논리적으로는 그것이 이치에 맞다. 하지만 현실적으로는 엄밀한 분열 질서에 어긋난다. 인식 질서를 초월하였다. 완전함이 불완전함보다도 선재한다고 진화론자들 앞에서 주장한다면 여기저기서 손가락질을 받으리라. 그만큼 사고적 추리로서는 합당한 인식일지 몰라도 현실적인 인식으로서는 가당찮은 논증 방식이다. 아퀴나스가 그런 방식으로 완전한 神의 존재 사실을 입증하려면 정말 시공간을 초월한 본체적 방식을 취해야 한다. 따라서 완전함을 통한 神의 존재 논증 방식은 사고적 추리로서는 조건이 성립하지만, 존재한 본체를 직접 인식할 수 없다는 점에서 한계성이 드러난다. 플라톤의 위계처럼 세상에 있는 불완전함의 존립 근거로서 완전함의 선재 사실을 간파하기는 했지만, 그것이 결국 직접 운위되는 시공간의 분열 질서를 초월하지는 못한 것이다.

하지만 본체계는 이런 분열 질서가 결정되기 이전이므로 나중에 되고 먼저 됨에 하등 문제가 될 것이 없다. 더군다나 살아 있는 하나님은 정말 시공간보다 선재해 있고 앞서서 역사하므로 사고적 논증 사실과는 거리가 멀다. 어차피 이성을 중요시한 서양 인식론은

---

28) 『아퀴나스의 신학대전』, 앞의 책, p.35.

초월적인 본체와는 거리가 있고, "최소의 개념만으로 사실을 가능한 한 완전히 기술한다고 한 사유 경제의 원칙을 적용한 만큼",[29] 겨우 유지된 形而上學적 본질체마저 개념으로 조작한 오컴의 면도날에 의해 모조리 잘라버린 형국이 되었다. 자체 지닌 안목의 인식적 한계성은 알지 못한 채, 눈에 보이지 않은 일체 대상을 사정없이 잘라 버린 야만적 무지가 근·현대의 서양 역사 안에서 공공연히 자행되었다. 이 같은 한계 인식의 제일 정점에 칸트가 도달한 "우리의 인식은 현상의 세계에 한정되어서 물 자체의 세계에는 미칠 수 없다고 한 결론 도달에 있다."[30]

선각들은 끊임없이 물 자체에 해당하는 불변한 진리 세계가 있고, 그런 세계를 모두 알고 있었지만 태어나면서부터 기억을 잃은 것이라고 주장했다. 스승 소크라테스도 이런 사상을 가졌지만, 제자 플라톤도 이런 사실을 인정하였다. 즉, "인간의 영혼이 탄생 전에는 이데아의 세계에 머물러 眞·善·美를 다 알고 있으나, 탄생하면 그것이 그 사람에게로 돌아오면서 모든 진리를 망각해 버리므로 회상(reminiscence) 때문에 그것을 재생하게 된다."[31] 우리의 영혼은 이미 그런 정신세계 속에서 살았고, 태어나서는 그런 영혼을 소유하고 있는데도 모든 것을 망각한 상태이기 때문에 애써 상기하고 회상해야 하는가? 지식은 생득적이고, 영혼은 본유적인데, 태어나면 앎의 실마리를 처음부터 다시 풀어나가야 하는가? 선각들은 그처럼 기억이 포맷되어 버린 이유까지 밝히지는 못했다. 왜 기억을 망각하고 우리에게 주어진 인식의 능력으로서는 물 자체를 인식

---

29) 『그림으로 이해하는 현대 사상』, 앞의 책, p.93.
30) 『칸트 철학사상의 이해』, 앞의 책, p.18.
31) 『교육사 신강』, 앞의 책, p.167.

할 수 없는가? 도대체 존재 이전과 존재 이후 사이에 무슨 일이 있었고, 물 자체가 무엇이기에 인간이 지닌 인식 수단으로서는 접근할 수 없는가? 그 이유는 천지를 창조한 하나님에게 물어보아야 하는데, 정답을 이 연구가 창조를 통해서 구하고자 한다.

창조의 본질은 무엇인가? 化됨이 정답이다. 창조 본체가 창조 역사를 통해 존재 본체로 化(이행)한 관계로, 化한 변화 과정에서 차원이 다른 이격이 발생했다. 이것이 곧 모든 기억을 잃은 이유이다. 본체와 존재 사이에 차원적인 차이가 생겨 물 자체를 인식할 수 없게 되었다. 그동안 물 자체를 인식할 수 없었던 것은 세계 본질의 차원적인 구조 때문이기도 하지만, 문제는 이런 사실을 모르고 서양 인식론이 저지른 세계관적 오류와 압도한 문명의 만행에 있다. 포맷된 기억은 복구할 수 있고, 원인을 안 물 자체는 접근할 길을 찾을 수 있지만, 이미 저질러진 진리적 오판은 수습하기가 쉽지 않다. 이런 연유로 서양 문명은 종말 상황이 예고되었고, 종말 절차에 이미 들어섰다.

오스발트 슈펭글러는 『서구의 몰락(Der Untergang des Abendlandes-2권, 1918~22)』에서, 인류 역사에 등장한 숱한 문명이 흥망성쇠(興亡盛衰)를 반복하였듯, 인류 문명은 순환한다는 사실에 근거해 서양 문명도 때가 되면 예외가 없으리란 자체 진단을 내렸다. 하지만 그것이 서구 사회가 몰락할 수밖에 없는 필연적인 이유는 아니다. 그러나 이 연구가 논거를 둔 바 서양 인식론의 한계성 위에서 서양 문명이 건설된 것이라면? 더 나아가서는 그들이 이 시대에 종말을 맞이한 근본적인 이유는 바로 이 땅에 세운 문명이 하나님이 원한 창조 목적과 어긋났다는 사실이다. 그들이 건설한 문명은 하나님이 원한 나라, 세계가 아니었다. 그들은 하나님의 영광을 잊었고, 하나님의 약속을 버리고 자신들이(인간) 원한 나라를 건설했다. 자신들이 원한 나라를 세운 탓에 그들 중 누구도 하나님의 영광을 앞세우고, 하나님의 약속을 기억하지 않는다. 그들이 세운 성당은 다시는 웅장하지 않고, 교회 첨탑은 더는 높지 않다. 더는 혼을 바치고, 땀을 바치고, 시간을 바치려 하지 않는다. 불타던 신앙의 혼은 소실되었고, 문명적 자양분은 고갈되었다. 인식적 오류와 그것을 깨닫지 못한 무지 상태가 지난 역사에서 쌓아 올린 모든 것을 허물어 버렸다. 그렇다면 그다음에 도래할 인류 역사란? **서양 문명의 재건과 복구는 다시 없다. 그래서 종말 상황이다. 문명 역사의 대전환이 있을 뿐이다.** 예측건대, 서양 인식론의 한계성을 극복하고 본체계로 나아갈 수 있는 차원적인 관점을 확보한 동양 문명이 그 자리를 대신하리라. 동양의 본체 문명이 현상계와 본체계의 질서를 포괄한 제3의 통합 문명을 이 땅에 강림한 하나님을 중심으로 재건하리라.

제11장 인식의 원리

1. 인식 작용 원리

철학 영역에서 펼친 인식론은 교육의 영역과도 밀접하게 연관되어 있고, **"인식의 원리"**는 교육 방법론인 학습법 또는 교수법을 펼치는 데도 기초 역할을 한다. 본 장에서의 **"인식 작용 원리"**와 **"직관 작용 원리"**는 순수하게 인식의 원리적인 측면만을 다루지만, 권을 달리한 각론에서는 제반 교육론을 구성하는 원리성으로서 구체화할 수 있으리라. 그런데 문제는 앞에서 지적한 대로 서양 인식론이 처한 한계성 탓에 그 위에 세워진 인간 교육도 근본적인 문제점을 지니고 있다고 보거니와, 이런 교육 현실을 타개할 대책으로써 세계와 인간의 진심 본질을 직시할 수 있는 원리적인 인식론의 정립이 강력하게 요청된다. 부응하기 위해서는 선현들이 걸어온 진리 탐구 역사의 전반을 살펴보고 통찰해야 하는데 축약하자면, 인식의 문제는 곧 진리의 문제라고 해도 과언이 아니다. 그래서 선현들이 추구한 바로서는 진리와 인식과의 일치가 바람직한 상태이지만, 아쉽게도 이것은 누구도 성취하지 못했다. 인식한 것이 곧 진리 자체란 등식은 사실상 기대하기 어려운 도달치인지도 모른다. 그 이유는 마치 진리가 오대양 전체이고, 인식은 남해를 항해하는 배처럼 제한성이 분명한 탓이다. 하지만 이것은 주어진 인식 작용을 대상을 인식하는 기능적인 수단으로 여긴 탓인데, 드러난 인식 작용 자체가 세계의 객관적인 정보를 나타내고 있다는 사실을 알게 된다면 상황이 달라진다. 대상을 인식한 정보로 대상에 관한 정보를 파악하는 것이 아니고, 받아들인 같은 정보를 통해서도 그렇게 해서 드러난 인식 자체의 구조와 특성을 주체적으로 파악하면, 대상은 물론이고 그렇게 해서 인식한 인간의 존재 본질까지도 직시할 수 있다. 이것이 곧 천만 년 동안 비밀스럽게 간직하고도 드러남이 더디 된 **"인식의 고유한 작용 원리"**이다. 이 인식 원리를 지성들이 알지 못한 탓에 그 이상의 차원을 달리한 본질 세계를 직시하지 못했다고 할 수 있다. 그러므로 인식에 대한 이해 관점을 보는 것, 감지하는 기능으로부터 전환해서 작용하는 원리성 자체에 초점을 맞출 수 있어야 한다. 인식은 대상에 관한 정보를 완전하게 감지할 수 있는 수단이 아니다. 인간의 인식 기능에는 제한이 있고, 대상에 따라서는 인식할 수 없는 한계성도 있다. 그런데도 선현들은 이런 특성을 도외시하고, 그렇게 해서 비친 세상이 사물 그대로의 모습인 것으로 여겼다. 하지만 인식 자체에 초점을 맞추면 양상이 달라진다. 제약성과 한계성으로 가려진 이면의 진상 세계가 드러난다. 그것이 세계가 지닌 본질적인 모습이고, 파악된 존재 구조이다. 유형한 실체만 구조가 있는 것이 아니다. 무형한 존재도 구조가 있는데, 이것이 인식으로 드러난 구조로 나타난다.

관심사의 과정을 살펴본다면, 지난날의 지성들은 인식의 초점을 인식 자체에 맞추는 데 좀체 어려움을 겪은 역사라고 할 수 있다. 본래부터 등잔 밑은 어두운 법이다. 창조된 본의를 모르는 한, 인식한 구조가 지닌 창조적 함의를 알 길이 없다. 언급했듯, "존 로크가 관심을 가진 것은 인간의 지식이 어떻게 습득되는가에 대해 분석하는 데 치중하고, 정답으로서 모든 지식은 감각 경험의 사실 관찰로부터 나온다는 이론을 제기하였다."[1] 정형화하기 위한 인식 이론의 초창기이므로 진리 자체가 무엇인가보다 진리를 습득(인식)하는 데 주안을 둔 것은 진일보한 것이지만, 진리를 인식하는 수단에 집중한 것은 로크가 쳐다본 눈이 진리를 받아들이는 인식 작용에 있었기 때문이다. 그러니까 정작 인식 자체의 고도한 작용 기능은 간과하고, 인식한 상태를 백지로 표현하였다. 백지상태는 존 로크가 인식에 대해 가진 정보 상태의 무지성 정도라고도 할 수 있다. 인식 자체의 정보를 통해 인식자의 진리 인식에 대한 경지 상태와 세계 본질의 분열 상태를 모두 판단할 수 있다. 인식의 수단화에 얽매이다 보니까 그렇게 받아들인 유산이자 선물이 진리 자체와는 동떨어진 '관념'이라는 것이다. 그러니까 관념은 인간의 사유 작용으로 얼마든지 덧씌워질 수 있는 길을 트고 말았다. 이것은 형성된 세계적 관점(세계관)이 진정한 본질 세계와 멀어질 수 있다는 뜻이다. 이런 문제를 개선하고자 한 칸트는 『순수이성비판』에서, "참된 지식이 어떻게 성립하는 것인가를 밝히고자 하였다. 그가 관심을 가진 것은 역시 참된 지식의 성립 여부로서 관념적인 사고에 치중했다. 참된 지식은 그냥 성립되는 것이 아닌데, 그렇다고 감각을 통해 받아들인 정보를 그대로 수용한 형태는 더욱 아니다. 복잡한 인식 작용과 사고 과정을 거쳐 성립된다. 그래서 지성들은 진리 자체보다는 그것을 인식하는 데 집중해서 관심을 쏟았다. 대상에 대해 인식의 주체성은 내세웠지만, 그래도 역시 인식 작용 자체가 지닌 고유한

---

1) 『교육사 교육 철학 연구』, 앞의 책, p.144.

진리성의 함유에 대해서는 눈길을 두지 못했다.

그렇다면 인식론에서 다루지 못한 인식 작용 자체에 초점을 맞추면 지금까지 보지 못한 무엇을 발견할 수 있는가? 동양의 "왕필은 명지(明知)는 대상 분별지로서 知를 부정하는 것이 아니고, 이를 초월하는 앎이라고 했다. 즉, 知는 대상을 가짐으로써 이루어지는 규정적인 知라면, 明은 모든 대상을 초월한 절대적인 知로서 어떠한 대상에 의지하여 밝혀지는 판명(判明)이 아니고, 스스로 自明한 것으로서의 明이다"[2]라고 하였다. 물론 왕필의 견해에는 다른 의중도 있겠지만, 이 연구는 그가 말한 明을 대상을 초월한 인식 자체에 대한 앎으로 이해하고자 한다. 인식 자체에 초점을 맞추었다는 뜻인데, 그렇게 자체 지닌 구조와 원리와 특성을 알면 궁극의 앎에 이른다. 알다시피 플라톤의 形而上學은 세계를 초감성계와 감성계로 이루어져 있다고 본 사상적 입장이다. 그런데 살펴보면, 이렇게 나눈 세계적 구분 기준이 사실은 감성과 초감성이란 인식의 작동성 여부에 있다. 그래서 감성계란 우리가 눈으로 볼 수 있고, 귀로 들을 수 있고, 손으로 만질 수 있는 세계, 즉 지각할 수 있는 세계를, 초감성계는 우리가 지각할 수 없는 순수한 정신에 의해서만 도달할 수 있는 세계를 의미한다.[3] 통상 감성계는 정말 존재한 실체 세계로서 인정하지만, 초감성계는 인식이 차단된 관계로 실재성 여부를 의심하고, 급기야 전면 부정한 단계에까지 이르렀다. 하지만 초감성계가 오감으로 지각할 수 없다고 해서 인식 수단이 제공한 정보 자체에 문제가 있을 수는 없다. 눈앞에 담벼락이 높게 솟아 있다면

---

2) 「노자의 교육론과 그 사상사적 의미」, 앞의 논문, p.58.

3) 『니체의 도덕 계보학』, 한국철학사상연구회 기획, 박찬국 저, 신명환 그림, 삼성출판사, 2007, pp. 18~19.

뒷면의 정경은 눈으로 볼 수 없는 것이 사실이다. 인식도 마찬가지이다. 볼 수 없는 것을 볼 수 없게 하는 인식 자체에 오류가 있을 수는 없다. 담벼락 뒷면에는 또 다른 세상이 있듯, 초감성계도 왜 감성계로 지각할 수 없는 것인지에 대한 이유만 알면, 원인이 제공한 특성 정보를 통해 초감성계를 파악할 수 있다.

왜 초감성계는 오감으로 파악할 수 없는가? 감성계와는 존재한 형태가 다르기 때문인데, 방법을 달리한 인식 수단을 통하면 인식이 지닌 자체 정보로 초감성계를 파악할 수 있다. 그것이 비단 순수한 정신을 통해서인 것만은 아니다. 따져볼진대 초감성계, 즉 본체계를 지각하지 못한 것은, 지각할 수 있는 감성계는 오감으로 감지할 수 있는 세계로서 인식할 근거를 남기지만, 초감성계는 분열을 있게 한 본질체로서 차원이 달라서였다. 일체의 인식 기능이 마비되다 보니 눈에 비친 초감성적 본체계는 "모든 것이 空하여 생성되는 것도 없고, 소멸하는 것도 없어 끊고[斷] 사라지게[滅] 할 것조차 없고, 따라서 열반조차 바랄 수 없게 된다(용수)."[4] 세계에 시간이 있고 생성이 있는 것은, 천지가 창조를 통해 이행되고 양의된 시스템 탓이다. 이런 특성을 있게 한 초감성계는 감성계와 차원이 다를 수밖에 없다. 그것을 어떻게 알 수 있는가? 온갖 감각적 인식이 미치지 못하는 空한 인식 자체의 모습을 통해서이다. 물 자체, 혹은 본질체가 정말 空해서가 아니다. 엄연한 실체로 존재하지만 空하게 비치므로, 그렇게 비친 존재 형태가 실체적 특성을 제하고 나면 무형의 형태로 남을 것이 틀림없다. 이런 열반공의 존재를 사고적으로 유추하면 세계가 존재하기 이전을 추적해야 하고, 그것은

---

4) 『칸트와 불교』, 앞의 책, p.93.

세계가 존재하기 위한 필수 조건이다. 이런 조건이 성립하기 위해서는 인과와 생멸 원인을 있게 한, 그러면서도 자체로서는 생멸 원인과 단절된 열반공, 창조공이란 절대적인 바탕 본체를 요청한다. 하지만 이런 사고적 추적은 말 그대로 사고적 인식이란 한계성을 지니지만, 인식 자체의 작용 결과를 통한 판단은, 그렇게 드러날 수밖에 없는 본의를 알면 한 가지 사실을 통해서도 만 가지 연유를 통찰할 수 있다. 원효는 화쟁의 논리로서 말하길, 쟁론에서 온갖 집착이 생기나니, 진실은 백가의 설이 옳지 않음이 없고, 팔만 법문이 이치에 맞는 것이라고 하였다. 쟁(爭)은 감성계든 초감성계든 인식의 제한과 한계성을 모르고, 인식 작용을 수단으로 삼고 본 결과이고, 화(和)는 이것을 고려해서 본, 和와 爭이 불이(不二)인 결과이다. 그가 펼친 무애(無碍) 사상은 걸림과 차별이 없다는 것으로, 일체에 걸림이 없는 사람은 단번에 생사를 벗어난다(一切無碍人 一道出生死).5) 원효는 범인이 보지 못한 무엇을 보았기에 이런 말을 한 것인가?

제 法은 하나이고, 한통속이며, 초월적인 본체성을 감지한 인식 작용도 하나로 꿰뚫고 한꺼번에 관통한다고 함에, 이런 인식 자체의 원리적인 작용 특성이 본체계적인 특성, 구조, 형태를 적시했다. 원효가 말한 "일체를 아우르는 一心 패러다임(하나이면서 둘이고, 둘이면서 하나)은"6) 창조 본체의 통합성과 귀일성 패러다임이기도 한 바, 육조 혜능이 일체 존재는 自性이 없다고 일갈한 인식 상태를 통해서도 확인할 수 있다. 깨달음으로 본성을 직시하니까 自性

---

5) 『교육 철학 및 교육사의 이해』, 앞의 책, p.36.
6) 『한국철학의 이 한마디』, 앞의 책, p.34.

이 本來無一物이다. 어떤 창조 요인도, 인식할 근거도 없다. 이것이 뜻하는 바의 결론은 불교식 천지 창조 역사 결과로서 인간 본성이 피조된 自性이란 뜻이다. 이런 본성을 직시(인식)하는 데 있어 제기된 문제가 돈오와 점수 논쟁인데, 인식 자체의 작용성에 초점을 맞추면 하등 대립할 소지가 없다. 점수는 분열 질서를 따른 수행 방법이고, 돈오는 그렇게 해서 본체계에 도달한 결과 작용이다. 말 그대로 수행에 있어 점수(漸修)가 필요한 것은 비록 인간 본성이 부처와 다르지 않더라도 시작도 없이 지녀온 습관과 타성의 기운을 한순간에 없애기는 어렵다. 일련의 과정을 통해서 차원이 다른 본질성과 소통할 수 있는 인식 자체의 능력(직관력)을 길러야 한다. 그리하면 의식과 세계의 본질이 동질로서 일체를 이루는 시점에 이른다. 홀연히 깨달음을 얻게 되어 쌓은 점수적 과정과 생성된 본질의 분열 과정을 한꺼번에 관통하고 직시하게 되는 결과론적 통찰을 얻는다. 이 단계에서 통상 覺者는 깨달음을 얻은 희열을 만끽하고 道, 法, 대우주의 본질을 일갈하는데, 더 중요한 것은 왜 그렇게 구한 道(본체계, 초감성계)의 세계가 일시에 관통되고(돈오) 일관되는가 하는 데 있다. 왜 막혔던 인식의 장애물이 한꺼번에 걷히고 홀연히 깨닫는 작용 현상이 일어나는가? 수행을 통해(점수) 인식의 장애물을 걷어낸 순간, 본질 자체가 한통속을 이룬 구조로 존재하고 있었다는 뜻이다. X선을 인체에 통과시키면 눈으로 볼 수 없는 뼈의 형태가 드러나는 것처럼, 수행으로 도달한 깨달음이란 인식 작용 결과는 깊숙이 존재한 의식의 구조, 그리고 그렇게 해서 교감되고 직시한 우주의 본질 구조를 시사한다. 돈오와 점수는 분리될 수 없다. 점수의 결과로 돈오가 있게 되고, 돈오의 결과로 점수가 있게 된다. 점수의 결과로 돈오하게 되면 다시는 점수가 필요 없는 가? 생성하는 현상계 안에서는 절대적인 깨달음이 없다. 깨닫고 나면 확보한 차원적 관점으로 그렇지 못한 세계를 재해석, 재정립해서 통합해야 하는 절차가 남아 있어 더한 정진이 필요할 뿐이다. 道를 구한 열락의 순간은 잠시일 뿐이다. 그래서 부처는 깨달았지만, 초전 법륜을 굴리기로 하고 평생 法을 설하는 데 남은 生을 바쳤다. 지눌은 "예로부터 모든 성인 중에 먼저 깨닫고 후에 닦지 않은 사람이 없으며, 증득(證得)이라는 것은 바로 닦음에 의하여 도달한 것이다"[7]라고 말하였다. 깨달음은 본질의 관통과 사고적 직시를 병행한 인식 작용 원리인 바, 이것이 곧 서양 인식론의 한계성을 넘어선 인식 자체의 작용 원리를 통해 물 자체를 인식하지 못한 한계성을 극복할 새로운 인식론이다. **"인식 작용 원리"**를 인식론으로써 정형화하면 현대의 인간 교육 원리를 근본적으로 혁신하고, 인류를 참진리 세계로 인도하며, 차원이 다른 본체계의 실상까지 엿보게 되리라.

2. 직관 작용 원리

인간이 어떤 대상을 판단하고 분별하는 데는 논리적인 사고 작용과 직관적인 지각 작용 등이 있다. 먼저 논리란 우리의 생각이나 추론 자체가 원리와 법칙을 지녀야 한다는 것으로, 인간은 마땅히 사물의 이치나 법칙성에 근거해서 사고해야 한다.[8] 우리가 생각할

---

7) "從上諸聖 莫不先悟後修 因修乃證."-『수심결』, p.33.-『지눌의 교육 이론』, 김광민 저, 성경재, 2003, pp. 66~67.

때는 대상보다는 기존에 정해진 원리와 법칙적인 틀을 먼저 염두에 두고, 절차를 따르고 나서도 다시 객관적인 사물의 이치와 법칙성에 근거했는지, 그렇게 생각하고 추론한 것이 이치에 맞는지 검증하는 사고적 절차를 거친다. 그래서 논리적으로 모순된다고 판정했다면 그것은 생각 자체가 지닌 원리와 법칙, 그리고 사물이 지닌 이치와 법칙성과 부합하지 않았다는 뜻이다. 한 사람이 서울에 있는 시간에 부산에 있다고 한다면 즉각 모순된 말이 되고, 覺者가 '번뇌 즉 보리'라든지 '色卽是空 空卽是色'이라고 말했다면, 사물의 법칙으로 보나 사고적 이치로 보면 성립될 수 없는 모순이 된다. 그야말로 무적의 방패와 무적의 창은 한 하늘 아래서 공존할 수 없다. 생각할 때는 마땅히 논리적인 사고 기준과 절차를 따라야 하고, 그런 과정을 통해 새로운 생각과 결론을 유도해 내기도 하지만, 그렇게 해서 끌어낸 사실과 판단들은 일단 포착한 사물과 현상을 염두에 둔 사고적 작용인 탓에 사물과 현상이 현존한 생성 시공간과는 거리가 있다. 그래서 논리는 순수한 관념상의 사고적 유희란 부정적 측면도 함께 보아야 한다. 그것을 증명하는 것이 곧 제논의 역설이다. 제논이 사전에 설정한 사고적 법칙에 따라 동시에 출발한 아킬레스는 거북이를 영원히 추월할 수 없다고 한 것인데, 이것은 현실의 시공간에 존재한 아킬레스와 거북이와는 거리가 먼 사고만의 추리로서 얼마나 황당무계한 결론을 끌어내는가를 시사한다. 사고 속에서도 진리를 인식하는 정신 작용은 있지만, 이제는 순기능과 역기능을 동시에 보고 교육 현장에 적용해야 한다. 대입에 논술이 도입되고부터는 이를 대비한 학습이 유행되다시피 했다. 그래

---

8) 다음 사전, 논리.

서 논리적인 사고력을 기르는 학습법은 구체화되었지만, 그것이 대상 자체의 진리성을 인출하는 인식 작용은 아니라는 것이 문제이다. 그렇다면? 논리적 사고에 대응한 직관적 사고가 있다.

직관이란 대상이나 현상을 보고 즉각적으로 느끼는 깨달음으로서 논리적 사고가 사전에 염두에 두는 경험이나 추리, 이치, 판단 등에 근거하지 않고 대상을 직접 파악하는 지각 작용이고, 인식 기능이다.9) 논리가 순수한 사고 작용 안에서 가능한 판단 작용이라면, 직관은 그런 틀을 벗어나 직접 대상에 대해 구체적인 지식을 즉각적으로 느끼고 깨닫는 것이다. 이것은 인간의 실존 상황을 온몸으로 감지하고 있는 의식이란 고차원의 지각 작용을 통하기 때문에 가능하다. 의식은 모든 분별이 있기 이전이고, 온갖 사고적 판단이 있기 이전인 데도 모든 것을 감지하고 있는 상태, 곧 의식하고 있는 정신 작용 상태이다. 그것은 오직 의식이 있고 없음의 차이일 뿐, 다른 분별력은 없다. 여기서 의식을 가졌다는 것은 내외적으로 정신의 눈이 깨어 있다는 것으로서, 외형적 인식 기능인 오감을 초월한다. 장님도 귀머거리도 의식은 가질 수 있다. 의식이 미치는 대상에는 경계가 없다. 눈을 감고도 마음을 쏟은 의식을 통해 대우주를 포유한다. 의식의 경계는 의식할 수 있는가 없는가에 있을 뿐, 인식 기능과 작용에서는 한계가 없다. 그래서 우리는 의식을 일깨울 수 있는 부단한 추구와 정진 수행을 병행해야 하나니, 그리해야 의식이 지닌 인식 기능과 작용 능력과 대상 영역을 확대할 수 있다. 불교에서는 아뢰야식(阿羅耶識)이라고 하여, 모든 法의 종자를 갈무리하고 지각 작용을 가능하게 하는 근원적인 심층 의식(무의식

---

9) 다음 사전, 직관.

또는 근원적인 마음)이[10] 있다고 한 것처럼, 의식은 인간이 본유한 고차원적인 인식 작용이다. 개발 여하에 따라서 누구나 성불할 수 있고, 차원의 강을 건널 수 있는 디딤돌인데, 단지 **"직관 작용 원리"**가 인식 이론으로서 개연화되지 못한 것이 문제이다. 사물을 지각하는 방식 면에서 특성이 있는 사고적 기능 정도로 이해한 것이다. 지금까지의 직관적 사고에 대한 이해 방식을 적시해 본다면, "직관은 논리나 즉각적인 감각적 인식의 결과가 아닌 지식의 직접적인 이해로서, 직관을 다룬 문학에서는 종종 즉각적인 확신으로 마음에 와닿는 상상력 등으로 표현했다. 이런 직관은 의식 안에서 생겨나는데, 그것은 종종 갑작스러운 순간의 통찰로 경험된다. 인기 배우가 예고도 없이 무대 위에 출현해 관객을 놀라게 하는 것처럼, 그것은 이성적 사고로 인지하지 못한 상태에서 의식이란 무대에 출연한 전혀 새로운 생각이다. 이런 정신 현상이 흔한 일은 아니지만, 창의적 발현을 요구하는 예술과 학문의 세계와 일상생활 속에서도 접할 수 있는 사고적 경험이다. 단지 직관적 사고 작용은 그야말로 의도하지 않은 상태에서 결과만 취한 생각인 탓에 인식 작용을 원리화하지 못했다는 데 있다. 부처와 예수와 무함마드 등, 탁월한 종교인들이 의식을 통한 직관 작용으로 본체 진리와 神의 계시를 받들었지만, 신비주의로 덧씌워진 이유이다. 무형의 본질과 연관된 의식 작용은 원리성을 추적할 인식의 근거가 없다 보니 표면화된 직관 현상이 사고의 기능적인 이해에 그쳤다. 그래서 "직관을 통해 얻은 지식은 인간 경험의 한계성을 뛰어넘을 수 있다는 분명한 장점 정도는 파악할 수 있지만",[11] 사실상 의식을 통한 직관

---

10) 다음 백과, 아뢰야식.

은 인간 경험뿐만 아니고 그 이상의 것도 초월할 수 있는, 존재하는 인간이 지닌 최상의 인식 작용이며 능력이다.

그 탁월성을 비교하자면, 직관은 감각적 수단을 통해서도 사고 작용을 통해서도 이성적 통찰을 통해서도 아닌, 각성한 의식으로 직시하는 것이다. 전자는 절차를 따라야 하고, 시간이 걸리며, 부딪힌 장애물을 통과할 수 없는 제약이 있지만, 의식을 통한 직관은 일체를 초월한 감지 능력이다. "禪家에서는 한 번 뛰어 곧바로 如來의 경지에 들어간다(一超直入如來地)고 한 것처럼, 깨달음은 비약적인 직관을 나타낸다. 그것은 결코 지식의 축적에서 얻어지는 것이 아니다."12) 직지인심 견성성불(直指人心 見性성불)이라, 곧 사람의 마음을 바로 가리켜 부처의 성품을 본다(即性即心-달마, 即心即佛-마조, 即人即佛-임제). 사람의 마음을 직관함으로써 부처의 깨달음에 도달함이다. 사고적인 교학에 의지하는 것은 차를 타고 서울로 가는 것과 같고, 수행(좌선)을 통해 깨달음을 얻는 것은 수단과 절차가 필요 없는 무한 의식이다. 단지 직관 작용은 사고 작용이 지닌 근본적인 분열 절차와 결정된 이치적 한계성은 넘어설 수 있지만, 문제는 그렇게 직시할 수 있는 단계적 수행 절차를 거쳐야 한다는 데 있다. 진리를 인식하기 위해서는 그만큼 인식할 수 있는 세계 속에 휩싸여야 하나니, 그리하면 가로 놓인 장애를 넘어 잠재된 의식을 통해 교감할 수 있는 우주 본질의 수용 통로이자 진입 경로인 것이 분명하다. 참선하여 삼매경에 이르고, 부처가 선정(禪定)에 들어 法을 설했다고 하는 것이 그 같은 정신 경지 세계이다.

---

11) 『교육 철학』, George R. Knight 저, 앞의 책, pp. 35~36.

12) 『불교의 교육 사상』, 박진영 저, 동화출판사, 1981, p.85.

이런 측면이라면 사고적으로는 얼마든지 논리를 전개할 수 있지만, 논리만으로서는 차원적인 진리의 城에 진입하기 어렵듯, 직관도 그만한 의식적 준비를 하지 못하면 차원적인 진리의 城으로 진입할 수 없다. 본유한 직관이란 인식 능력을 활성화해 가로 놓인 차원의 강을 건너기 위해서는 **"직관 작용 원리"**와 직관력을 기르는 방법을 개연화시킬 필요가 있다.

먼저 우리가 의식을 통해 내면 깊숙한 곳에 잠재한 본질적인 진리를 지각한다는 것은 감각적 수단을 통한 인식과 달리 체득(體得)이란 개념을 사용한다. 여기서 체득은 온몸을 동원한 감지 기능, 곧 의식으로 깨닫는다는 뜻이다.[13] 그리해야 우주를 향해 교감할 안테나가 세워져 감지할 수 있는 파워력을 발휘한다. 일명 정신적 작용의 본질이라고 할 수 있는 사고적 기력인데, 이런 감지력을 드높이기 위해서는 수행을 통해 본질의 기력을 축적하고, 목적 있는 추구로 사고의 잠재력을 충만시켜야 한다. 그리하면 의식이 세계를 향해 활짝 열려 문득 우주 의식과 합일하는 깨달음, 곧 직관으로 우주의 본체 구조와 이치를 감득한다.

> 억겁의 시간과 공간과 세월이 한 곳으로 꿰뚫어지고, 쌓였던 인고와 의문과 문제가 일순간 뚫려버리는(통천=하늘이 일순간 뚫림. 한 의식으로 꿰뚫어짐. 통합) 이 자리. 막혔던 봇물이 한꺼번에 터져버리는 것 같은 대오의 순간, 천지 만물 시공의 무수한 억겁의 세월이 일순간 쏟아져 내려와 읍하는 자리. 하나님이 천지를 창조하고 역사를 펼친 대섭리의 과정을 꿰뚫어 보고, 하나님의 높은 뜻과 미세한 존재 하나하나의 소중한 존재 의미를 깨우친 자리. 아! 억겁의 묻힌 존재 의미

---

13) 『선인들의 공부법』, 박희병 저, 창작과 비평사, 2000, p.6.

가 한 순간 한 곳으로 되살아나 꿰뚫어지는 자리. 의문에 찬 인류의 고뇌와 대립과 의문이 일순간 풀리는 자리. 잠재된 의식이 우주 의식에 합일함으로써 이루어지는 대우주 공간의 일여의식. 억겁의 세월이 한 의식, 한 우주 공간으로 꿰뚫어지는 자리. 진리와 정의와 善을 향한 인류의 고뇌와 수고와 희생이 한 곳에서 의미가 되살아나는 자리. 인류 역사가 한 의식으로 통찰되어 일관되는 순간. 하나님의 창조 의지와 섭리 뜻을 엿볼 수 있는 자리. 창조주와 모든 존재의 의지와 가치를 엿볼 수 있는 순간. 하나님의 은혜가 하해와 같이 사무치는 아아, 가슴 벅찬 일여의 순간이여! 대오의 세계여!

근원으로부터 주어진 파생된 인식들은 모두 원리이고, 진리는 본질이다. 직관은 잠재된 의식으로부터 주어지는 우주적 구조와 본질로의 수용을 의미하고, 본질과 세계성과의 합일을 통해 불멸의 원리가 발견된다. 현상적 제약을 벗어난 초월의식이 현상적 질서를 벗어난 물 자체와 소통할 수 있게 한다. 그것은 우주의 근원적인 원리를 인식할 수 있는 사고 작용의 본체를 통하여, 천지 간에 인간이 쌓는 수행을 통해 가능하다. 세상 만물과 우주와 인간은 본래 하나의 근원을 이룬 전체 속의 본질체로서, 道의 기운은 세상 어디에도 편만해 있다. 이 천지의 조화로운 기운과 현상을 각별한 정성으로 감찰하면 우주의 운행 질서가 구도자의 의식 세계에 감지된다. 그 작용 원리는 바로 시공의 분열과 의식의 잠재된 분화가 구조적으로 합일점을 찾는 순간, 세계의 본질 형태와 운행 질서와 구조가 직관한 의식 세계에 포착되어 형상화된다.

그렇다면 모든 것이 한꺼번에 순간적으로 꿰뚫어지는 통천, 득도, 無上正等覺은 어떤 작용 원리에 의해 이루어지는가? 일명 **"직관 작용 원리"**이다. 그것은 일단 道를 구하고자 하는 존재 의식도 분열하고, 우주의 본질도 분열한다는 데 있다. 창조된 세계 안에서는 궁극에도 이면이 있나니, 그 이유는 지극한 극성도 본질로 인해 생성하기 때문이다. 그래서 구도자가 道를 얻기 위해 의식을 각성시키고, 세계를 향해 의문을 잠재시키면, 이것이 생성하는 본질 속에 빠짐없이 축적된다. 그리고 일정 기간 때가 성숙하면 우주의 운행 질서와 구조적으로 일치하는 순간을 맞이하는데, 이때 직관하는 깨달음 작용이 일어난다. 이것은 추구하고 깨어 있는 자, 수행하고 정진하는 과정에서 일어나는 무수한 영감(靈感-inspiration) 현상이지만, 진정한 정신적 통찰은 분열한 의식이 잠재되어 있다가 한 순간에 관통된다는 사실이다. 이것을 현상적 질서를 기준으로 이해하면, 과정 중에서는 결과를 알 수 없지만, 주어진 결말을 보면 과정을 이해할 수 있는 것처럼, 의식을 통해 본질을 잠재시켰다는 것은 그만큼 본질의 생성 과정을 통해 의문 된 화두를 쌓아 놓았다는 뜻이다. 문제는 대개 그 같은 직관 작용을 통해 道를 구하고 깨달음은 얻지만, 수행 과정에서 잠재시킨 발단 인자를 개연화하지 못한 것이다. 깨달음이란 결과는 얻었지만, 과정을 소실한 상태라 진리적으로 입증하기가 어려웠다. 지극히 주관적인 증득에 그친 이유이다. 하지만 이 연구는 지난날 추구한 길의 완수 과정을 통하여 일군 의식 과정을 낱낱이 기록으로 남겨 놓은 탓에 본질의 구조와 형태와 진리성을 객관적으로 판단할 수 있는 근거를 마련하였다. 이것을 통하면 覺者들이 일갈한 초월적인 본체 상태를 확인하고 이해할 수 있다. 라이프니츠는 단자들이 제각각 독립해 있다고 했지만, 서로를 연결할 수 있는 길이 사방에 열려 있고, 비록 직관한 본질은 부분적이지만 一은 多(전체)에 대한 정보를 본유하고 있다. 비록 형태는 무형이지만 어김없이 생성하고 있어 존재한 것이 하나라도 소멸

하는 경우는 없다. 그 작용은 통합된 힘으로 분열하고 분열된 힘으로 통합하여 영원 무구하게 생성하나니, 부처가 얻은 깨달음이나, 主 예수가 받은 하나님의 계시나, 길의 추구 의식은 예외 없이 같은 **"직관 작용 원리"**에 의해 차원적인 진리를 획득한 것이다. 단지 지난날은 그런 직관 작용을 객관적인 원리로써 구체화할 수 없었지만, 이 연구는 그런 조건을 해소할 수 있게 되었다. 즉, 무형의 의지, 의식, 본질은 분열 이전의 통합 상태로 존재한 탓에 인식 면에서 접근할 수 없는 물 자체의 세계에 속했지만, 이 연구는 길의 추구를 통해 존재한 형태를 드러낼 수 있었나니, **의식을 분열시키면 그렇게 분열한 상태가 그대로 의식의 형태와 구조와 특성을 나타내고, 세계를 분열시키면 그렇게 분열한 상태가 그대로 세계의 형태와 구조와 특성을 나타낸다.** 따라서 현재의 진리 세계가 극도로 분열한 것은 극심한 세계관적 혼란을 유발하고 있지만, 한편으로는 세계적 본질을 판단하고 규명할 수 있는 우주적인 극의 전환 시기이기도 하다. 이때 우리는 분열된 세계로부터 탈출할 수 있는 실마리를 찾아야 하는데, 그것이 곧 분열할 대로 분열한 인류 사회를 구원할 수 있도록 직관 원리를 교육 원리화하는 것이다. 견성하면 정각을 얻고, 정각을 얻으면 견성한다고 했다. 인식과 진리는 따로 놀 수 없고, 진리와 구원 역시 그러하다. 영혼이 구원을 얻는 길이 깨달음에 있고, 깨달음을 얻는 곳에 무상의 진리가 있다. 부처가 말씀하길, "나의 法을 배우는 자는 반드시 깨쳐야만 안다."[14] "반드시 아뇩다라삼먁삼보리를 증득해야 佛性을 볼 수 있다[15]"라고 하였다. 아뇩다라삼먁삼보리란 다름 아닌 가장 높은 바른 깨달음(無

---

14) 『정경록』, 22.- 『대장경』, 48, p.539, 중.

15) 『대열반경』, 20.- 『대장경』, 12, p.740, 중.

上正覺), 또는 위 없이 바르고 넓은 지혜(無上正遍知)이다. 그래서 직관 작용의 교육적 목표는 바로 세상과 존재 위에 있는 최상의 깨달음, 곧 그것을 있게 한 창조의 대본의를 깨닫는 것이다(창조의 근원 된 본체 바탕=창조 본체). 그것이 과연 무엇인가?

> "일체 만법의 근원인 眞如 自性은 원융무애하여 有無善惡 등의 상대를 초월하였다. 이 절대적인 모든 法은 조금도 움직이지 않고 본래 공적(空寂)하다. 法의 성품은 이름과 모양이 전혀 없이 일체가 완전히 끊어졌으니, 구경무심(究竟無心)의 증지(證知)로만 도달할 뿐, 다른 어떤 경계로서도 헤아리지 못한다."16)

하지만 이제 때가 되어 인류 영혼을 모든 진리 가운데로 인도하고 하나님에게로 안내하기 위해서는 다른 어떤 경계로서도 헤아리지 못할 진리가 없어야 하나니, 그 아뇩다라삼먁삼보리의 본의란 바로 그 이상의 직관, 그 이상의 인식, 그 이상의 진리가 없다는 것이다. 남은 일은 그것이 정말 무엇을 뜻하는 것인지 이해하고 정합적으로 해석하는 일만 남았다. 부처는 이미 모든 것을 깨닫고 밝혔나니, 이것을 후세인들은 **"직관 작용 원리"**란 인식론으로 정립해야 하고, 그런 진리 인식을 통해 구원의 길을 터야 한다. 직관 작용의 원리성을 객관적으로 밝혀야 이후로 이것을 양성할 교육적인 방법론을 더욱 구체화할 수 있다. 그야말로 누구나 다 성불할 수 있고, 아뇩다라삼먁삼보리를 증득해서 구원될 수 있나니, 그 길을 교육 원리에 적용함으로써 보편화해야 하리라.

---

16) 의상 법성게.- 『大正藏』, 45, p.711, 상.

제4편

교육 방법론

선천 교육이 확연하게 구분된 목적 영역을 혼동하고, 도달 방법을 잘 못 적용한 탓에 궁극을 향한 인류의 보편적인 구원 목적과 하나님의 창조 목적을 실현할 길을 막고 있었다. 개척하고 틔워야 하나니, 교육 목적을 바르게 설정해야 교육 방법을 바르게 적용하고, 교육 원리를 정상적으로 작동시켜 인류 구원이란 교육의 원대한 목적을 실현할 수 있다.

제12장 개관

　방법(方法)은 수단이고 길이다. 여기에 교육이란 말이 덧붙었으므로 **"교육 방법론"**은 교육적인 목적을 달성하기 위해 취하는 방식이나 수단과 관련된 생각을 논하고자 하는 것이다.[1] 일명 교육 목적을 실현하기 위한 교육 방법(수단)의 모색 절차라고나 할까? 방법론을 마련하게 되었다는 것은 그만큼 목적 실현을 위한 구체적인 절차에 돌입했다는 뜻이다. "교육 목적론의 탐구가 철학적(이념적)이라면, **교육 방법론**의 탐구는 과학적(현실적)인 일이라고나 할까?"[2] 그렇다면 무슨 교육 목적을 이루기 위한 방법론이냐고 다시 물었을 때, 지난날 설정된 교육 목적을 재점검해서 확실하게 규정해 둘 필요가 있다. 왜냐하면, 교육 목적이 무엇인가에 따라 교육 방법도 달라지고, 실현 방법이 정해지기 때문이다. 즉, "교육 방법은 교육 목적과 교육 내용을 어떻게 달성하도록 하는가에 관한 문제이다."[3] 항상 교육 목적이 앞서고, 그다음에 무엇을 이루게 할 것인가? 어디로 도달하게 할 것인가? 그리고 교육의 본연이라고 할 수 있는 무엇을 어떻게 가르칠 것인가? 전달하면 되는가? 깨우치게 해야 하는가? 그렇다면 어떻게? 정진, 자기계발, 배움, 노력, 추구,

---

1) 다음 사전, 방법적.

2) 『교육 철학 및 교육사의 이해』, 앞의 책, p.323.

3) 「공자와 묵자의 교육사상 비교 연구」, 김준식 저, 공주대학교 교육대학원, 중국어 교육, 석사, 2011, p.34.

도야, 탐구, 연마, 연습, 도전, 정신적 가치 등이 이상적인 교육 목적을 달성하는 방법 등으로 적용되었지만, 정작 중요한 것은 교육 목적이 난발된 관계로 **"교육 방법론"**이 정형화될 수 없었다. 교육 목적과 교육 방법이 일치하지 못한 것이다. 교육의 목적이 궁극적이어야 그것을 이루고자 하는 교육적 수단(방법)과 제반 가치도 포괄하고 통합할 수 있다. 교육 목적을 통합해야 교육 방법도 통합된다. 도대체 공부하는 목적, 가르치는 목적, 수행하고 정진하는 목적은 무엇인가? 자아를 실현하고, 사회적으로 성공적인 삶을 이루게 하며, 성불 등등. 다양한 목적이 제시되었지만, 지금까지 나아간 진도는 거기까지만이다. 그렇게 해서 이루고자 한 제반 노력의 궁극적인 목적은 제시하지 못했다. 그러니까 공자, 맹자, 페스탈로치, 루소 등이 말한 교육 목적과 접근 방법론이 난발되어 교육 목적이 제반 방법적 수단을 진리성에 근거하여 통합할 수 없었다. 그 원인을 이 연구는 세계의 창조 본질이 분열을 완료하지 못하여 교육 목적이 미분화된 탓이라고 본다.

존 듀이는 "민주주의를 실현하는 방법으로서 '경험'을 핵심 사상으로 삼았지만",4) 민주주의 실현이란 목적 설정이나 경험이란 실현 수단은 사회적인 인간으로서의 추구 가치이기는 하지만, 거기에는 더한 궁극적 목적이 있다. 이상사회 건설 말이다. "루소는 합자연(合自然), 즉 자연에 따르는 것이 교육의 목적 원리인 동시에 교육 방법의 근본 원리라고 하였지만",5) 제시된 합자연 자체는 간주한 질서이고, 인간도 그런 자연의 질서를 따르는 속물이기는 하지만,

---

4) 『존 듀이의 생애와 사상』, 앞의 책, p.65.

5) 『체계교육사』, 앞의 책, p.246.

인간을 대상으로 한 **"교육 방법론"**을 적용하기에는 모호한 측면이 있다. 페스탈로치는 교육 방법의 일반적인 원리를 항목별로 나누었는데, 이것은 교육 목적과는 무관하게 가르침 자체에 관한 착안점일 뿐이다. "관찰, 즉 감각적 직관은 학습 지도의 기초가 되어야 한다. 교수는 가장 단순한 요소로부터 출발하여 점진적으로 촉진해야 한다. 교사는 아동의 개성을 존중하며, 훈육은 애정에 의하여 실시되어야 한다"6) 등등. 지적한 바 "불교의 이상은 개인적으로는 성불이고, 사회적으로는 정토 건설이다. 성불은 깨달음을 통해서, 그리고 정토 건설은 원행(願行)에 의해서 이루어진다."7) 추구 목적과 달성 방법이 구체화되어 있는 것 같지만, 성불과 사회적인 정토 건설의 목적을 그 이상의 가치 목적과 통합하지 못하여 불교란 종교 안에서의 목적 구현 방법론 이상을 벗어나지 못한다. 이런 통합 요구를 누가 무엇이 할 수 있다고 생각하는가? 불교나 유교나 기독교, 어떤 개개 사상가들을 통해서는 기대할 수 없지만, 교육이란 영역은 할 수 있다. 이유는 교육은 인간을 대상으로 하고, 인간의 발길이 제 영역에 미치고 있어서이다. 교육 목적의 궁극성을 통하면 제반 영역이 추구한 이상적인 목적을 병행해서 통합할 수 있고, 지난날 시행한 제반 방법론을 일관하는 것은 부수적으로 된다. 이것이 오늘날 요구되는 **"교육 방법론"**의 정립 과제이다. 그것이 무엇인가? 참된 진리를 추구하고, 피폐한 인간성을 회복하며, 그 나라에 이르게 함이 궁극적 목적이다. 인간이 추구하고 달성하고자 한 가치적, 인생적, 사회적 목적이 이 같은 목적을 벗어날 수 없고, 결국

---

6) 『교육사 교육 철학 연구』, 앞의 책, p.192.

7) 「법화경을 통해서 본 불교의 교육 사상」, 이갑훈 저, 동국대학교 교육대학원, 윤리교육, 석사, 1986, p.3.

은 여기에 이른다.

그것을 다시 세분한다면, 진리를 추구하는 문제는 진리를 인식하는 문제와 연관되고, 궁극 목적은 하나님의 창조 본의를 깨우치는 데 있다. 인간성 회복은 인간의 가치 실현과 인간성의 완성을 지향하며, 이것은 결국 하나님과 일체 되는 인간 영혼의 구원으로 귀결된다. 그리고 인류 전체가 달성하고자 하는 사회적, 국가적, 문명적 목표는 이 땅에 건설할 영광된 하나님의 나라 도래로 화답할 것이다. 유토피아, 정토, 지상 천국 건설 목적이 여기에 포함된다. 이처럼 미분화된 교육 목적을 분화하고, 난발된 목적을 통합한 다음에야 비로소 실질적인 **"교육 방법론"**을 거론할 수 있다.

이 단계에서 문제점으로 제기할 것은 지난날은 교육 목적을 규합하지 못한 관계로 **"교육 방법론"**을 잘못 적용하였고, 통합 교육 목적에 따라 바로잡아야 한다는 데 있다. 연쇄 파동으로 교육 목적을 곡해하고, 교육 방법을 잘못 적용하면 교육 목적 달성도 실패하고 만다. 오늘날 만연한 인간성 황폐화 현상을 지켜보면서, 정확한 원인 진단을 교육 목적과 교육 방법과의 관계를 통해 밝혀야 한다. 또한, 올바른 교육 목적을 실현하기 위해서는 방법 면에서도 올바른 적용이 가능하도록 심혈을 기울여야 하는데, 어떤 교육 목적을 이룬다고 하면서 엉뚱한 교육 방법을 적용하고, 그것이 잘못되었다는 사실조차 모른다면 어떻게 되겠는가? 그런데도 현대 교육은 대개 교육 목적에 걸맞은 교육 방법을 매치하지 못한 상태이고 일관, 일괄 적용하고 있어 마치 패권을 장악하듯 지식 교육 방법이 지배적인 것이 현실이다. 교육 목적과 접근한 교육 방법과 적용한 원리가 제각각이니까 道를 결여하고, 神을 부정하고, 제반 진리성을 선택적으로 사장하고 말았다. 예를 들어, "성선설을 주장한 맹자나 성악설을 주장한 순자는 모두 이루고자 한 교육 목적은 공자의 뜻을 이어받아 완전한 인격을 갖춘 성인이나 君子의 양성에 있다. 그리고 교육 내용도 유교 경전을 주요 내용으로 삼고 있다는 점은 다르지 않다. 그런 인간의 본성이 惡하다는 전제를 가지고 출발한 교육과 그 본성이 善하다는 전제를 가지고 출발한 교육은 방법 면에 있어서 상당한 차이를 가진다."[8] 먼저 성선설이든 성악설이든 인간 본성을 그렇게 완전하게 규정하고 판명하였는가도 문제이고, 인격 완성에 초점을 맞춘 유교 본연의 교육 목적을 이루는 데도 접근 방법이 달라 주어진 결과도 다르다. 이렇든 저렇든 인간의 본성에 惡性이 남아 있는 것은 사실이므로, 이것만 없애면 본래의 교육 목적을 이룰 수 있다고 하겠지만, 방법 면에서도 또한 올바른 원리 적용이란 조건이 남아 있는 탓에 이와 동떨어진 교육 방법 적용은 결국 목적 달성 실패란 결과를 안긴다. 교육 목적+교육 방법+교육 원리가 일치되어야 성공적인 결과를 끌어낸다. 교육의 궁극적 목적을 바르게 설정해야 인류가 제 시대에 걸쳐 추구한 **"교육 방법론"**을 일관하고 통합할 수 있다. 그것을 이 연구는 크게 인간 교육, 진리(지식, 자연, 세계) 교육, 본질(神, 道, 본체) 교육 등 세 영역으로 나누어 교육 목적과 교육 방법을 매치시키고자 한다. 선천 교육이 확연하게 구분된 목적 영역을 혼동하고, 도달 방법을 잘못 적용한 탓에 궁극을 향한 인류의 보편적인 구원 목적과 하나님의 창조 목적을 실현할 길을 막고 있었다. 개척하고 틔워야 하나니, 교육 목적을 바르게 설정해야 교육 방법을 바르게 적용하고, 교육 원리를 정상적으로 작동시켜 인류 구원이란 교육의 원대한 목적을 실현할 수 있으리라.

---

8) 『동양 교육고전의 이해』, 앞의 책, p.65.

제13장 교육의 방법

1. 인간 교육 방법

"인간 교육 방법"은 새삼스러운 주제이다. 지금까지 교육은 인간을 전제하였고, 인간을 그렇게 교육하였다고 여기기 때문이다. 인간을 그렇게 교육한 것이 무슨 문제가 있는가? 하지만 이 연구가 지적하고자 하는 점에 착안하였는가를 되묻는다면, **"인간 교육 방법"**에 대한 지난날의 잘못이 뚜렷하게 드러나리라. 교육 목표 설정에서는 인간을 어떻게 바르게 육성하고 인간성을 완성할 것인가 하는 것만큼 우선된 과제가 없고, 이런 목표를 달성하기 위해서는 집중된 방법론을 마련해야 한다. 현 실태를 파악해서 목표에 대해 초점을 명확히 해야 하며, 정확한 원리성에 근거해서 가치를 진작해야 한다. 그러기 위해서는 먼저 인간의 본성부터 규정해야 한다. 본성을 어떻게 규정하는가에 따라 교육하는 방법론에도 차이가 생긴다. 지난날은 이런 선결 과제를 해결하였는가? **"인간 교육 방법"**에 있어서 대립과 재정립이 불가피했다. 지금까지 시행한 교육 방법은 정당한 것이 아니었다는 뜻이다. 다음으로 인간 교육이 인간성을 완성하는 것을 목표로 한다면, 현재의 인류가 처한 인간성의 퇴락 상황은 방치할 수 없다. 병을 고치고 나서야 체력을 회복하는 것처럼, 인간성을 회복할 수 있는 처방책을 마련하고, 이후로 인간을 어떻게 가르치고 인간성을 완성할 것인가에 대한 구체안을 마련해야한다. 교육은 인간을 바르게 육성하고 바르게 선도해야 할 책임이있는 만큼, 그런 교육 방법을 찾기 위해서는 왜 지금까지의 교육이인간성을 타락시킨 것인지에 대한 원인부터 찾아야 한다. 그 원인은 정말 어디에 있는가? 현재 당연하다고 여기는 교육 방법이 잘못적용된 것이다. 교육의 목표를 인간성 완성에 둔 이상, 실현하기 위해서는 인간의 본성을 규정하고 인간성을 회복하는 데 역점을 두는것이 우선이고, 그다음 인간성 형성의 正道를 밝히는 것이 **"교육방법론"**을 정립하는 과정이다. 그래서 인간성을 바르게 육성하는길부터 찾아야 하는데, 그 길(방법)을 알기 위해서는 우주의 이치부터 자각해야 한다. 왜 인간은 가르침(교육)을 받아야 하는가? 진리를 구하고 깨쳐야 하는가? 인간의 본성과 존재한 목적에 합당한 길을 지침 받을 수 있다. **바른길을 알아야 바른길을 갈 수 있고, 바른사람이 된 다음에야 인간성을 완성한다. 진리는 인간성을 완성하는향도 역할을 담당한다. 교육이 진리를 가르쳐야 하는 이유이다.** 그리해야 그다음부터는 교육 방법을 마련하는 데로 집중할 수 있다.

지난날을 살펴보면, 과연 교육이 다양한 역할을 하면서 인간성을육성하고 고무하는 데 치중하였느냐고 했을 때, "지식은 가르쳤지만 인간을 가르치는 데는 실패하였다"[1]라는 사실을 지적하지 않을수 없다. 지식을 가르치는 것과 인간을 가르치는 것은 방법이 다르다고 하는 기초적인 상식조차 몰랐고, 누구도 지식 교육 방법과 확연하게 다른 **"인간 교육 방법"**의 특정한 원리 기준을 세우지 못했다. 흔히 학교 현장에서 두드러진 인성 문제와 관련하여 "인간 중

---

1) 『지식의 구조와 교과』, 이홍우 저, 교육과학사, 1999, p.57.

심 교육, 도덕성 회복 교육, 전인교육의 중요성을 강조하는 실정이기는 하지만",2) 이런 교육적 접근은 정말 **"인간 교육 방법"**론을 대신하였는가? 인간은 무엇이고, 어떻게 존재하게 되었는가(창조 원리)를 알아야 인간을 교육할 수 있는 방법론을 마련할 수 있는데, 착안하지 못한 관계로 주지주의 교육의 대안으로 강조한 정도이다. "페스탈로치의 교육 신조는 평등한 인간에 있은 탓에 이런 교육 목표를 달성하기 위해 자발성, 조화성. 방법성, 직관성"3) 등 다양한 교육 원리를 적용하였지만, 차별화된 **"인간 교육 방법"**론은 아니다. 무엇을 위한 교육 원리 적용인가를 되물으면 초점이 흐려진다. 유교의 교육적 접근은 인간의 본성을 어떻게 하면 성인의 경지에 이르게 할 것인가에 대한 방법론을 마련한 것으로서, 서양의 지적 탐구 방법과 달리 가일층 인간성을 완성할 수 있게 근접한 것은 사실이다. 수십 세기 동안 정열을 쏟았고, 고민하였고, 시행 과정을 거친 만큼, 이 연구가 마련하고자 하는 **"인간 교육 방법"**론에 있어 어느 정도는 기반을 다진 상태이다. 하지만 보다 구체화하기 위해서는 세계 본질적인 조건을 충족해야 하는데 못한 만큼, 보완하는 작업이 필요하다. "인간성 완성에 목표를 둔(성인) 유교의 교육 방법은 宋代의 주자에 이르러 입지·정진·노력·공부 수양·궁리(격물치지)·역행·독서 등으로 체계화되어 오늘에 이르고 있다."4) 거의 인간성을 고무하는 대로 집중하고 있지만, 보다 완성하기 위해서는 인간이 정말 어떻게 창조되었는가 한 본의에 근거해야 했다. 교육이 어떤 방법을 동원하건 인간의 고유한 본성을 어떻게 이끌

---

2) 「공자의 교육 사상 연구」, 앞의 논문, p.2.
3) 『교육사 교육 철학 연구』, 앞의 책, pp. 190~191.
4) 『교육 철학』, 김정환 저, 앞의 책, p.304.

것인가 하는 근본적인 출발점과 지향점이 다른 것은 없다. 인류가 어떤 교육 사상을 전개하더라도 교육이 이루고자 한 본성의 도달 목표는 고유하다. 하나님의 창조 목적에 부합해야 하는데, 그것이 곧 창조 원리에 근거하는 것이다.

이에 이 연구는 유교가 추구한 성인 지향 목표가 인간성을 완성하고자 한 교육 방법론에 적합하다고 보고, 유교인들이 실행한 제반 가치 지향과 공부법과 수행 방법을 통해 원리적인 인간 교육의 정형화된 로드맵(지침)을 마련하고자 한다. 즉, 宋代 이후의 성리학자들은 성인이 되는 방법(인간성을 완성하는 방법)을 敬義에서 찾았다. 敬과 義를 중요한 수행 방법으로 이해하고, 여기에 성인이 될 수 있는 길이 있다는 의미를 부여하면서 학문 수양의 중요한 요소로 설정하였다. 성인이 되기 위한 공부로서 敬과 義 교육은 매우 중요하고, 필수적이다. 인간의 내면이 맑고 善한 상태를 유지하는 것은 성리학의 중요한 수양법이다. 아니 수양법이기 이전에 인간성을 회복하고 완성할 수 있는 교육의 제일 방법론이다. 이것은 현 교육 체제와 서양인이 접근한 인간 교육 방법론과는 격을 달리한다. 인간성을 개선하기 위해서는 마음을 다스리는 수양법이 주효하다. 그런데 현재의 교과 구성은 수양 공부와는 거리가 멀다. 여기에 벌써 답이 나온다. 인성 교육의 실패 원인을…… 본성, 마음, 인격을 도야하는 데 주력해야 인간성이 육성되는 것이지, 지적인 사고력 신장에 치중하면 목적 달성이 어렵다. 그런데도 현 교육은 명백한 엇박자조차 외면한 실정이다. 그야말로 인간 교육에 집중한 유교의 敬 교육 내용을 살펴보면, 내면 정신 상태를 가치 있고 바람직하게 하고자 마음의 안정, 집중, 엄숙성을 강조하였다. 늘 몰두하는 마음(主一武敵), 늘 다스리는 마음(整齊嚴肅), 늘 깨어 있는 마음(常惺惺法), 늘 한결같은 마음(欺心收斂不用一物)이 그것이다.5) 이런 宋代 성리학자들의 인간 중심 교육 방법론이 조선의 유학자들에게도 전달되어 학문의 체계화와 교육에 크게 이바지하였는데, 이런 敬義 사상을 직접 실천에 옮긴 분이 남명 조식 선생이다. 敬과 義는 선생의 핵심 된 교육 사상이다. 선생은 敬은 義를 찾기 위한 과정으로 義를 중심에 두었다. 교육 목적인 義를 이루기 위한 교육 과정이 敬이다. 즉, 敬은 자아를 성찰하고 단련하는 과정으로서, 이런 과정을 통해서 내려진 바른 판단이 현실에서 행해질 때 비로소 가치를 지닌다. 살아 있는 정신을 산출하는 과정이라고 할까? 갈고 닦아 장고를 거친 바른 판단이 義로 승화되어 만난을 헤칠 수 있는 실행력, 곧 살아 있는 정신을 뒷받침한 불굴의 의지와 정신력(신념)을 발할 수 있게 한다. 이런 敬義로 이룬 가치 일굼 과정이 성인이 되고자 하는 상위의 목적과 합치될 때, 인간성 완성을 위한 정형화된 길(방법)을 튼다.

> "敬은 성학(聖學)의 시작이 되고 끝이 되는 것으로, 초학자로부터 성현(聖賢)에 이르기까지 모두 敬을 주로 하는 것으로 道에 나아가는 방편으로 삼습니다."6)

인간이 敬을 통한 수행으로 마음을 정제해야 하는 이유는, 그렇게 해야 살아 있는 정신력인 義를 획득하고, 그리하면 敬義를 기반으로 道에 이르는 길을 튼다.

---

5) 「남명 조식의 교육사상에 관한 연구」, 앞의 논문, pp. 35~36.
6) 『남명집』, 「示松坡子」, p.234.

"그 이치를 궁구하고 몸을 닦으며, 가슴 속에 본심을 보존하고 밖으로 자신의 행동을 살피는 가장 큰 공부는 곧 반드시 敬을 위주로 해야 합니다. 이른바 敬이란 것은 정제하고 엄숙하여 항상 마음을 깨우쳐서 어둡지 않게 하는 것입니다."[7]

여기에 더하여 성인은 하늘의 뜻을 알고 교감해서 그것을 인세에 펼침을 사명으로 한 天人合一을 목적으로 한 탓에 敬→義→道→天은 인간이 하나님으로부터 창조되어 그렇게 창조된 원리에 따라 궁극에 도달하는 인간성 완성의 정형화된 로드맵(길)이다. 그 대의란 반드시 수신[敬義]을 통해 피폐한 본성을 갈고 닦아서 정제해야 하며, 그 이유(수신해야 하는)는 앎[知]만으로는 본질 세계에 이를 수 없고(지식 교육의 한계), 수신했을 때 본질적인 道를 구할 수 있기 때문이다. 인간 교육이 知에 머물고, 지식 교육에 한정될 수 없는 더 결정적인 이유는(수신으로 道를 구함) 인간의 의식이 道 자체와 (진리) 하나 되고 일치, 합일해야 하기 때문이다. 그리해야 인간성을 완성하고 하나님과 교감할 수 있다. 여기서 道를 얻는다는 것은 인간성을 차원적으로 승화시킨다. "정주(程朱)는 진지한 敬의 마음으로 정신적 수양을 겸비하여 엄격한 성인이 되면 우주와 자신이 일치되는 도덕적 경지에 이른다"[8]라고 하였다. 인간성이 어떻게 완성되는가 하는 도달 기준은 끊임없는 수양과 도야와 정진으로 나를 주신 하늘의 뜻을 깨닫고 일체됨을 통해서이다. 그래서 인간 교육 목표인 인간성의 완성 과제에 있어서 반드시 적용해야 할 교육 방법론에 敬義를 통한 수행법과, 진리(道)를 일구어야 하는 공부법과,

---

7) 무진봉사(戊辰封事) : 1568(선조 1년)에 남명이 올린 글·위의 논문, p.34.
8) 위의 논문, p.35.

天의 뜻을 깨달아야 하는 성인법이 있다. 그냥 인격만 닦는다고 해서 인격이 완성될 수는 없다. **인간은 본성을 창조하고 형성한 원리를 따라야 하므로 반드시 수양이 필요하고, 본향을 향할 수 있도록 道로서 지침해야 하며, 하늘의 뜻을 알고 天命을 받들어 그것을 인세에 펼침으로써 만인을 구원할 수 있을 때 최종적으로 완성된다.** 인간 교육의 궁극적 목표를 天人合一(성인) 달성에 맞추어야 함에, 이 땅의 유학자인 율곡은 "인간을 성인의 경지에 도달한 君子를 육성하기 위해 居敬·力行·窮理를 병진해야 전격적인 인간 교육 목적을 달성할 수 있다고 믿었다."9) 현 교육 체제와는 현격한 차이가 있는데, 현대인은 그 중요성을 대부분 간과하였다. 적어도 현재 시행되고 있는 지식 전달 교육은 인간성을 육성하는 방법과는 거리가 멀다는 사실을 알고, 인간성 교육에 주력한 선현들의 공부 방법을 되살려 지식과 수행을 병진(竝進)한 교육 과정을 구성해야 한다. 인간성을 완성하는 과정에 진리를 알고 깨우칠 수 있는 통과 절차를 마련해야 하며, 인간성 회복과 인간성 완성을 교육의 중심 목표로 삼아야 한다. 그리하면 성인 지향 목표→敬義수행→궁리→道를 깨침→天命을 앎→목적 실현을 위한 헌신, 봉사→신념, 가치, 자아 정립→인간 본성의 승화→천부 본성을 회복하여 하늘의 뜻을 달성한 성인의 경지에 도달한다. 하나님과 함께할 수 있는 자이요, 하나님과 하나된 자이며, 영생을 보장받을 구원자라, 이것이 정형화된 인간성 완성의 로드맵이고, 창조 본의에 근거한 인간 교육의 구체적인 방법론이다.

---

9) 「율곡의 인간교육론」, 앞의 논문, p.31.

2. 진리 교육 방법

교육으로 참된 인간을 육성하기 위해서는 참된 길을 지침해야 하고, 참된 길을 지침하기 위해서는 참된 진리를 가르쳐야 한다. 교육으로 진리를 가르치는 것은 필수 항목 중 하나이다. 진리는 인간의 본성과 직결되어 있다. 진리가 본성을 창조하였고, 본성을 형성하였으며, 본성을 완성한다. 인간성이 도덕적으로 타락하였고 황폐해졌다면 회복할 수 있는 처방책도 진리 안에 있다. 그래서 인간은 진리대로 살고, 진리와 함께하며, 진리와 일체되도록 해야 하는 것이 **"교육의 위대한 원리"**이다. 그리하면 구경열반, 天人合一, 영생, 구원이 무색해진다. 완전한 자아와 창조 목적 실현이 진리의 가르침에 따라 실현된다. 교육도 알고 보면 참진리에 이르는 길, 궁극적 본체에 도달할 수 있도록 하는 일대 방법론이다. 진리를 알고, 진리를 가르치고, 진리를 배워야 하는 것이 인간 교육의 전부이다. 이것이 교육 방법론에서 **"진리 교육 방법"**을 정형화해야 하는 이유이다. 진리를 구하고, 진리를 인식하고, 진리에 이르는 길을 터야 교육 본연의 목적인 인간 본성을 고무하여 궁극적 본체에 이르고, 뭇 영혼을 구원할 수 있다. 왜 지난날 선현들이 몸을 바쳐 진리를 추구하고 진리를 위해 희생을 마다하지 않았던가를 상고해 보라. 그런데도 오늘날의 교육 현장에서는 진리라는 단어가 사라지고, 급기야 잊히기에 이르렀다. 지식 교육이 곧 진리 교육인 것으로 착각한 탓이다. 지식을 가르치는 데만 전념하여 아직도 진리 교육 방법이 정형화되지 못했다. 여기서 우리는 지식과 진리와의 분명한 차이를 알아야 한다. 물론 자신을 알기 위해서는 세계를 알아야 하고, 세계를 알기 위해서는 지식을 쌓아야 하는 탓에 교육이 지식을 가르치는 데 전념했다. 하지만 알아야 할 것은, 지식을 통해 세계를 아는 것은 인간 본성을 회복, 육성, 완성하는 것과는 거리가 있다는 사실이다. 안방을 밝히기 위해서는 안방의 스위치를 눌러야 하는데 거실에 있는 스위치를 누르면 이렇게 뇌겠는가? **"진리 교육 방법"** 역시 달리 모색해야 했다. 자연 세계를 탐구하는 지식 교육 방법은 이미 지성들의 노력으로 빛나는 성과를 거두었다. 언급했듯, 영국의 베이컨은 "『신기관』에서 귀납적 방법을 확립하여 자연과학의 연구법에 새로운 혁명을 가져왔고 관찰, 실험, 경험 등은 자연 세계를 탐구하는 방법론으로서 정착된 상태이다."[10] "아는 것이 힘이다"라고 한 캐치프레이즈처럼, 세계의 지성들이 온통 지식 탐구에 매달렸고, 교육도 그렇게 해서 일군 지식을 전달하는 매개체로 전락하였다. 이것이 열심히 교육 본연의 역할에 충실했는데도 엇박자나 인간성을 황폐화시킨 이유이다. 문제를 바로잡고 본래 목적과 일치시키기 위해서는 지식과 진리와 본성과의 관계를 밝혀 **"진리 교육 방법"**을 독자적으로 드러내는 것이다.

먼저 지식은 사물이 가진 결정적인 특성을 인식한 것이다. 물론 사물도 그런 특성을 결정한 形而上學적 본질은 있다. 하지만 사물의 본질은 인식하는 방법이 따로 있고, 지식을 통해서는 차원적인 본질 세계로까지 침투하기가 어렵다. 그리고 어떤 사물의 특성을 파악하는 것은 진상을 직관하는 것이 아니다. 다분히 이치적인 사고 절차를 거친다. 지식은 사물+사고로 이룬 합작품이다. 지식 산출의 창고인 "과학적 방법을 사용하여 인식에 도달하는 과정은 첫

---

10) 『교육의 역사 및 철학적 기초』, 앞의 책, p.138.

째, 사실들에 대한 관찰 둘째, 관찰을 토대로 한 가정, 혹은 예측 셋째, 실험이나 경험을 통한 검증 넷째, 검증을 통한 결론(새로운 가정)의 도출이다."[11] 이런 지식의 인식 과정과 역사에 기초하여 진리에 대한 정의도 다분히 편향되어 "사고와 존재의 합치라든지, 하나의 진술은 그것이 사실에 대응하면 참이고, 사실에 대응하지 않으면 거짓이다"[12] 등, 바탕이 된 본질과는 무관한 진술을 일삼았다. 이 연구는 진리란 세계의 생성 본질을 각성한 의식으로 포착하여 개념화한 인식 상태라고 했거니와, 그 같은 본질 생성은 창조와 직결되어 있다. 지식과 진리와 본성이 연결된 탓에 지식만으로서는 본질 세계에 이를 수 없지만, 진리를 통하면 두루 통하고, 진리는 세계와 사물과 본성을 있게 한 근원 된 이치이다. 지식은 사물을 특정 지은 결정적 이치에 대한 인식이고, 진리는 인간 본성의 바탕을 형성한 본질적 이치에 대한 인식이다. 진리는 인간을 있게 한 창조 법칙인 탓에 교육은 지식이 아닌 **"진리 교육 방법"**을 정형화해야 한다. 겨우 깨달은 사실이기는 하지만, 이런 인식에 기초하면 이전에는 혼란스러웠지만, 이제부터는 **"진리 교육 방법"**을 마련할 수 있다. 아주 어려운 지적 작업이 아니다. 선현들이 다양한 방법을 모색하였고, 나름대로는 원리성에 근거하였으므로, 이것을 창조 원리를 기준으로 보완하면 된다.

자유와 행복을 추구했던 니일이란 교육 사상가는 인간의 본성에 합당한 교육의 방법을 모색하고 발견, 적용, 실험하였다. 여기서 그가 세운 인간의 본성에 합당한 교육적 방법 기준은 무엇인가? 인간

---

11) 『가르침과 배움의 철학』, 심승환 저, 교육과학사, 2008, p.83.
12) 다음 사전, 진리.

의 본성은 온통 진리로 구성되어 있고, 본성 자체에 진리적으로 작용하지 않는 현상은 없다. 모든 가능성과 진리성은 이미 자체로 본유하였다. 이것이 인간 본성에 합당한 교육적 방법을 강구할 수 있는 판단 기준이다. 왜 진리성이 본성보다 선재한 것인가 하는 것은 창조 원리를 통하여 논거를 둔 바 있다. 그렇다면 진리 인식 방법과 **"진리 교육 방법"**도 가닥을 잡을 수 있다. 일단은 자체 본성을 대상으로 하고, 그로부터 진리를 일구거나 진리를 일굴 수 있도록 하는 방법이다. 교육 원리 적용 측면에서 보더라도 학생에게 옷을 입혀 주는 것은 바람직한 교육이 아니다. 교사든 부모든 조력하는 누구든지 학생, 혹은 자녀가 스스로 옷을 입을 수 있도록 하는 것이 목적이다. 그런 기본적인 기준으로 소크라테스는 내재한 본성(소질)을 발현하는 방법, 즉 산파법을 제시했다. 그는 "아테네 청년들이 미처 깨닫지 못한 보편적 진리를 대화를 통해 각자의 영혼 속에서 끌어내고자 하였다."13) 모든 진리는 자신의 본성이 지녔고, 알고 있어서 회상하도록 하는 데 교육적 방법을 집중했다. 그러기 위해서는 本을 보여서 스스로 터득하게 하는 법도 있고, 노자처럼 말 없는 가르침으로 道란 바로 그런 것, 곧 언어 이전의 것이기 때문에 언어를 사용해서는 道를 알 수 없는 것이다14)라는 역설적 자각 방법도 있다. 요즘은 교수 방법으로서 배움 중심, 과제 중심, 학생을 중심에 둔 교육 활동을 전개함으로써 스스로가 동기를 유발하고, 과제를 찾고, 문제를 해결할 수 있게 하고 있다. "교육자는 학습자에게 무엇인가 배울 것을 부여해 주지 말고, 무엇인가 행할 것

---

13) 『서양 사상 교육사』, 앞의 책, p.26.
14) 『동양 교육고전의 이해』, 앞의 책, p.84.

을 부여해 주어 사고를 자극함으로써 지성을 계발하고"15) 진리를 일굴 수 있게 해야 한다. "교육 이론의 궁극적 핵심은 가르침이 중요한 것이 아니다. 자기에게 내재한 본성을 어떻게 발현시킬 것인가"16) 하는 방법을 모색하는 데 있다. 밥을 숟가락으로 떠먹이기까지는 할 수 있지만, 목을 넘기는 것은 자신의 의지에 달렸다. 왜 그런가? 본성을 구축한 진리는 자신이 본유한 탓이다. 벌써 진리란 이런 것이라고 언어로 가르치고자 하면 자신이 간직한 본성적 진리와 거리가 생긴다. 설사 그것이 진리라고 해도 본성 안에서 스스로 체득하고 재차 확인하는 절차가 필요하다. 맹자란 성현은 이렇게 말하였다. "자기의 마음을 궁극까지 다 밝혀 나가는 사람은 인간의 본성을 이해할 수 있게 되며, 본성을 이해하면 하늘(天)을 알 수 있다(『맹자』, 진심장구, 상)."17) 이것이 곧 본성을 통해 진리를 알고, 진리(道)를 통해 본성을 알며, 본성을 통해 天을 아는 길이다. "**진리 교육 방법**"의 정형화된 로드맵이다. 본성이 진리와 하나 되는 길이고, 진리를 통해 인간 본성이 하늘과 일체 되는 길이다(天人合一).

진리란 무엇인가? 그 기준은 창조와 함께 확고하다. 진리는 우주의 본질 속에 본래부터 존재하였다. 경험 이전에 선재하고, 창조로 인해 완비되며, 우주의 본질 속에, 그리고 인간의 본성 속에 있다. 외부에 있는 것이 아니며, 외부의 변화로부터 흔들리지 않는다. 본래부터 존재한 것이고, 본래부터 갖추고 있는 탓에 이것을 일깨우기 위해 동양의 선현들은 수행과 정진으로 궁극적인 깨달음을 얻고

---

15) 『교육의 철학적 이해』, 앞의 책, p.201.

16) 『도올 선생 중용 강의』, 김용옥 저, 통나무, 1995, p.97.

17) 『동양 교육고전의 이해』, 앞의 책, p.42.

자 하였다. 그래서 **"진리 교육 방법"**도 이제는 하나로 집약될 수 있다. 스스로 깨달을 수 있도록 수행법과 정진법을 고무하고, 가르침을 펼칠 자는 먼저 깨달음을 얻어 진리에 이르는 길을 앞장 서 선도해야 한다. 거기에 위대한 교육자이자 참스승으로서의 사명 역할이 있다.

3. 본질(신) 교육 방법

인간에게는 어떤 능력이 잠재해 있는가? 두드러진 능력으로서는 지적인 측면, 재능적인 측면, 인격적인 측면 등 다양하다. 이들은 모두 본유하고 있고 잠재한 탓에 그것을 발견하고 발현하기 위해서 노력해야 하는데, 지력은 사고적인 능력이고, 재능은 기능적인 잠재력이며, 인격성은 품성의 가능성이다. 이들은 모두 교육의 중요한 목적 대상이고 가르침의 주제이다. 하지만 '본질(本質)' 영역은 자못 생소한 감이 있다. 본질인 만큼이나 교육에서도 근본된 무엇이 되어야 하는데, 유명무실한 것은 진리계에서조차 본질이 제대로 자리 잡지 못한 실상을 대변한다. 그런 영향으로 본질 교육은 방법론을 구체적으로 강구하지 못했다. 실태를 파악하자면 본질은 神, 道, 종교, 形而上學, 본체 영역 등을 총괄하는데, 본질의 실체성 규정과 작용 역할이 불분명하니까 인식하고 입증할 길이 묘연하였다. 종교교육, 신앙적 가르침은 객관적이지 못한 신념 교육의 대명사이다. 이런 주관적, 의지적, 개인적인 종교 진리를 보편적, 객관적, 원리적으로 승화시키기 위해서는 먼저 본질의 실체성과 작용성부터 밝혀 **"본질 교육 방법"**을 정형화해야 한다. 그리하면 교육은 지력을 통해 사물의 이치를 파악하고, 능력을 길러 재기를 발휘하며, 인격을 도야해서 완성하는 목표와 함께 차원이 다른 본질 세계까지 나가는 길을 터 교육 본래의 보편적 구원 목적을 달성하는 데 더 가깝게 다가설 수 있다. 선현들이 방법적인 길을 개척하지 않은 것은 아니지만, 그 길은 멀고 험난하였다. 그것을 소승 불교에서는 출가 수도하는 방법을 통해 제시하였다. 출가 수행법은 차원이 다른 본질 세계로 나가고 견성, 성불, 정각하여 구경 세계에 이르는 길인 것은 분명하다. 그런 목적으로 개척된 길이다. 그러나 문제는 만인이 동반해서 가기에는 어려움이 있었다. "인간의 욕망을 철저히 추방하고 극복함을 통해 완전한 해탈의 세계를 체험하고자 하였다. 수도승은 출가와 수도를 통해 음식에 대한 사치스러운 욕망, 의복과 주거 환경에 대한 욕망, 기타 일체의 허욕을 버려야 했다. 누더기 가사를 걸치고 걸식으로 탁발(托鉢)해야 하는 등, 인간이 지닌 근본적인 욕망을 끊어내고 초월하고자 했는데",[18] 그것이 어려웠던 것은 한마디로 본질에 이르는 길을 객관화, 원리화, 보편화하지 못해서이다. 이것을 이 연구가 **"본질 교육 방법"**을 마련함으로써 교육 본연의 위대한 인류 구원 목적을 달성하고자 한다.

인류 전체를 위해 필요성이 진작되었는데도 본질 세계를 향한 방법론이 답보 상태에 머문 이유로서 종교계는 경험적인 주관성에 의존한 탓에 객관적인 진리성을 확보하지 못한 데 있다. 그래서 수행법은 사실상 감당하기 힘든 계율에 휩싸여 문턱을 넘는 자가 소수에 불과했다. 그리고 이런 영역을 사유적으로 접근한 철학은 말 그

---

18) 『불교를 알기 쉽게』, 서종범 저, 밀알, 1989, p.25.

대로 동원한 일체의 인식 수단이 체험적이지 않아 관념성의 한계를 넘지 못했다. 그리고 교육계에서는 실재론 교육을 통해 감각적 경험으로 자연 세계를 알 수 있도록 유도하였으니, 문제는 이런 교육적 방법이 전부이자 최상이라고 여겨 다른 방법과 또 다른 세계가 있다는 사실은 재고할 수 없었다. 자연 세계를 탐구하는 교육도 중요하지만, 감각적 경험을 통한 앎의 한계성도 아울러 자각해야 했다. 그것이 곧 본질 세계로 나갈 수 있는 직관력 배양과 깨우침 교육 방법이다. 이것은 출가를 통한 수행법, 논리적 사고를 통한 추론적 방식과 분명하게 격을 달리하는 보편성을 지향한 교육 접근방식이다.

　교육 원리 중 하나인 교사의 관점에서 교사가 가진 앎을 학생에게 보여주고 쏟아낸다고 해서 그것이 가르침 역할의 전부는 아니다. 어디까지나 앎에 대한 인식의 주체자는 배우는 학생이기 때문에 학생 자신이 앎에 대해 이해할 수 있는 안목을 개안하고, 의식이 변화할 수 있도록 해야 한다.[19] 모르는 지식을 앎도 중요하고, 그것을 가르치는 것도 중요하지만, 받아들이고 인식하는 의식의 깸과 관점의 확보는 또 다른 문제로서, 교육이 해결해야 하는 방법적 과제이다. 더군다나 차원이 다른 본질 세계로 접근하기 위해서는 의식 자체가 그만한 차원 세계에 도달해 있어야 한다. 지식은 사전 준비가 없어도 배우면 되고, 노력하면 이해할 수 있다. 하지만 차원이 다른 본질은 그렇지 않다. 모든 것은 제 눈의 안경 격이다. 지식을 수용하고 현상 세계를 바라보는 눈으로 접근하면 안 된다. 본질 세계를 바라볼 수 있는 안목을 개안해야 함에, 그것이 곧 의식적인

---

[19] 『학문과 교육(중, 1)』, 앞의 책, p.348.

깨달음이고, 초월적인 영안의 눈이며, 한 차원 높은 세계 통찰 안목이다. 에베레스트산을 등정한 사람과 그렇지 않은 사람이 세상을 바라보는 눈은 다르리라. 의식적인 깨달음과 차원적인 안목 확보 상태는 각자의 정신적인 도달 정도와 지적인 능력에 관한 문제이기 때문에 개인차가 있다. 그러므로 자기가 볼 수 없고 이해할 수 없다고 해서 선각들이 밝힌 열반의 정신 경지와 道의 차원을 부인할 수 없다는 뜻이다. 그래서 이 단계에서 제시할 수 있는 본질 교육의 현실적인 방법은 지적했듯, 각자가 생활 속의 수도자로서 깨어 있는 의식으로 진리를 구하면서 직관력을 배양하는 것이다. 세계 속에는 진리 아닌 것이 없고, 본질은 그 속에 편만해 있다. 본질은 무엇인가? "사물을 그 자체이도록 하는 고유한 성질이고, 한 사물이나 과정에 반드시 있어야만 하는 보편적이고 변함없는 요소들의 총체이다."20) 본질이 가진 특성은 구조적으로 한통속을 이루고 있고, 현상계의 창조적 결정성을 유지, 지속하기 위해 끊임없이 생성 에너지를 공급한다. 그러면서도 드러난 현상계적 특성을 초월해 있어 존재한 의식 자체가 바탕이 된 본질 세계와 동조해야 하므로, 본질과 교감할 수 있게 연결된 인식 루트가 바로 '의식'이다. 그래서 생성하는 본질 세계를 인출해 낸 **"진리는 의식을 통해 직관되고 본질을 통해 통찰된다."** 본질로의 접근과 소통과 특성 인출이 진리를 인식함으로써 가능함에, 진리를 인식할 수 있는 직관과 온몸으로 감지한 본질적 통찰은 바로 만인이 본질 세계로 나아갈 수 있는 중요한 정신 작용 원리가 되고, 직관은 현실적인 인식의 제약을 초월한 정신 작용 방법이다. 직관력이란 정신적 능력을 배양하는 방

---

20) 다음 사전, 본질.

법을 교육적으로 구체화할 수 있다면, 만인은 누구나가 다 차원이 다른 본질 세계로 나아갈 수 있고, 현상계와 차원이 다른 본질 세계를 바라볼 수 있다. 진리를 어떻게 인식하는가에 따라 가르치는 교육 방법도 달라진다고 하였거니와, 그것이 바로 차원적인 본질 특성에 맞게 자체 인식력의 눈높이에 맞추어 정신적 경지를 업그레이드하는 방법이다. 제반 공부법에 수행법과 정진법을 당연하게 적용해야 하는 이유이다. 인간이 본유한 직관이란 인식 작용 능력을 의식해 개연화시킴으로써 만 인류가 현상계에 가로 놓인 차원의 강을 건너 근원 된 본질 세계, 구원의 城에 도달할 수 있도록 그 길을 방법적으로 마련할 수 있어야 하리라.

제5편

교육 과정 구성론

교육 과정 구성은 필수 요소를 추출해서 정연화시킬 필요가 있는데, 그런 "교육 과정 구성 기준"은 바로 교육의 본질적인 요소와 가변적인 요소를 구분해서 가르치는 것이다. 아무리 시대와 문화 양식이 급변해도 인간의 창조적 본성과 존재한 목적이 달라지는 것은 없다. 여기에 인류가 교육을 통해 추구해야 할 참된 본질적 요소가 있다. 이것을 간과하고 시대적 변화와 요구에 연연하게 되면, 교육을 통해 이루어야 할 원대한 목적이 상실되고 만다.

제14장 개관(교육 과정 구성 원칙)

교육 과정 구성은 **"세계교육론"**을 체계 짓는 데 있어서 반드시 논거를 둬야 할 주제이다. 진실로 이 연구가 교육의 이념, 목적, 원리, 방법론을 펼쳤다면, 그다음의 실현 방안으로서 무엇을 가르칠 것인가에 대한 **"교육 과정 구성 원칙"**, 내용, 요소, 기준 등을 제시해야 한다. 과정은 결국 결과를 이루므로, 과정을 잘 구성해야 교육 목적을 성공적으로 이룬다. 그렇다면 현대 교육은 인간성을 완전하게 육성하고 완성할 수 있는 방법적 수단과 과정적 체계를 구성하였는가? "어떠한 방법에 의해서도 인간을 형성하고 완전으로 지향케 하는 것은 교육의 과정 구성과 관계가 있다."[1] 일단 인간은 무한한 가능성과 잠재력을 갖추었다고 보거니와, 그런 능력을 일깨울 수 있는 것이 곧 교육 과정과 내용을 어떻게 구성하는가에 달렸다. 교육 과정의 구성 여부가 인간성의 완성 여부를 결정하는 역할을 하는 이유이다. 교육 목적 실현의 요건에 **"교육 과정 구성"**이란 철저한 계획 절차가 있다. 어떤 교육 원리와 원칙적인 기준에 근거한 것인지, 꼭 필요한 요소는 무엇이며, 그것이 빠진 때는 없는 것인지 살펴보아야 한다. 그래서 "교육 과정(Curriculum and instruction)이란 말에 함축된 대과제는 무엇을 가르칠 것인가와 어떻게 가르칠 것인가 하는 두 과제로 집약할 수 있다. 그중 앞의 문제가 명확해

---

1) 『교육 철학』, 쟉크 마리땡 저, 왕학수 · 안인희 역, 경향잡지사, p.2.

지면 뒤에 대한 대책도 논리적으로 세울 수 있다. 따라서 무엇을 가르칠 것인가 하는 문제가 교육 과정 구성의 중추를 차지하는 원칙 기준이다."2) 교육 목적 설정에 따라 교육 과정과 내용이 구성되는데, 지금까지 정확하게 설정하고 구성한 것인지 살펴볼 필요가 있다.

역사 과정을 보면 목적도 구성도 각양각색이다. 존 듀이에 의하면, "아동의 활동을 지도함으로써 사회는 아동의 장래를 결정하고 그들에 의하여 사회가 결정된다(성장-growth)고 하면서도, 정작 교육은 경험을 재구성하는 것이라고 하였다."3) "교과란 경험을 가리키고, 교육 내용도 학생들이 공부해야 할 주제, 배워야 할 기능, 외워야 할 사실이 아니라 학교가 학생에게 제공하는 경험이다."4) 이런 경험을 교육 과정으로 재구성한다는 것이므로, 이것은 곧 아동과 그를 가르치는 교사 모두가 겪게 됨으로써 알게 되는 시행착오를 수정한다는 뜻이기도 하다. 하지만 이것은 근원적인 인간 본성과 교육 원리에 어긋난다. 교육 과정 구성 원칙은 재구성이 아니다. 완비해서 선도해야 한다. 하나님이 인간을 어떻게 창조한 것인지 뜻을 알고 창조된 원리에 근거해서 그것을 교육 과정과 내용으로 구현해야 한다.

항존주의자들은 진보주의자들에 반대하여, "교육은 개인을 세상에 적응시키는 것이 아니라 오히려 진리에 적응시키는 것이어야 한다"5)라고 했지만, 더 궁극적인 원칙 기준은 하나님의 창조 뜻과 일

---

2) 「체육사 교육 목적 정립을 위한 역사철학적 기초 연구」, 정한모 저, p.2.
3) 「존 듀이의 교육 목적에 관한 연구」, 하주철 저, 경성대학교 교육대학원, 교육행정, 1990, p.53.
4) 『지식의 구조와 교과』, 앞의 책, p.40.
5) 『교육 철학』, George R. Knight 저, 앞의 책, p.128.

치시키는 것이다. "교과 내용을 '지식의 구조'라고 본 브루너의 교육 이론"6)에도 어폐는 있다. 진리의 구조라면 모를까, 인간이 지식의 구조를 따라가면 결과가 어떻게 될까? **인간 본성의 창조 원리와 형성 구조에 따라 교육 과정을 구성해야 인간성 완성을 기대할 수 있다.** 그리고 "교육의 내용에는 인간 문화의 전부를 담아야 한다"7)라고도 하지만, 교육이라 해도 인간에게 모든 것을 빠짐없이 가르치기는 어렵다. 그렇다면 인간 교육에 꼭 필요한 요소를 선정하고, 그것을 교육 과정과 내용에서 빠뜨리지 않아야 하는 것이 구성 원칙이다. 전인교육이 목적이라면 무조건 이것저것 가르치는 것이 아니다. 완전인격, 즉 조화된 인격을 배양하는 데 필요한 교육적 요소가 무엇인지부터 선정해야 한다. 인간성을 완성하기 위해서는 인간 본성에 잠재한 어떤 가능 요소들을 끌어낼 것인지에 부합한 교육 과정과 내용을 구성해야 한다는 뜻이다. "본질주의자들은 교육 과정은 인류의 문화재 가운데서 현재 생활에 소용될 에센스(essence)를 뽑아 구성해야 한다"8)라고 했지만, 이런 인식은 교육의 본래 목적에서 크게 벗어났다. 중요한 것은 그 이유를 아는 것이다. 에센스는 선택할 수 있는 요소이기는 하지만, 인간성을 완성하는 데 있어서 꼭 필요한 요소는 아니라는 뜻이다. 그런데도 이런 부류의 주장이 난발되는 것은 정작 필수적인 요소가 무엇인지를 알지 못한 탓이다. 물론 "교과 내용으로서의 교육 과정은 학생들이 필수적으로 배워나가야 하는 내용을 교육 과정이라고 보는 관점이고, 여기서 교과란 교수 목적을 위해서 인류의 문화유산을 체계적, 논리적으로

---

6) 위의 책, p.99.

7) 『인간화 교육 어떻게 할 것인가』, 김정환 저, 내일을 여는 책, 1995, p.122.

8) 『교육사 교육 철학 연구』, 앞의 책, p.223.

조직한 것이다. 그리고 그런 내용을 추출, 조직해서 교재화한 것이 교과서이기도 한데",9) 일반적인 교육 과정과 내용 구성은 그런 문화유산 자료를 체계화한 원칙을 따른다고 해도, 이를 근거로 인간성을 완성하기 위한 교육 과정은 창조 원리에 근거해 새롭게 구성해야 한다. 돌이켜 보면, 지난 역사에서 인간성 완성을 목적으로 한 교육 과정과 교육 내용을 한 치의 결여 요소도 없이 완비한 지적 성과물을 거둔 경우가 있었는가? 목적 설정은 물론이고 무엇이 필수 요소인지조차 알지 못한 실정인데, 무엇을 기대할 수 있겠는가? 그러므로 이 연구는 교육 목적에 맞는 교육 과정과 내용을 구성하면서 필수적인 교육 요소를 구체화해서 재구성하리라. 하나님의 창조 뜻을 지상화하고, 창조 원리를 **"교육 과정 구성"**으로 구현할 편수관 역할을 주체적으로 담당해야 한다.

---

9) 『교육의 이해』, 앞의 책, p.229.

제15장 목적에 따른 교육 과정 구성

　인류 역사는 거쳐 온 전적만큼이나 인간을 교육하고자 한 발자취도 연면하였고, 그 속에는 인간을 가르치고자 한 **"교육 과정 구성"**이 흔적으로 남아 있다. 그렇게 해서 드러나는 과정 구성의 의도를 살펴보면, 이루고자 한 목적도 달랐고 다양했던 사실을 알 수 있다. 당연히 과정의 구성은 모종의 교육 목적을 달성하기 위해 계획된 것이다. 설정한 목적에 따라 과정 구성과 요소 선택에는 차이가 있다. "불교에서 실행한 교육적 행위는 부처에 의해서, 부처가 될 수 있도록 교육하는 과정의 전 체계를 일컫는다."1) "맹자가 仁・義・禮・智란 4덕을 확충해 가르침과 배움의 필수 요소로 삼은 것은"2) 유교적 이상을 실현하기 위해서이다. "중세의 길드 제도에서 두드러진 일종의 도제 형태의 교육 과정 이수는 필수적이었는데",3) 그 이유는 직접 보고 느끼면서 배움을 통해 후대에 기술을 전수하기 위해서이다. 오늘날의 학교 교육이 차원 높은 도덕 교육을 중시하고 구체적인 실천 방안을 모색하고 있는 것은4) 인간화를 위한 목적을 이탈한 인성의 고갈 현상 탓이다. 이처럼 교육의 목적을 어디에 두는가에 따라 교육 과정과 내용과 요소에 차이가 있는 것은 어

---

1) 「법화경의 교육철학적 연구」, 이한성 저, 동국대학교 교육대학원, 철학교육, 석사, 1992, p.55.
2) 『동양 교육고전의 이해』, 앞의 책, p.40.
3) 『스콜라주의 교육 목적론』, 김승호 저, 성경재, 2004, p.257.
4) 『인간화 교육 어떻게 할 것인가』, 앞의 책, p.108.

쩔 수 없지만, 그렇다고 제각각 가는 길을 방치하면 인류 사회는 결국 분열만 초래할 뿐이다. 또 한 가지 문제는 **"교육 과정 구성"**이 시대적인 변화와 요구에 따라 유동적이란 사실이다. "1957년에 스푸트니크의 발사는 본질주의자의 운동에 박차를 가했다. 왜냐하면, 많은 미국인은 소련의 성공을 미국 교육의 열세에 대한 지적으로 해석한 탓이다. 결과로 50년대 후반과 60년대 초반에 많은 교육 과정의 수정이 있었다."5) "조선 시대의 잡학(雜學)은 지금으로 말하면 실업교육 기관이다. 그런데 조선 시대의 교육 이념과 목적은 유교 사상에 따라 과거 교육과 君子의 學에 둔 탓에 자연히 과학·기술 교육이 경시되었다."6) 목적에 따라 교육 과정을 취사선택한 것이다. 목적 자체가 편협하다 보니 주어진 조건에 따라 많은 교육 요소들을 간과하거나 빠트린 경우가 있었다. 그래서 교육 과정 구성은 필수 요소를 추출해서 정연화시킬 필요가 있는데, 그런 **"교육 과정 구성 기준"**은 바로 교육의 본질적인 요소와 가변적인 요소를 구분해서 가르치는 것이다. "요즘의 교육 화두는 단연 21세기 정보화, 세계화 교육이다. 교육 과정 개혁도 여기에 방향을 맞추어 시행하고 있다. 대중 매체에 오르내리는 교육에 관한 언급들을 보면, 대부분 사람의 마음을 사로잡고 있는 교육 문제는 바로 정보화, 세계화로 특징지어진 21세기의 무한 경쟁 사회에서 사람들을 어떻게 교육해 살아남을 수 있도록 만드는가에 관심을 곤두세우고 있다."7) 하지만 아무리 시대와 문화 양식이 급변해도 인간의 창조적 본성과 존재한 목적이 달라지는 것은 없다. 여기에 인류가 교육을 통해 추

---

5) 『교육 철학』, George R. Knight 저, 앞의 책, p.132.

6) 『교육사 교육 철학 연구』, 앞의 책, p.345.

7) 『인간의 본성과 교육』, 앞의 책, p.viii.

구해야 할 참된 본질적 요소가 있다. 이것을 간과하고 시대적 변화와 요구에 연연하게 되면, 교육을 통해 이루어야 할 원대한 목적을 상실하고 만다. 이처럼 교육 목적을 확실하게 규정하지 못하면, 이에 부수한 과정 구성도 지극히 유동적, 선택적으로 되고 말지만, 반대로 확실하게 규정하면 그 안에서 각자의 길을 걸었던 교육 과정을 일관시켜 통합할 수 있다. 지난날은 그런 교육 목적 규정이 확실하지 못해 혼란이 있었지만, 그러면서도 그렇게 세분한 탓에 지금은 제반 교육 과정을 통합할 수 있는 길이 열렸다고 할 수 있다. 그것을 이 연구는 크게 "하늘의 뜻을 알 수 있는 교육 과정 구성", "인간된 도리를 알 수 있는 교육 과정 구성", "세계를 알 수 있는 교육 과정 구성", 그리고 마지막으로 "진리를 알 수 있는 교육 과정 구성"으로 나눠서 논거를 두고자 한다.

조선 시대의 퇴계 이황은 『소학도-小學圖』에서 성리학자답게 무엇을 가르칠 것인가에 대한 **교육 과정 구성** 또는 주제를 선정하였는데 첫째, 사람 가르치는 법을 세움(立敎) 둘째, 인간의 질서를 밝힘(明倫) 셋째, 어른을 공경하고 몸을 유지함(敬身)이 그것이다.[8] 이들을 다시 세분하여 그림으로 그려내었다. 살펴보면, 인간이 알아야 할 교육 내용을 항목화했다. 이런 교육 과정을 모두 거치면 유교가 설정한 인간된 도리를 다하는 성인화에 근접하리라. 하지만 여기에는 빠진 것이 있다. 인간된 도리와 품위와 사회성은 유지할 수 있을지 모르지만, 그것만으로서는 궁극의 길에 도달할 수 없고, 영생을 획득할 수 없다. 지음받은 자 창조 목적을 달성할 수 없다. 반드시 하늘의 뜻을 알고 세계를 알고 진리를 아는 길을 병행해야

---

8) 『이황의 성학십도』, 앞의 책, p.소학도.

했다.

그중 제일 우선된 것은 **"하늘의 뜻을 알 수 있는 교육 과정"**이다. 우선된 과제인데도 간과한 것은 종교 교육의 편향성과 신앙을 향한 절대적 믿음 탓이다. 신앙 교육이기 이전에 종교 진리는 본질적인 진리로서 객관화되고 보편화되어야 했다. 그리해야 종교 영역이 인류 앞에서 당당하게 절대자로 향하는 길을 선도할 수 있다. 하지만 세계적인 종교들이 워낙 구습에 젖어 헤어나기 어렵다고 보기 때문에 교육이 그 역할을 대신해야 한다. 다행히도 이런 과제에 대해 편견을 버리고 더욱 객관적으로 접근한 교육자가 있었으니, 코메니우스는 "기독교 세계관에 기초하여 전시대의 교육 과정을 제시한 최초의 기독교 교육학자이다."9) 이교도적인 처지에서 본다면 진부한 사상으로 폄하할 수도 있겠지만, 그가 "인간 본성을 神적, 인간적 속성을 함께 소유한 것으로 본 것은 주목할 만하다. 그 근거는 하나님이 자기 형상, 곧 하나님의 형상대로 사람을 창조하셨다(창, 1: 27)는 말씀이다. 그것은 인간이 살아 있는 모든 생명체 중에서 가장 고귀한 목적과 잠재 능력을 지닌 탁월한 존재임을 의미한다. 곧, 인간은 자신을 창조한 창조자의 지혜와 우월성에 접근할 수 있다는 뜻이다. 진실로 인간은 본질에서 자신 속에 있는 神의 성품[全知]을 통하여 하나님의 완전성을 지향하기 위해 노력하도록 지음받았다. 인간은 하나님 지향적인 자신의 완전성과 순결성을 형성하며, 하나님께 접근할 수 있는 놀라운 힘과 잠재력을 소유하였다."10) 기독교 신앙을 가진 교육학자이다 보니 기독교가 확정

---

9) 「코메니우스의 교사론 연구」, 김승겸 저, 연세대학교 교육대학원, 교육경영 및 평생교육, 석사, 2007, p.6.

10) 『체육 철학사상 연구』, 조쟁규 저, 문학창조, 2000, p.130.

한 창조 교리 이상을 넘어서지는 못했지만 이 연구가 보탠다면, 인간 본성은 바로 하나님의 몸된 창조 본체에 근거한 탓에 하나님과 직접 소통할 수 있는 영적 자질을 갖추었다. 이것은 그대로 인류가 하나님을 알고 하나님에게로 나아갈 수 있는 길이기도 하다. 동양인이 수양으로 天人合一 경지를 이루고자 한 것 역시 이 같은 가능성 탓이다. 하지만 전시대의 누가 이처럼 하나님을 볼 수 있는 눈을 개안시키기 위해 교육 과정을 구체화했고, 하나님에게로 접근이 쉽도록 길을 개척했는가? 그 현실적 방안은 바로 인간이 본유한 하나님과 소통할 수 있는 영성을 개발하는 것이다. 이런 잠재 본성을 활성화할 수 있도록 앞으로의 교육 과정은 항목을 필수 요소화해야 한다.

다음으로 **"인간된 도리를 알 수 있는 교육 과정 구성"**은 역사상 전통적으로 구안되고 적용된 보편적인 교육 목적 실행 방식이기도 하다. 유교에서는 "仁을 깨우쳐 실현할 수 있는 사람을 君子라 하였고, 공자는 仁을 실현하기 위해 문, 행, 충, 신에 두면서 육예(효·우·육·연·임·휼)와 팔덕(인·의·예·지·충·신·효·제)을 교육으로 실천하였다."[11] 왜 인간은 仁을 깨우쳐 실현해야 하는가? 그 仁은 곧 기독교에서 말한 하나님이 인간에게 부여한 하나님의 형상 자체이다. 하나님이 부여한 존귀한 품성이 곧 仁이다. 인간은 부여된 하늘의 뜻과 근본(근원)을 알아야 인간된 도리를 다하고 인간답게 살 수 있다. 그런 본성을 성취하고 완성할 수 있는 로드맵 제시에 육예와 팔덕이 있다. 맹자의 교육 내용도 큰 틀에서 보면 공자와 큰 차이가 없다. 공자는 육예를 중요시하였는데, 맹자는 거

---

11) 『교육의 이해』, 앞의 책, p.76.

기에 담긴 단순한 지식보다는 인격의 수양과 도덕성을 함양하는 데 치중하였다.

> "사람이 사람이 되는 도리가 있는데, 배불리 먹고 따뜻하게 입고 편안
> 히 지내면서 교육이 없다면 금수에 가깝게 된다. 성인이 또 이를 근심
> 하여 설(契)을 사도(司徒)가 되게 하여 人倫을 가르쳤다(『맹자』, 등공
> 문 상, 4)."

人倫이 교육에 있어서 기본적으로 가르쳐야 할 것이라고 하였으
니, 여기서 人倫이란 인간의 타고난 禮적 질서 또는 하늘의 질서를
의미한다. 人倫은 곧 天倫이다.[12] 天倫을 따르는 것은 그것이 곧
인간된 도리를 알게 하는(다하게 하는) 교육 과정 구성[人倫]이었
다. "유교에서 설정한 소학과 대학 과정도 결국은 인성 함양이라는
자체의 교육적 이상을 실현하기 위한 기본 교육 과정"[13]이라고 할
수 있고,[14] 오늘날의 교육에서도 도덕과 윤리교육 과정을 필수화한
것은 광의로 보면 마음을 닦는 것, 인격 도야를 근본으로 인간성을
육성하고 人倫을 밝히고자 하는 데 목적이 있다.[15]

세 번째로 **"세계를 알 수 있는 교육 과정 구성"**은 특정한 목적보
다는 삶을 위한 지식, 교양을 쌓기 위한 앎, 그리고 사물과 자연을
탐구하기 위한 수단으로서 구안하고 적용한 객관적 교육 목적 실현

---

12) 「공맹의 교육 사상 비교 연구」, 김중희 저, 고려대학교 교육대학원, 한문 교육, 석사, 2007, p.68.
13) 『전통 교육의 현대적 이해』, 김병희 저, 공동체, 2009, p.104.
14) "소학의 서문에 해당하는 '小學書題'에서 주자는 옛날의 소학에서는 물 뿌리고 비질하며, 사람을 맞아들이고 응답하며, 나아가고 물러나는 예절과 부모를 사랑하고 어른을 공경하며, 스승을 드높이고 벗을 가까이하는 도리를 가르쳤다."- 『유학의 도덕 교육 이론』, 박상철 저, 성경재, 2003, p.119.
15) 「화엄경의 교육사상 연구」, 최효순 저, 고려대학교 대학원, 교육학, 박사, 2017, p.103.

방식이다. 주로 학교라는 교육 기관이 주도하였는데, "고대 그리스 에서는 자유인을 양성하는 목적으로서 당시의 자유인이 배웠던 교 양적 지식으로서의 문법, 수사학, 논리학, 수학, 기하학, 천문학, 음 악 등 칠 자유 과목이 있었다. 직업 및 생계 활동과 관계없는 교양 적 지식을 제공함으로써 그들의 교양적 문화 활동과 심미적 사교활 동에 도움을 주고자 하였다. 이런 목적은 동양에서도 실행하였다. 성인, 君子, 선비라고 하는 교양적 인격인을 양성하기 위한 교과로 서는 사서오경(四書五經)이 있다. 교육이란 실생활과 직접 관련하 지 않고 인격, 교양과 관련한 지식을 가르치고 배우고자 하였다."16) 종교 개혁자인 "루터는 신교의 교육 목적에 의하여 노동과 전문 직 업 훈련을 강조하였다. 그의 교육 사상은 학교의 교과 내용 구성에 도 나타났다. 그는 초등학교의 교육 내용으로서 읽기, 쓰기, 체조, 음악, 성서, 상업, 가사 등을 제시하였다. 그중 성서를 제일 중시하 였고, 그다음은 음악과 체육이었다. 음악은 마음의 근심과 고독을 제거해 주고, 체육은 육체의 탄력성과 건강을 주기 때문이라고 한 것이 이유이다."17) 자못 근대의 학교 교육 목적 인식에 근접한 선 구자이다. 그래서 오늘날의 학교에서 가르쳐야 할 교육 내용에는 철학, 종교, 역사, 문학, 예술 등 인문적인 교육 내용이 널리 포함되 기에 이르렀다. 학교는 인간이 세계를 아는 데 있어서 길을 안내하 는 창구 기능을 할 수 있도록 인류의 지적 유산을 축적했다고 할 수 있다.

마지막 과제는 **"진리를 알 수 있는 교육 과정 구성"**이다. 그것보

---

16) 『교육의 이해』, 앞의 책, p.26.
17) 『교육의 역사 및 철학적 기초』, 앞의 책, p.124.

다는 온 인류가 진리를 추구할 수 있는 인생 교육 가치를 고무하고 그에 대한 과정적 本을 제시하는 것이다. 여기에 관한 착안 사례가 없는 것은 아니지만, 인생 삶 전체를 담보로 한 과정 설정인 탓에 쉽게 풀 수 있는 문제가 아니다. 제시 관점도 경험한 내용에 초점을 둔다든지 학문 중심으로 구성한다든지 의견이 분분하지만, 이 연구는 어디까지나 인간이 아닌 인생 과정에 중점을 두고 각 단계에서 이루어야 할 인생적 과업을 **"교육 과정 구성"**으로 설정하고자 한다. 그 단계 구성 기준은 계열성(교육 과정 내용의 시간적 순서), 계속성, 통합성(상호 관련 여부) 등,[18] 고려해야 할 원리성도 있지만, 여기서는 진리를 일구고 진리 세계로 나가 진리 자체와 일체된 경지에 도달함으로써 교육의 보편적 구원 목적을 달성하는 데로 초점을 맞추고자 한다. 이런 사례의 정형화된 本으로서는 공자라는 성인이 제시한 인생의 단계별 성취 과제가 있다.

> 공자께서 말씀하셨다. "나는 열다섯 살에 학문에 뜻을 두었고, 서른 살에 인생관이 확립되었고, 마흔 살에 미혹되지 않았고, 쉰 살에 천명을 알았고, 예순 살에 귀로 들으면 그대로 이해되었고, 일흔 살에 마음에서 하고자 하는 바를 따라도 법도를 넘지 않았다."[19]

공자가 15살에 학문에 뜻을 둔 이래 단계적으로 인생 과제를 완수한 결과, 쉰 살에 하늘이 내린 인생적 사명을 깨닫고, 일흔이 되어서는 스스로도 자족할 인간성을 완성한 경지에 이르렀다고 술회하였다. 일종의 인생 과정 전반에 걸친 결과적 소회이다. 진리 자체

---

18) 『교육의 이해』, 앞의 책, p.246.

19) 子曰, "吾十有五而志于學, 三十而立, 四十而不惑, 五十而知天命, 六十而耳順, 七十而從心所欲不踰矩."-『논어』, 위정 편.

에 초점을 맞춘 인생 과정 구성이 아니다. 이런 점을 보완한 本으로서는 불교에서 지침한 보살의 수행 목표와 기준이 있다. 위로는 깨달음을 구하고 아래로는 중생을 교화한다(上求菩提 下化衆生)는 기치 아래 보살은 보시(布施)·지계(持戒)·인욕(忍辱)·정진(精進)·선정(禪定)·반야(般若-육바라밀)에 더한 방편(方便)·원(願)·력(力)·지(智)란 십바라밀을 함께 행하도록 하였다. 궁극적 앎(반야란 지혜)에 대한 단계별 과제와 과정은 잘 구성하였지만,20) 십바라밀의 총체적인 수행 목적인 하나님의 창조 본의를 깨닫는 데로까지 미치지 못한 것은 불교라는 종교가 지닌 지극한 한계이다. 소학과 대학도 나이에 따라 난이도 및 배움의 영역을 다르게 한 것은 인생 과정에 초점을 둔 **"교육 과정 구성"**이라고 할 수 있다.21) 루소는 "에밀이라는 고아 소년을 유아기, 아동기, 소년기, 청년기로 나누어 각각의 중요성과 이상적인 교육을 위하여 시기별 특징과 자연적 교육 방법에 관해서 설명하고, 이상적인 인간성을 기르는 자연적인 교육 방법론을 주장하였다."22) 한 인간의 성장 과정을 단계별로 구성한 관계로 인간 교육이라는 전반적 과제에 적용한 자연적인 교육 방법은 주목할 만하지만, 만 인류를 진리 세계로 인도하는 과정 구성은 아니다.

이에 이 연구는 필자가 삶을 바쳐 추구한 **"길"**이란 진리 탐구의 과정을 소개함으로써 **"세계교육론"** 전반을 사상적으로 입안하게 되었다는 사실을 밝히고자 한다. 과정으로 보나 완수한 결과로 보나

---

20) 위의 논문, p.63.

21) "아이가 8세가 되면, 곧 임금과 공경대부로부터 서민의 자제에 이르기까지 모두 소학에 들어가서 물 뿌리고 청소하는 일……을 배우게 된다."-『소학』, 권1, 입교 편.

22) 「율곡과 루소의 교육사상 비교 연구」, 김준영 저, 한국외국어대학교 교육대학원, 역사교육, 석사, 2009, p.17.

항상 진리를 추구한 의식 속에 있었기 때문에 만인 앞에 진리의 길로 인도할 수 있는 인생 과정의 本으로서 소개함직하다.

> 길의 독백과 출발 과정→세계에 대한 의문 과정→사명의 간구 과정→은혜의 역사 과정→부르심 과정→세움의 약속 과정→길의 합일과 얻음 과정→사명 인식 과정→시련과 인내 과정→길의 구원 과정→약속의 선포 과정→대세의 부여 과정→절대 혼의 규명 과정→세계통합을 위한 길의 완수 과정→전반기 길의 펼침 과정(세계통합론→세계본질론→세계창조론→세계유신론→세계섭리론→세계수행론→세계도덕론)→전반기 길의 집약 과정(단행본 21권).

이처럼 한 인생을 투신한 장구한 길의 추구 과정을 통해 이 연구는 천의(天意)를 확인하고, 본의를 밝히며, 영혼을 온전히 하나님의 품 안으로 귀의시킬 수 있었다. 이렇게 추구한 길의 과정을 기록으로 남긴 탓에, 필요에 따라 추구한 단계별 과정 내용을 교과서화할 수도 있다. 인생 추구 과정이든, 진리 추구 과정이든, 길의 추구는 원인과 과정과 결과를 확실하게 드러낸, 궁극을 향한 세계 본질 규명 과정이자 하나님을 향한 神人合一 결과이다. 본인은 인간적인 고통과 번민을 이기지 못해 손을 놓았고, 길을 버렸지만, 하나님이 손을 뻗어 주고 구원해 줌으로 인해 완수할 수 있은 인생 과정이다. 본인은 그야말로 만물과 함께 벗어날 수 없는 생멸 법칙을 따라 언젠가는 죽음을 맞이하겠지만, 그렇게 세상을 떠나도 길이 지닌 생명력은 세상 가운데서 살아 있고, 만인의 가슴속에 새겨져 영원무궁하리로다.

제6편

교육 평가론

교육의 목적은 인생의 결과를 통해 나타나므로 교육은 과정과 절차를 보다 객관적으로 정연화함을 통해 인생의 전반을 평가할 수 있다. 교육적 결과는 결국 적합하게 설정한 목적과 과정의 구성으로 드러나고, 인생의 본질은 자신이 뜻하고 추구한 의지를 완수함으로써 확인된다. 이것을 교육의 제반 작용이 선도하고 고무해야 한다.

제16장 개관(인간 및 역사 평가)

무엇을 평가하든지 간에 최종적인 평가는 항상 마지막 단계에서 이루어진다. 진단 평가는 결과적인 목적을 판단하는 것이 아니다. 학습으로 친다면 가르치지 않고 배우지 않은 것은 평가할 수 없다. 그러므로 이 단계에서 **"교육 평가론"**을 논거 하는 것은 이 연구 역시 결론을 내려야 할 시점에 도달했다는 뜻이다. 위대한 교육 목적을 설정하고, 교육 원리를 밝히며, 교육 방법을 구안해서 교육 과정을 구축했다면, 그다음은 그런 가치 원리의 적용과 구현 여부를 평가할 수 있는 대책을 세워야 한다. 교육에 있어 평가의 중요성은 새삼 강조할 필요가 없다. 평가는 교육 과정과 메커니즘에 대한 적정성 여부의 확인 절차이다. 가르치는 자나 배우는 자나 기회를 제공한 기관과 제도 전반에 대한 실효성을 따진다. 그런 절차를 거치지 않는다면 항해하는 배가 방향과 좌표를 잃어버리는 것처럼, 시작은 창대했지만 끝은 미미하게 끝나버린다(龍頭蛇尾). 출발점이 있었다면 도달점이 있어야 하고, 교육이란 작용 과정이 있었다면 그로써 거둔 결과도 확인해야 한다. 이런 평가가 통상 어떻게 이루어지는가 했을 때, 평가에도 적용해야 하는 원리와 기준이 있다. 무엇을 평가할 것인가라고 했을 때, 학습 현장에서는 교실에서 학습을 시작하기 전에 목표를 제시하는 절차가 있다. 학습 평가는 바로 그렇게 가르치고자 한 학습 목표의 도달성 여부를 평가하는 것이다. 그렇다면 전반적인 영역을 포괄한 이 연구의 **"교육 평가론"** 초점은? 바로 제1권에서 제시한 **교육의 위대한 보편적 구원 목적**을 평가하는 것이다. 그러므로 평가 대상은 바로 인간 자체이고, 인류 역사이며, 평가 초점은 인간이 삶을 영위한 인생 전반과 그들이 몸 바쳐 이룩한 인류 역사 전체이다. 학교에서 시험을 쳐 몇 점을 받았고, 열심히 공부해 일류 대학에 합격하고 사회적인 지위와 명예를 획득해서 성공했다는 등의 평가론이 아니다. 인간과 인생을 교육한 가치와 과정과 결과 평가는 그런 것이 아니다. 교육의 보편적 목표는 지식 전달과 앎에 있는 것이 아니고, 인간성을 바람직하게 육성하고 완성함에 있을진대, 그런 목표를 달성하기 위해서는 참된 길과 진리를 가르쳐야 하고, 그런 교육 작용에 관한 결과를 인생적으로 확인해야 한다. 보편적 교육 목표가 결국은 교육이 이루고자 한 보편적인 구원 목적을 달성하기 위해서일진대, 이런 구원 목적은 어떻게 평가할 수 있는가? 한평생을 산 인간의 인생적 평가와 그들이 모여 이룬 역사의 평가는 바로 자신과 천지를 준 하나님으로부터의 구원 여부에 달려 있다. 평가 기준은 하나님이 이룬 지음 원리(창조 원리)대로 인류가 자신의 삶과 역사를 이루었는가 하는 여부이고, 평가 초점은 천명한 바 하나님의 창조 목적(뜻)을 얼마나 숙고해서 실천했는가에 달렸다. 인간 교육은 하나님이 뜻하는 바 구원에 목적이 있으므로 인간성과 인류 역사는 그곳에 집중해서 결실을 거두어야 했다. 그런데도 문제는 그 같은 목적과 과정과 결과를 총괄해서 매치시킬 **"인생과 역사 결과 평가 방법"**론을 창조 원리에 근거해서 정형화시키지 못했다는 데 있다. 그래서 이 연구가 본 편에서 해결해야 할 과제는 바로 교육으로 적용된 인생과 인간성, 더 나아가서는 인류 사회까지도 정당하게 평가할 수 있는 객관적인 잣대 기준과 방법과 척도를 마련하는 것이다.[1]

도대체 인간과 인류 역사는 지금 어디에 있는가? 오늘날의 인간은 돈도 찾고 명예도 찾고 권력도 찾았지만, 가장 중요한 자기 자신과 역사의 정체성은 찾지 못하고 있다. 이것이 바로 무방향성의 딜레마에 빠진 현대인의 모습이고, 추구 가치와 목표를 상실한 현대 역사의 현주소이다.[2] 인류가 자체의 가치와 의지대로 살았다면 그렇게 산 인생과 역사는 자체 책임이지만, 교육은 그런 인간을 가르친 탓에 모든 과정과 결과를 평가할 수 있는 대책과 절차를 거쳐야 한다. 그것이 교육이 인간과 인간이 이룬 것 일체를 평가할 방법을 마련해야 하는 이유이다. 선천 역사는 이 같은 인생과 역사에 대한 확실한 평가 절차를 거치지 못한 탓에 인간성이 타락하고 역사 진행이 방만해진 것인지도 모른다. 평가를 통한 반성은 중요하다. 인간은 잘못을 저지를 수 있고, 지나온 역사에는 분명한 잘못들이 있는데, 이런 문제를 점검할 수 없다면 어떻게 되겠는가? 잘못은 고쳐야 함에, 이런 요구 절차에 평가를 통한 반성이 있다. 인생과 역사도 언젠가는 때가 되면 평가해야 함에, 그 최종적인 평가의 주체자는 만물을 지은 하나님이다. 여기서 간과할 수 없는 것은 인간과 인류 역사가 목적을 가지고 창조되었고 주재된 탓에, 때가 되면 반드시 과정과 결과에 대한 평가 절차가 있다는 사실이다. 그것이 결국은 준엄한 심판론으로 연결된다. 인간과 역사는 유야무야하게 존재하다가 사라지는 것이 아니다. 그러므로 인간은 반드시 때

---

1) 교육 평가론=구원 평가론=역사 심판 잣대
2) 『위대한 교육 사상가들』, 연세대학교 교육 철학연구회 편, 교육과학사, 2008, p.23.

가 되면 결과를 평가하고, 반성과 수정이 없다면 하나님의 최종적인 심판 절차가 따른다는 사실을 아는 것이 중요하다. 학습 평가에는 타당도와 신뢰도가 요구되듯, 뭇 인생과 역사 평가에는 하나님의 절대적인 심판 의지 표명과 준엄한 공의적 심판 잣대가 적용된다. 그때의 도래를 두려워해야 함에, 심판이란 통과 절차를 면제받는 길에 인생과 역사를 정확하게 평가받는 사전 구원 역사가 있다. **"교육의 위대한 사명"**은 만 인류를 한 사람도 빠짐없이 보편적으로 구원하는 데 목적이 있다. 그런 목적 실현의 현실적 방안에 인생과 역사를 정당하게 평가할 수 있는 방법론의 제시가 있다. **"교육 평가론"**은 세계가 마지막 종말을 맞이한 이때, 인류 사회를 보편적으로 구원하기 위한 가장 객관적이고도 현실적인 방법의 강구 절차이다. 평가 없는 반성 없고 회개 없는 인간성의 회복 없다. 평가와 반성, 반성을 통한 회개는 상처 입은 인간성을 회복함으로써 인류 사회가 하나님의 심판을 면하고 보편적인 구원의 문에 도달하는 길이 되리라.

제17장 평가 방법 및 절차

인간은 천부적으로 타고난 본성적 존재이기도 하지만, 동시에 가치와 원리 적용으로 어떻게 교육하는가에 따라 이런 인간도 되고 저런 인간도 되는 교육적 존재이기도 하다. 그렇다면 현대 교육은 교육이 목표한 대로 인간을 바르게 육성하였는가? 어떤 목표를 가지고 인간을 교육하였는가? 결과를 알고 제대로 답하기 위해서는 평가라는 방법과 절차를 거쳐야 한다. 그 무엇도 아닌, 그렇게 교육한 대상인 인간 전체를 평가할 수 있어야 하는데 지적했듯, 평가하는 방법과 절차 기준을 원리적으로 마련하지 못해 인간성이란 배가 지금 태평양 한 가운데서 고장이 났는데도 원인을 찾지 못해 침몰할 위기에 처해 있다. 정상화하기 위해서는 구태의연한 평가 인식을 바꾸어야 한다. 우리는 통상 그 사람이 무엇을 배웠는가? 얼마만큼 배웠는가? 어디서 누구에게 배웠는가를 두고 평가하지만, 이제는 그 사람이 어떤 목표를 수행한 과정을 걸었고, 과업을 닦아 완수했는가를 평가 척도로 삼아야 한다. 인간을 평가하는 가치 인식을 전환해야 한다. 그것이 가능한 것은 문장 전개의 기승전결(起承轉結) 원칙처럼, 인생에도 분명 삶이란 과정이 있으므로 때가 이르면 결과가 있다. 하지만 그런 인생을 결실 짓는 열매는 과정을 겪은 자에게 절로 안겨진 선물이 아니다. 선물은 그렇게 받을 만한 인생 과정을 걸은 조건을 충족시킨 자에게 주어진다.[1] 그래서 맺어야 할 인생의 결실 열매를 당연한 것으로 보장하는 것이 교육이고, 인생에 대한 교육적 평가는 이런 인생 원리에 대한 굳은 신뢰와 믿음에서 비롯된다. 열심히 공부하지 않고 배우지 않은 자는 자신이 도대체 무슨 인생의 열매를 어떻게 맺어야 할 것인지에 대한 자각조차 없다. 교육의 목적은 인생의 결과를 통해 나타나므로, 교육은 과정과 절차를 보다 객관적으로 정연화함을 통해 인생의 전반을 평가할 수 있다. 교육적 결과는 결국 적합하게 설정한 목적과 과정의 구성으로 드러나고, 인생의 본질은 자신이 뜻하고 추구한 의지를 완수함으로써 확인된다. 이것을 교육의 제반 작용이 선도하고 고무해야 한다. 어차피 교육적 작용은 인간의 미래를 예측하고 가정한 상태에서 투여하는 정열인 탓에, 일체의 교육적 행위는 진리에 대한 믿음과 확신에서 비롯된다. 거기에 대한 교육적 열매(평가)는 그렇게 교육받은 뭇 영혼들이 걸은 인생 과정을 통해 맺은 창조 가치의 열매를 통해 실증된다. 인생을 믿음으로 설계하고 추구하였을진대, 그렇게 해서 구축된 인생 기반이 진리에 근거했다면 그로써 맺어질 인생의 열매도 영광된 것이리라.

이처럼 인생과 역사 결과 평가는 미래를 예측하고, 오늘 이 순간에 가치와 진리의 씨앗을 뿌리는 시험적인 방법 절차를 거쳐야 하므로, 진리에 대한 전적인 신뢰와 추구와 정진이 필요하다. 그 일련의 과정에 관한 평가는 수치상으로 도구화할 수 없다. 무형의 인생 본질을 가늠하는 것인 만큼, 방법과 절차도 무형인 세상 이치와 원칙에 근거한다. 누구도 거부할 수 없는, 뿌린 대로 거둔다는 인생의 과정과 결과에 대한 진리 평가 척도가 그것이다. 이런 평가 절차와

---

1) 모든 교육적 결과는 결국 적합하게 구성되는 과정 설정 여부로 평가됨.

원칙을 알고 우리는 起→承→轉이란 인생 과정을 거친 단계의 적정 시점에서 최종적인 結을 맞이하기 전에 반드시 지나온 과거 인생길을 되돌아볼 필요가 있다. 교육은 인간을 형성시킨 것이고, 인간은 그 같은 배움의 길을 걸어서 현존한 것이다. 그러므로 지금의 인생에 대한 자체 평가가 만족한 것이든 부족한 것이든, 혹은 잘된 것이든 잘못된 것이든, 때가 되면 꿈 많은 청소년 시절, 배움의 시절을 되돌아보고 부족한 점이 발견될진대 반성하고 수정해서 인생의 근본 바탕을 기초부터 다시 쌓아 올려 재정립해야 한다. 자신의 잘못된 바탕 본성을 회복하고 정상화하는 데 있어 때의 늦고 빠름이 문제 될 것은 없다. 교육은 인간이 인생의 本을 정립하고 세계와 연관하여 삶의 고귀한 가치를 추구하고 실현할 수 있도록 하는 것이 대세이다. 만약 그렇게 설정한 배움 과정을 자칫 결여하였거나 도중에 어긋나 버렸다면, 인생을 다시 돌아보고 재설정을 시도해야 하며, 교육을 통한 가르침은 이런 영혼들을 위해 인생을 향도하는 나침반 역할을 해야 한다. 교육은 때와 장소와 어떤 대상인 것을 불문하고 인간적인 자질의 근본을 세우기 위해 진력하였는데, 여태껏 살아오는 과정에서 어른이 되었는데도 인격성에 결함이 있고, 주위로부터 지탄이 있는데도 정작 본인은 그것을 눈치채지 못하는 이유는 다름 아닌 인생의 근본 덕성과 가치관과 태도를 형성하는 청소년기에 正道를 벗어난 행동을 지적받고 고치지 못해서이다. 그렇다면 그렇게 나이가 들어서도 찾지 못한 원인을 어떻게 발견하고 자각해서 개선할 수 있는가? 거울을 보아야 얼굴에 무엇이 묻었는지 알 수 있는 것처럼, 걸어온 인생길을 자체 진단할 수 있는 평가 도구란? 다행히도 이 연구는 **"세계교육론"**을 저술하기에 앞서 40

여 년 동안 중등학교에 몸담은 교육 역정을 퇴임과 함께 소회로서 밝힌 『길을 가며 생각하며 가르치며』란 교육수상집에서 **"가르침의 교실"** 문을 열었다.[2] 여기에서 본인은 갈길 모르는 제자들을 향해 인생길을 지침하고, 가치관을 일깨운 만큼, 이 교실에 들어서면 누구라도 청소년 시절 자신이 경험한 배움의 길과 행동한 모습을 다시 살펴볼 기회를 가질 수 있다. 코로나 19의 세계적 확산 사태가 장기화 조심을 보인 시점에서 그나마 한국산 항원 간편 진단 키트는 10분 안에 감염 여부를 확인할 수 있고, 그 정확도가 매우 높아 외국에 수출도 하게 되었다고 하는데, 이런 진단 키트 역할처럼 "가르침의 교실"은 인간성의 퇴락 여부를 진단하고 평가해서 개선할 수 있는 인생 결과 평가 역할을 수행할 수 있으리라. 인간의 자아 형성기와 인간 본성의 정립, 그리고 신체 발달의 성장기가 맞물린 청소년기의 태도, 정서, 정신 가치관을 점검함으로써 인간의 원초적인 본성 결정 상황을 살펴볼 수 있으리라.

이로써 **"교육의 위대한 원리"**를 원리성, 인식성, 방법성, 과정 구성성, 평가성 측면에서 항목별로 논거를 둔 만큼, 다음의 세계교육론 제3권 『교육의 위대한 실행』에서는 규정한 교육의 제반 원리성을 적용하여 교육 목적의 구체적인 각론 체제인 실행적 교육론을 펼치리라.

---

2) 『길을 가며 가르치며 생각하며』, 졸저, 한국학술정보, 2020.8.31. 발행.

세계교육론 총서 목차

염기식 (廉基植)

■약력

1957년 경남 진주 출생. 진주고등학교 졸업(47회). 경상대학교 사범대학 체육교육과 졸업. R.O.T.C.(19기) 임관. 서남대학교 교육대학원 졸업. 1984년 교직에 첫발을 내디딤. 2020년 8월 31일, 정년을 맞아 퇴임함. 자아와 세계에 대해 눈떴을 때부터 세상의 분파된 진리에 대해 의문을 품고 '길은 어디에 있는가'란 명제 하나로 탐구의 길에 나서 현재까지 다수의 책을 저술함(총 40권).

■주요 논문 및 저서

『길을 위하여(Ⅰ)』(1985), 『길을 위하여(Ⅱ)』(1986), 『벗』(1987), 『길을 위하여(Ⅲ)』(1990), 『세계통합론』(1995), 『세계본질론』(1997), 『세계창조론 서설』(1998), 『세계유신론』(2000), 『작은 날개를 펴고』(2000), 『환경은 언제나 목마르다』(2002), 『자연이 살아가는 동안』(2003), 『세계섭리론』(2004), 『세계수행론』(2006), 「진로 의사 결정유형과 발달 수준과의 관계」(2006), 『가르침』(2008), 『세계도덕론』(2008), 『통합가치론』(2008), 『인간의 본성 탐구』(2009), 『선재우주론』(2009), 『수행의 완성도론』(2009), 『세계의 종말 선언』(2010), 『미륵탄강론』(2010), 『용화설법론』(2010), 『성령의 시대 개막』(2011), 『역사의 본질 탐구』(2012), 『세계의 섭리 역사』(2012), 『문명 역사의 본말』(2012), 『세계의 신적 본질』(2013), 『지상 강림 역사』(2014), 『인식적 신론』(2014), 『관념적 신론』(2015), 『존재적 신론』(2016), 『본질로부터의 창조』(2017), 『창조성론』(2017), 『창조의 대원동력』(2018), 『창조증거론(1, 2)』(2019), 『길을 가며 가르치며 생각하며』(2020), 『교육의 위대한 사명』(2021), 『교육의 위대한 원리』(2023)

세계교육론 총서 제2권

교육의
위대한 원리

세계교육론 본론

초판인쇄 2023년 03월 31일
초판발행 2023년 03월 31일

지은이 염기식
펴낸이 채종준
펴낸곳 한국학술정보㈜
주   소 경기도 파주시 회동길 230(문발동)
전   화 031) 908-3181(대표)
팩   스 031) 908-3189
홈페이지 http://ebook.kstudy.com
E-mail 출판사업부 publish@kstudy.com
등   록 제일산-115호(2000. 6. 19)

ISBN 979-11-6983-244-1 93370